Hermann Lachman

Die Reptilien und Amphibien Deutschlands in Wort und Bild

Verlag
der
Wissenschaften

Hermann Lachmann

Die Reptilien und Amphibien Deutschlands in Wort und Bild

ISBN/EAN: 9783957007001

Auflage: 1

Erscheinungsjahr: 2016

Erscheinungsort: Norderstedt, Deutschland

Hergestellt in Europa, USA, Kanada, Australien, Japan
Verlag der Wissenschaften in Hansebooks GmbH, Norderstedt

Die

Reptilien und Amphibien Deutschlands

in Wort und Bild.

Tafel I.

1. Aeskulapnatter (*Callopeltis Aesculapii, Aldrovandi*).
2. Schlingnatter (*Coronella laevis, Boie*).

Die

Reptilien und Amphibien Deutschlands

in Wort und Bild.

Eine systematische und biologische Bearbeitung

der bisher

in Deutschland aufgefundenen Kriechtiere und Lurche.

Von

Hermann Lachmann.

Verfasser von:

„Die Giftschlangen Europas“; „Das Terrarium“; „Deutschlands Schlangen“.

Mit VI Tafeln und 57 Abbildungen im Text.

Berlin.

Verlag von Paul Hüttig.

1890.

Vorwort.

Obwohl in neuerer Zeit mehrere herpetologische Schriften erschienen sind, ich selbst erst im Jahre 1888 zwei in dieses Gebiet einschlägige Bücher „Das Terrarium“ und „Die Giftschlangen Europas“ herausgegeben habe, so fehlte doch bisher immer noch ein Buch, welches nur die deutschen Reptilien und Amphibien ausführlich behandelt, und in welchem die hier in Frage kommenden Tiere auch möglichst naturgetreu abgebildet sind. Zur leichteren Auffassung gehört, neben dem lebenden Tier oder dem Präparat, vor allem das Bild, weshalb denn auch im vorliegenden Buche alle in Deutschland vorkommenden Kriechtiere und Lurche abgebildet sind, sowohl deren Gesamthabitus, sowie auch von vielen noch einzelne Teile und Merkmale.

Schon von Jugend auf habe ich den Reptilien und Amphibien mein volles Interesse zugewandt, und seit über 15 Jahre beschäftige ich mich eingehend mit dem Studium der Herpetologie. Behufs näherer Beobachtung habe ich die verschiedenartigsten Reptilien und Amphibien in von mir konstruirten Terrarien, Terra-Aquarien und Aquarien gefangen gehalten, ihrer Lebensweise entsprechend jahrelang gepflegt; jahraus, jahrein habe ich ihre Lebensweise in der freien Natur beobachtet, und dadurch nach und nach manchen tiefen Einblick in das Leben dieser Tiere gewonnen.

Wer sich bisher eine genauere Kenntniss unserer Kriechtiere und Lurche verschaffen wollte, der bedurfte dazu einer ganzen Anzahl oft sehr teurer Bücher, und nicht jedem standen die Mittel zu deren Erlangung zu Gebote. Ferner ist auch ein Teil dieser Schriften in fremden Sprachen geschrieben, und auch aus diesem Grunde waren sie nicht jedem zugänglich; Abbildungen der Kriechtiere und Lurche fanden sich nur zerstreut. Ermutigt durch die gute Aufnahme, welche meine beiden vorgenannten Bücher u. a. bei den Herren Lehrern und Naturfreunden, sowie bei den Schülern höherer Lehranstalten fanden, habe ich es auf mehrfaches Anraten meiner Freunde und verschiedener Fachmänner unternommen, die vorerwähnte Lücke in der herpetologischen Litteratur auszufüllen. Neben meinen eigenen Erfahrungen, habe ich auch die anderer Autoren berücksichtigt, und glaube so ein zuverlässiges Lehr- und Handbuch geschaffen zu haben. Sollten die Herren Fachgelehrten vielleicht entdecken, dass sich irgendwo ein Fehler eingeschlichen, so werden sie wohl auch gütigst berücksichtigen, welche grossen Schwierigkeiten sich der Bearbeitung dieses Stoffes entgegenstellten, daher einen Fehler, welcher ja allerwärts vorkommen kann, wohl entschuldigen, und bitte ich mich gütigst darauf aufmerksam machen zu wollen.

Da das genaue Kennenlernen der in der Heimat vorkommenden Reptilien und Amphibien für jedermann von grossem Nutzen ist, so gebe ich mich der Hoffnung hin, dass auch diesem, von der Verlagsbuchhandlung aufs Beste ausgestattetem Buche, eine gute Aufnahme in allen Schichten der deutschen Bevölkerung, besonders bei den Herren Lehrern an höheren Lehranstalten und Volksschulen, sowie bei allen Schülern und bei allen Naturfreunden zu teil werde.

Bunzlau i. Schl., im Mai 1890.

Herm. Lachmann.

Verzeichnis
der bei der Bearbeitung dieses Buches vorgelegenen und zum Teil benutzten Litteratur.

Baenitz, Dr. C., Lehrbuch der Zoologie. Berlin 1880.

Bedriaga, J. v., Beiträge zur Kenntniss der Lacertiden. (Abhandlung der Senckenberg. Gesellschaft. Frankfurt a. M. 1886).

Blum, J., Die Kreuzotter und ihre Verbreitung in Deutschland. Frankfurt a. M. 1888.

Blumenbach, J., Handbuch der Naturgeschichte. Göttingen 1821.

Böttger, Dr. O., Unterscheidung der fünf deutschen Rana-Arten (Zoolog. Garten 1885. Jahrg. XXVI. pag. 238).

Boulenger, Catalogue of Lizards. London 1885—1887.

Boulenger, German Riverfrog. (Proc. Zool. Soc. of London 1885, pag. 666.)

Boulenger, on two European Specis of Bombinator. (Proc. Zool. Soc. of London 1886, pag. 499.)

Brehm, A., Tierleben, illustrirt, VII. Leipzig 1883.

Cope, Sketch of the primary Groups of Batrachia Salientia. London 1864.

Dumeril et Bibron, Erpétologie générale ou histoire naturelle complète des Reptiles. Paris 1834—1854.

Fischer, Joh. v., Das Terrarium, seine Bepflanzung und Bevölkerung. Frankfurt a. M. 1884.

Held, F., Grundriss des natürlichen Systems der Amphibien. München 1856.

Kaluza, Systematische Beschreibung der schlesischen Amphibien und Fische. 1855.

Kerbert, C., Ueber die Haut der Reptilien und anderer Wirbeltiere. Bonn 1876.

Lachmann, Herm., Das Terrarium, seine Bevölkerung und Bepflanzung etc. Magdeburg 1888.

Lachmann, Herm., Deutschlands Schlangen. 1889. Selbstverlag.

Lachmann, Herm., Die Giftschlangen Europas. Magdeburg 1888.

Leydig, Die einheimischen Schlangen. (Abhandl. der Senckenberg. Gesellsch. Frankfurt a. M. 1883.)

Leydig, Ueber die Molche der württembergischen Fauna. (Arch. f. Naturgesch. 1867.)

Leydig, Die in Deutschland lebenden Arten der Saurier. Tübingen 1872.

Lenz, O., Schlangen und Schlangenfeinde. Gotha 1870.

Martin, Philipp Leopold, Ill. Naturgeschichte d. Tiere II. Bd. 1. Abth.. Leipzig 1882.

Milne-Edwards, Die Zoologie. Uebersetzt von Dr. Gustav Widenmann. Stuttgart 1848.

Noll, Prof. Dr. F. C., Der „Zoolog. Garten". Frankfurt a. M. 1880—1886.

Schreiber, Dr. Egid., Herpetologia Europaea, Systematische Bearbeitung der europ. Reptilien und Amphibien. Braunschweig 1875.

Schubert, G., Naturgeschichte des Tierreichs. Esslingen 1874.

Streubel, Synopsis der Viperiden nebst geograph. Verbreitung dieser Familie. Petersburg 1869.

Wagler, J., Natürliches System der Amphibien. Stuttgart 1830.

Wolterstorff, W., Vorläufiges Verzeichnis der Reptilien und Amphibien der Provinz Sachsen und der angrenzenden Gebiete etc. Halle a. S. 1888.

Inhalts-Verzeichnis.

Reptilien.

Amphibien.

Verzeichnis der Abbildungen.

Reptilien.

Kriechtiere (Reptilien).

Die Kriechtiere oder Reptilien, wie man diese Tierklasse genannt hat, rechnet man zu den kaltblütigen Wirbeltieren, d. h. sie sind nicht „kaltblütig“ im wahren Sinne des Wortes, sondern die Temperatur ihres Blutes richtet sich nach der Temperatur der die Tiere umgebenden Luft, es wird wärmer oder kälter, je nachdem die Luft wärmer oder kälter wird; die Bezeichnung „wechselwarm“ wäre daher wohl der Benennung „kaltblütig“ betreffs ihres Blutes vorzuziehen. So wenig passend der Name „Kaltblütler“ gewählt ist, so verhält es sich auch mit dem Namen „Kriechtiere“, welcher durchaus nichts Bestimmtes, auf diese Tierklasse allgemein Passendes ausdrückt. Es gibt unter den Kriechtieren welche, die ziemlich flink und gewandt sind, sich mit grosser Schnelligkeit fortbewegen können. Andre wieder haben beständig ihren Aufenthalt im Wasser, in welchem sie sich sehr geschickt bewegen, wie denn fast alle Reptilien auch schwimmen können, nur selten gehen sie ans Land, um am Ufer umherzukriechen. Einige sind vorzügliche Kletterer und ihre Bewegungen sind nichts weniger als „kriechend“. Da es aber schwer halten dürfte, einen Namen für diese Tiere zu finden, welcher geeignet wäre alle diese verschiedenen Eigenschaften und Fähigkeiten bestimmter zu bezeichnen, so müssen wir uns mit dem Namen Kriechtiere begnügen.

Die Reptilien atmen wie die Säugetiere und Vögel zu jeder Zeit ihres Lebens durch Lungen und haben, im Gegensatz zu den Amphibien, keine Verwandlung zu bestehen. Ihr Blutkreislauf ist nicht so vollständig wie bei den Säugetieren und Vögeln, indem sich eine grössere oder geringere Menge Venenblut mit dem arteriellen Blute vermischt, ehe es zu den Lungen kommt, weshalb der Nahrungssaft, welcher die Organe durchströmt, nur unvollkommen erneuert wird. Die Mischung des Blutes geht gewöhnlich im Herzen vor sich, welches aus zwei Vorhöfen und einer einzigen oder doch nur unvollständig getrennten Herzkammer besteht. Das aus den verschiedenen Teilen des Körpers kommende Venenblut ergiesst sich durch den rechten Vorhof in die Herzkammer, welche das aus den Lungen kommende und im linken Vorhof enthaltene arterielle Blut aufnimmt; ein Teil der Mischung von arteriellem und Venenblut kehrt zu den Lungen zurück, während der Rest sich durch die Arterien zu den zu ernährenden Organen begibt.

Abb. 1.

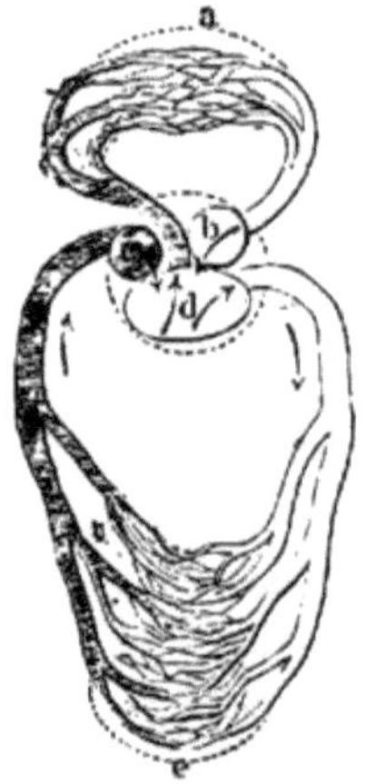

Ideale Darstellung des Blutkreislaufes der Reptilien.

a. Kleiner Kreislauf; b. linke Vorkammer; c. rechte Vorkammer; d. die einzige Herzkammer; e. grosser Kreislauf.

Die Gestalt des Körpers der Kriechtiere ist eine sehr verschiedene, zeigt bei der ganzen Klasse nur wenig übereinstimmendes; so kommen von der kurzen Scheibenform der Schildkröten bis zur gestreckten Walzenform der Schlangen alle möglichen Abstufungen vor. Die gestreckte Walzenform ist jedoch die vorherrschende. Die Füsse, der mit solchen versehenen Kriechtiere, haben fast immer eine stark seitliche Stellung, so dass sie eher geeignet sind, den Körper fortzuschieben, als diesen zu tragen.

Das Skelett kann im allgemeinen als fast völlig verknöchert gelten. Der Bau desselben ist mannigfaltiger als bei den Wirbeltieren mit warmem Blut, indem einzelne oder mehrere Bestandteile fehlen können, Kopf und Wirbelsäule jedoch stets vorhanden sind; alle Knochen des Skeletts haben eine grosse Aehnlichkeit mit denen der Säugetiere und Vögel.

Der Kopf ist fast immer länger als breit und nur bei einer Ordnung (Schildkröten) deutlich durch einen langen Hals vom Rumpfe getrennt, bei den übrigen setzt er sich entweder in seiner ganzen Breite dem Rumpfe an oder ist nur durch eine bald tiefere bald seichtere Einschnürung von demselben geschieden.

Die Augen können klein und undeutlich, auch von der Körperhaut überdeckt, oder frei, gross und deutlich sichtbar sein. Bei den meisten Schlangen sind die Augen im Verhältnis zur Kopfgrösse grösser als bei den Klassenverwandten. Bei den Schlangen fehlen die Augenlider und werden durch die das Auge mit bedeckende Oberhaut ersetzt, welche an dieser Stelle durchsichtig ist. Dadurch erhalten die Schlangenaugen etwas Starres, sind aber meist recht gut beweglich. Bei den Augen der Schildkröten und Eidechsen sind Augenlider vorhanden. Manche Reptilien sehen sehr gut und weit, manche schlecht; bei den Chamäleonen können die Augen unabhängig von einander nach verschiedenen Richtungen hin bewegt werden. Oefters ist ausser den Augenlidern noch eine sogenannte Nickhaut vorhanden.

Ein äusseres Ohr fehlt allen Kriechtieren, doch liegt bei vielen das Trommelfell an der Oberfläche der Kopfseiten frei.

Das Maul ist verhältnismässig tief gespalten, mitunter ziemlich weit nach hinten auf die Unterseite des Kopfes gerückt, bei vielen ist das Maul einer grossen Erweiterung fähig (Schlangen).

Die Zähne können gänzlich fehlen oder zahlreich vorhanden sein, können in den Kiefern wie auch im Gaumen stehen. Sie dienen fast nie zum Kauen, sondern meist nur zum Festhalten und Hinabwürgen der Beute. Sie fehlen bei den Schildkröten, bei denen die schneidigen Kieferränder deren Stelle vertreten. Sie können in Höhlen der Kiefer eingekeilt stecken, oder am Kiefer angewachsen sein. Sie sind meist pfriemenförmig gebogen, mitunter aber auch seitlich zusammengedrückt und an der Spitze gezackt. Sie sind entweder derb, oder mit einer Rinne versehen (gefurcht), oder von einem Kanal (Zahnröhre) der Länge nach durchbohrt, in letzteren beiden Fällen stehen die Zähne mit an den Kopfseiten belegenen Giftdrüsen in Verbindung.

Die Zunge kann als Ernährungswerkzeug kaum betrachtet werden, da sie bei einigen (Schlangen, Echsen) während des Fressens in eine Scheide zurückgezogen wird. Die Form ist sehr verschieden, bald dick und fleischig, und dann auch mitunter teilweise oder ganz mit ihrer Unterseite in der Mundhöhle angewachsen; bald dünn, lang, mehr oder weniger vorstreckbar, gabelig oder zweispitzig, bald mit einem hornigen Ueberzug bedeckt, seltener an der Spitze kolbig aufgetrieben (Chamäleone); bei vielen dient sie als Tastorgan.

Die Körperbedeckung ist verschiedenartig. Es finden sich Knochenschuppen (bei den Krokodilen), schuppenähnliche, durch Ausstülpungen oder Verdickungen der Lederhaut entstandene Gebilde (Schlangen, Echsen), diese Gebilde sind bald gross, bald klein, glatt, gekielt, gekörnt, warzig oder stachlich und manchmal kaum wahrnehmbar. Mitunter sondern sich Knochenbildungen ab, welche teils untereinander, teils mit dem Skelett verwachsen und panzerartige oder schildförmige Bildungen hervorrufen (Schildkröten). Die faserige Lederhaut wird von einer Oberhaut umgeben, welche öfters im Jahre abgeworfen wird (Häutung), und geht die alte Haut teils in Stücken (Echsen), teils im Zusammenhange, in der Weise wie man einen Handschuh abstreift, los (Schlangen). Die Körperfarbe ist meist dem Aufenthalt angepasst, mitunter recht lebhaft.

Drüsen finden sich bei den Kriechtieren seltener als bei den Lurchen und nur an einigen Körperstellen vor.

Die Beine sind meist in der Vierzahl vorhanden, mitunter auch nur zwei und betreffs der Ausbildung sehr mannigfaltig. Sie können gänzlich fehlen (Schlangen, Blindschleichen), oder sind doch bei einigen zu stummelförmigen Rudimenten verkümmert (Stummelfuss u. a.) Es finden sich Klumpfüsse, Füsse mit Schwimmhäuten, oder mit zwei bis fünf freien Zehen; letztere stehen meist in einer Linie, nur selten sind sie einander entgegengestellt, einer Greifzange ähnlich und bündelförmig verwachsen (Chamäleon). Die Zehen sind meist mit Krallen versehen, manchmal können diese jedoch fehlen, bei manchen können die Krallen auch zurückgezogen werden. Mitunter sind die Zehen ganz oder teilweise erweitert, an der Unterseite mit blätter- oder scheibenartigen Kletterballen versehen, mit welchen sie sich selbst an glatten, senkrechten Flächen festhalten können (Geckonen).

Der Schwanz fehlt niemals, meist ist er sehr lang, selten kurz, stummelartig und ebenso selten deutlich vom Körper abgesetzt. Die Afterspalte ist meist quer-, selten längs gespalten. In den After münden Harnleiter und Geschlechtsteile. Einige Reptilien besitzen eine grosse Reproduktionskraft, indem sich abgebrochene Schwanzteile bald wieder ersetzen können.

Die Reptilien sind getrennten Geschlechts und pflanzen sich durch kalkschalige oder pergamentartige Eier fort, nur wenige sind lebendig gebärend. Sie legen ihre Eier entweder in selbstgegrabene oder vorgefundene Höhlungen, der natürlichen Wärme deren Zeitigung überlassend, oder das Muttertier behält die Eier bis zur Fruchtreife bei sich, und die dann ausgebildeten Jungen sprengen kurz nach dem Legen der Eier die häutige Schale. Die Alten bekümmern sich nicht um die Jungen, ja verzehren dieselben oft selbst. Die Jungen haben die Gestalt der Alten, doch weicht die Färbung und Zeichnung der Jungen oft bedeutend von der der Alten ab, wie auch die Geschlechter häufig verschieden gefärbt und die Weibchen meist grösser als die Männchen sind.

Die Reptilien sind, mit Ausnahme weniger, Raubtiere, sie nähren sich meist von lebender Beute, welche fast immer ganz verschlungen wird. Nur einige entnehmen ihre Nahrung auch aus dem Pflanzenreich. Sie trinken lappend, leckend oder saugend, viele begnügen sich damit Tau- oder Regentropfen aufzulecken.

Die Aufenthaltsorte der Reptilien sind sehr verschiedenartig, die meisten leben auf dem Lande, wenige im Wasser. Sie finden sich in Feldern, Gärten, Wiesen, in der Wüste, Steppe, auf Felsen wie im Urwald und im Sumpf, auf Bäumen, Sträuchern, Mauern, in Felsrissen, unter Steinen und in der Erde. Da alle Reptilien der Wärme sehr zugethan sind, so ziehen sie sich in unserem Klima während der kalten Jahreszeit in geschützte Schlupförter zum Winterschlaf zurück, oft sehr tief in die Erde, aus welchem sie je nach Klima oder Witterung früher oder später wieder hervorkommen. Die meisten Reptilien bewohnen die heissen und warmen Länder, je weiter nach den Polen zu, je seltener ist ihr Vorkommen; den Polarkreis überschreiten nur einzelne. Gleichfalls so verhält es sich mit ihrem Aufsteigen in Gebirgen.

Die Reptilien gehören fast alle zu den nützlichen Tieren, die einen liefern dem Menschen essbares Fleisch und Eier, eine grosse Zahl wird durch Vertilgung schädlicher Insekten etc. nützlich, andere nützen wieder durch ihren Mäusefang. Nur wenige werden teils durch ihre Grösse und Gefrässigkeit (Krokodile, allenfalls noch einige Riesenschlangen), teils durch ihr häufig tötlich wirkendes Gift (Giftschlangen) dem Menschen und seinen Haustieren gefährlich.

Ihrer geringen geistigen Fähigkeiten wegen, zählt man die Kriechtiere zur letzten Klasse der höheren Wirbeltiere, unter ihnen stehen noch die Lurche und dann die Fische, mit welchen die Klasse der Wirbeltiere abschliesst.

Die Klasse der Reptilien wird in vier Ordnungen eingeteilt, wovon die vierte Ordnung jedoch, da sie in Deutschland keine Vertreter aufweisst, hier nicht in Betracht kommen kann.

Erste Ordnung: Schlangen *(Ophidia)*.

Zweite Ordnung: Schuppenechsen *(Sauria)*.

Dritte Ordnung: Schildkröten *(Chelonia)*.

Vierte Ordnung: Panzerechsen, Wasserechsen *(Hydrosauria)*.

Erste Ordnung: Schlangen (Ophidia).

Der Körper der Schlangen ist gestreckt, spindelförmig, bald gleichmässig dick, bald vorn und hinten dünner werdend. Vorderfüsse fehlen stets, Hinterfüsse sind bei einigen in Gestalt von kurzen Stummeln (Aftersporne) angedeutet.

Ein Schultergürtel ist niemals vorhanden. Die Gesichtsknochen sind sehr beweglich.

Abb. 2.

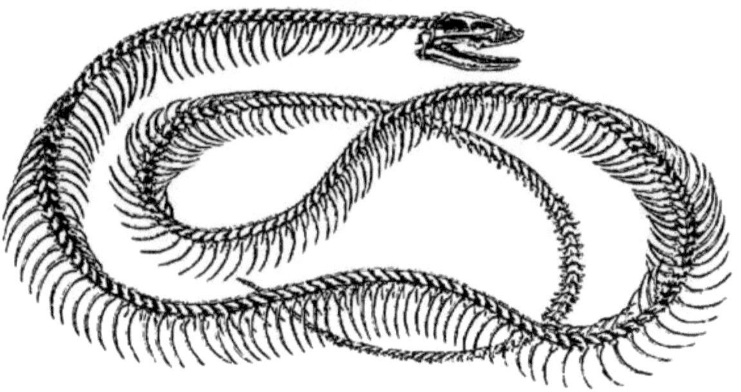

Skelett der Schlange.

Das Skelett der Schlange besteht aus Schädel, Wirbelsäule und Rippen. Der Schädel zeigt eine höchst eigentümliche Ausbildung, woraus sich die bei den meisten Schlangen grosse Beweglichkeit und Ausdehnungsfähigkeit desselben erklärt. Eine Ueberbrückung der Schläfengegend ist nicht vorhanden.

Das Gerüst des Oberkiefers ist meist im losen Zusammenhange, nur die Verbindung des Zwischenkiefers mit den Nasenbeinen ist eine feste, die Oberkiefer-, Flügel- und Gaumenbeine jedoch sind derart beweglich, dass sie nach vorn, hinten und nach den Seiten hin geschoben werden können. (Abb. 3.)

Abb. 3.

Schädel der Ringelnatter (*Tropidonotus natrix. Linné.*)

Auch der Unterkiefer teilt diese Beweglichkeit, indem die beiden Hälften desselben nur durch Sehnen miteinander verbunden, also nicht verwachsen sind; die Verbindung der drei stabförmigen Knochen jeder dieser Hälften ist nur eine lose, so dass jedem eine seitliche Bewegung nach rechts oder links gestattet ist. Der Unterkiefer steht mit dem langen, schief nach hinten gerichteten Quadratbein in Verbindung, welches von dem, mit dem Schädel nur mittels Bändern und Muskeln verbundenen langen Zitzenbein getragen wird. Die Bezahnung ist sehr mannigfaltig, es finden sich in den Kiefern sowohl als auch im Gaumen Zähne. Die Zähne stehen entweder dicht oder einzelne auch von den übrigen getrennt. Dieselben sind nach hinten pfriemenförmig gekrümmt (Abb. 4), sie dienen zum Festhalten der meist lebenden Beute. Bei vielen finden sich nur derbe Fangzähne (unschädliche Schlangen). bei anderen wieder finden sich im Oberkiefer gefurchte Zähne, oder hohle, von einer feinen Röhre der Länge nach durchbohrte Zähne (Giftschlangen). Die Giftzähne stehen mit einer Giftdrüse in Verbindung, sie können im Gegensatz zu den festsitzenden Furchenzähnen, beim Oeffnen des Rachens aufgerichtet werden. Der Biss wird meist schlagartig erteilt. Indem der Zahn in den Körper der Beute eindringt, drücken die Schläfenmuskeln auf die Giftdrüse, infolgedessen das Gift durch den Giftkanal des Zahnes hindurch in die Wunde des Opfers gepresst wird. Der Bau des Skeletts ist aus Abb. 2 ersichtlich. Die Wirbel sind derartig

Abb. 4.

Schädel der Klapperschlange (*Crotalus durissus. Linné.*)
a. Schädel, b. beweglicher Oberkiefer, c. Giftzähne. d. Unterkiefer.

durch Kugelgelenke verbunden, dass stets der Gelenkkopf eines Wirbels in die Pfanne des folgenden passt. Die Verbindung der Rippen mit den Wirbeln wird gleichfalls durch Kugelgelenke hergestellt. Bei den Schlangen vertreten die Rippen die Stelle der fehlenden Füsse, bei einigen drücken die Rippenenden sehr auf die Bauchseiten ein und bilden dadurch eine scharfe Bauchkante. Die Zahl der Muskeln ist der grossen Zahl der beweglichen Rippen entsprechend.

Die inneren Organe sind, entsprechend der Gestalt des gestreckten Leibes, lang. Die sehr lange Luftröhre zieht sich neben der Speiseröhre hin, und mündet, nach unten zu immer weiter werdend, in die grosse, lange, sackförmige, sich bis an das Bauchende hinziehende Lunge. Eine zweite aber verkümmerte Lunge ist nur bei einigen Schlangen zu finden. Das Herz ist klein und besteht aus zwei Vorhöfen und einer unvollständig getrennten Herzkammer. Der lange Schlund mündet in den sehr ausdehnbaren langen Magen. Der Darm ist nicht sehr lang und wenig gewunden. Von besonderer Länge sind: Leber, Nieren, Hoden und Eierstöcke. Von den Drüsen sind besonders erwähnenswert: Die Bauchspeicheldrüse, Zungendrüse, Thränendrüse, Ober- und Unterlippendrüse, sowie bei einigen die Giftdrüse. Die Gallenblase ist von ziemlicher Grösse.

Der Kopf ist gewöhnlich nicht sehr gross, weshalb das Gehirn auch nur klein, das Rückenmark aber, entsprechend der gestreckten Gestalt des Schlangenkörpers, besonders lang entwickelt ist. Hiermit steht auch die Stumpfsinnigkeit der Schlangen, sowie deren besondere Erregbarkeit der Muskeln im Zusammenhange. Ein äusseres Ohr fehlt, sowie auch innerlich Trommelfell und Trommelhöhle; die Schnecke ist jedoch vorhanden. Der Geruchsinn ist fast gleich Null, die Nasenröhren sind kurz und münden in seitlich oder auf der Schnauze stehenden Nasenlöchern. Am besten entwickelt sind der Tast- und dann allenfalls der Gesichtssinn. Den ersteren vermittelt die lange, dünne, zweispitzige Zunge, welche im Rachen in die Zungenscheide zurückgezogen, und auch durch eine Aushöhlung im Oberkiefer bei geschlossenem Rachen aus- und eingezogen werden kann. Den Augen fehlen die Augenlider, diese werden durch die, die Augen mitbedeckende, und hier besonders durchsichtige Oberhaut ersetzt. Die Schlangen sehen weniger weit und gut als andere Reptilien, sie sehen häufig ihre Beute erst dann, wenn diese sich bewegt, entweder mangelt es ihnen an genügendem Auffassungsvermögen, oder sie können für kurzsichtig gelten.

Der Kopf ist mehr oder weniger scharf vom Körper durch eine den Hals vertretende Verengung abgesetzt. Ein Schwanz ist bei allen Schlangen vorhanden, jedoch ist Gestalt und Länge desselben sehr verschieden. Manchmal ist er sehr lang und ganz allmählich in eine dünne peitschenartige Spitze auslaufend, oder kurz und stumpf zugespitzt, mitunter in eine hornige Spitze, oder in eine Anzahl horniger Ringe endigend, oder endlich seitlich zusammengedrückt, ruderförmig.

Der Körper der Schlangen ist in seiner ganzen Ausdehnung mit der sogenannten Schuppenhaut bekleidet. Schuppen kann man jedoch die in der Lederhaut befindlichen eigentümlichen Hautverdickungen eigentlich nicht nennen, denn die Lederhaut sowohl, wie die diese bedeckende Oberhaut bilden ein zusammenhängendes Ganzes, gewissermassen einen am dünnen Ende (Schwanz) geschlossenen Schlauch, in welchem sich nur vorn die Maul- und hinten vor dem Schwanz die Afteröffnung befindet. Der umgeschlagene Rand der Hautverdickungen bildet Falten, welche das Aussehen von dachziegelförmig übereinanderliegenden Schuppen haben, die auch in der über der Lederhaut befindlichen durchsichtigen Oberhaut deutlich ausgeprägt sind. Diese Schuppen sind in ihrer Gestalt meist länglich-rund oder länglich-sechseckig, lanzettförmig oder rautenförmig, die an den Körperseiten befindlichen gewöhnlich etwas grösser als die auf dem Rücken. Dieselben sind bald glatt, bald, die Rückenschuppen namentlich, gekielt. Die Kiele können gleichmässig glatt oder am Ende knotig aufgetrieben, oder vertieft, von löffelförmiger Gestalt sein. Die Schuppen sind in hintereinander liegenden Längsreihen, und in ziemlich geraden, meist aber mehr oder weniger schiefen Querreihen geordnet, sie werden, wenn sie mit ihren freien hinteren Enden die der folgenden Reihe decken, Schindelschuppen genannt, sind sie jedoch mit ihrem ganzen Rand angewachsen und nebeneinander liegend, so nennt man sie Tafelschuppen; wenn sie in einer geraden Reihe nebeneinander stehen, so heissen sie Wirtelschuppen. Die

Anzahl der Schuppenreihen nimmt nach vorn, mehr aber noch nach hinten zu, allmählich ab, bleibt jedoch in der Mitte des Körpers, an den gleichstarken Körperstellen ziemlich gleich. Da die Stellung und Art der Schuppen, sowie die Anzahl der Schuppenreihen für die Systematik gut verwendbar sind, so hat man dieses bei Untersuchung von Schlangen wohl zu beachten. Wenn man daher die Schuppenreihen, von der untersten Längsreihe anfangend, bis zur letzten der anderen Seite fortfahrend, zählt, wie dies in Abb. 5 veranschaulicht ist, so bildet die gewonnene Reihenzahl eine nicht zu unterschätzende Handhabe zur richtigen Bestimmung der betreffenden Art.

Abb. 5.

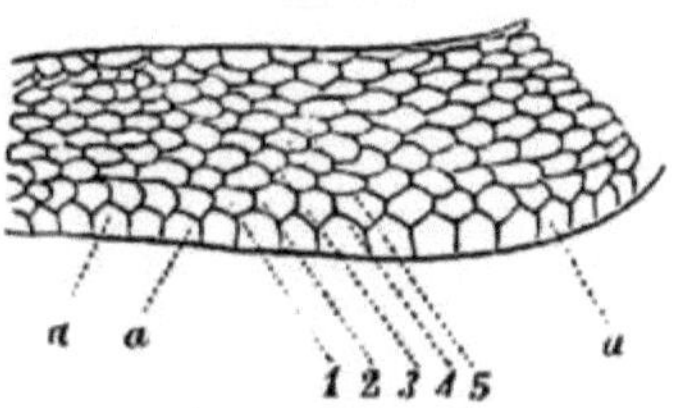

Dreistreifige Natter
(Elaphis Dione, Pallas.)
Ein Stück der Körperseite.
a. Bauchschilder. — Die Zahlen 1, 2, 3, 4, 5 zeigen die aufeinanderfolgenden Schuppenreihen und die Folge, wie sie zu zählen sind an. (Nach Schreiber.)

Bei den meisten Schlangenarten kommen ausser den Schuppen *(Squamae)* noch grössere, Kopf- und Unterseite bedeckende, verschiedenartig gestaltete Hautgebilde vor, welche eine mehr oder weniger tafelförmige Gestalt haben und mit dem Namen Schilder *(Scuta)* benannt werden. Die den Kopf bedeckenden werden Kopfschilder, die die Unterseite des Körpers bedeckenden Bauchschilder *(Gastrostega)*, die die Unterseite des Schwanzes bedeckenden Schwanzschilder *(Urostega)* genannt. Die Bauchschilder, welche einander ziemlich gleichen, haben eine sechs- oder viereckige Gestalt, sind länger als breit, sehen Schienen oder Halbringen ähnlich, stehen stets in einfacher Reihe, während die oft schmäleren Schwanzschilder fast immer eine Doppelreihe bilden. (Abb. 6.) An ihren Enden sind die Bauchschilder mehr oder weniger nach den Körperseiten hinaufgebogen und bilden oft eine deutliche Grenze zwischen der Ober- und Unterseite, welche Bauch- oder Seitenkante genannt wird. Der am

Abb. 6.

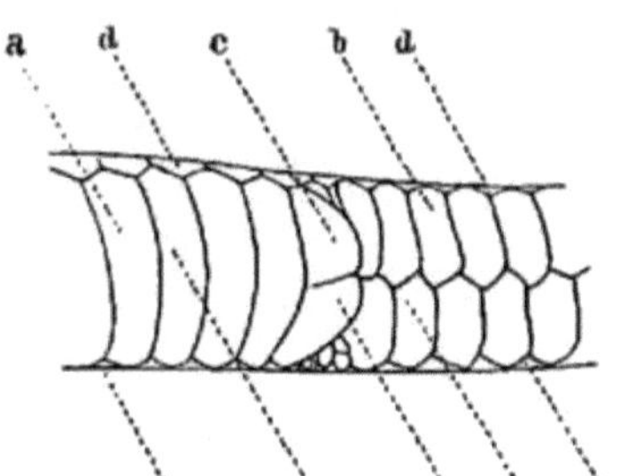

Zornnatter.
(Zamenis atrocirens, Shaw.)
Ein Stück der Unterseite. Aftergegend.
a. Bauchschilder (Gastrostega), b. Schwanzschilder (Urostega), c. Afterschilder (Scuta analia), d. letzte Schuppenreihe. (Nach Schreiber.)

hinteren Körperende vor dem Schwanz belegene After bildet eine Querspalte, die meist von zwei, seltener von einem Schild, dem Afterschild *(scutum anale)* bedeckt wird.

Die Oberseite des Schlangenkopfes wird meist von verschiedenartig geformten Schildern bedeckt, welche zusammen der Hut *(Pileus)* genannt werden und den systematisch wichtigsten Teil bilden. (Abb. 7.) Ziemlich in der Mitte der Kopfschilder liegt das Stirn- oder Frontalschild *(scutum frontale, a)*, dieses wird durch die Brauenschilder *(scuta supraocularia, b)* von zwei Seiten begrenzt. Das vor dem Stirnschild stehende Schilderpaar wird mit dem Namen der hinteren Schnauzen- oder Praefrontalschilder *(scuta praefrontalia, c)* benannt, die vor diesen nach vorn zu stehenden zwei Schilder werden die vorderen Schnauzen- oder Internasalschilder *(scuta internasalia, d)* genannt. Die nach hinten den Pileus abschliessenden beiden Schilder heissen Scheitel- oder Parietalschilder *(scuta parietalia, e)*.

Abb. 7.

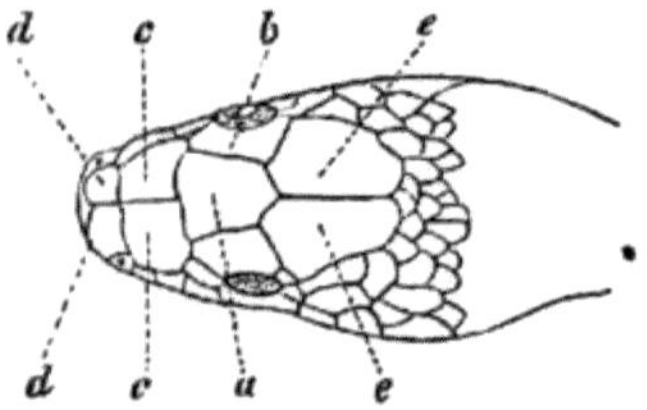

Kopf der Aeskulapnatter *(Callopeltis Aesculapii, Aldrovandi)*. Von oben.
a. Stirnschild *(scutum frontale)*, b. Brauenschilder *(scuta supraocularia)*, c. hintere Schnauzenschilder *(scuta praefrontalia)*, d. vordere Schnauzenschilder *(scuta internasalia)*, e. Scheitelschilder *(scuta parietalia)*. (Nach Schreiber.)

An der Schnauzenspitze befindet sich ein grösseres unpaares Schild (Abb. 8), das Rüssel- oder Rostralschild *(scutum rostrale, f)*, welches unten mehr oder weniger ausgebuchtet ist, um die Zunge bei geschlossenem Maul durchzulassen, unten den Maulrand, oben die vorderen Schnauzenschilder berührt. Die den Oberlippenrand säumenden, vom Rüsselschild bis zum Ende der Maulspalte laufenden Schilder werden Oberlippen- oder Supralabialschilder *(scuta supralabialia, g)* genannt. An den Seiten der Schnauze bemerkt man noch eine Reihe von Schildchen, die vom Seitenrand des Rüsselschildes ausgehend sich zwischen den Oberlippenschildern und dem Pileus hinziehen. Das erste dieser Schilder heisst, weil es das Nasenloch umgibt, das Nasenschild *(scutum nasale, h)*, es wird oft durch eine mehr oder weniger durchgehende Quernaht in zwei Hälften geteilt. Die dicht vor den Augen belegenen Schilder, welche in Form und Anzahl jedoch nicht immer gleich sind, heissen vordere Augen- oder Praeocularschilder *(scuta praeocularia, i)*. Die Zügel oder Frenalschilder *(scuta frenalia, k)* sind zwischen dem Nasen- und dem vorderen Augenschild belegene kleine Schildchen, die in ihrer Lage gewöhnlich den hinteren Schnauzenschildern entsprechen; es können deren eins oder mehrere vorhanden sein. Die das Auge von rückwärts begrenzenden Schilder heissen hintere Augen- oder Postocularschilder *(scuta postocularia, l)*, die dahinter folgenden Schläfen- oder Temporalschilder *(scuta temporalia, m)*. Mitunter kommt es vor, dass zwischen dem unteren Augenrand und den Oberlippenschildern noch einige kleine Schilder eingeschoben sind, diese heissen untere Augen- oder Subocularschilder *(scuta subocularia n)*.

Abb. 8.

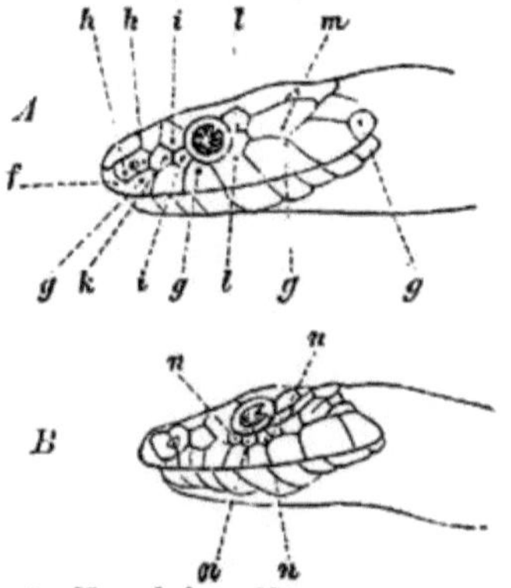

A. Kopf der Vipernatter *(Tropidonotus viperinus, Latreille.)*
B. Kopf der Hufeisenatter *(Periops hippocrephis, Linné.)*
f. Rüsselschild *(scutum rostrale)*, g. Oberlippenschilder *(scuta supralabialia)*, h. Nasenschild *(scutum nasale)*, i. vordere Augenschilder *(scuta praeocularia)*, l. hintere Augenschilder *(scuta postocularia)*, k. Zügelschild *(scutum frenale)*, m. Schläfenschilder *(scuta temporalia)*, n. Untere Augenschilder *(scuta subocularia)*.
(Nach Schreiber.)

Die Rinnen- oder Inframaxillarschilder *(scuta inframaxillaria)*, Abb. 9 q, sind den Schlangen eigentümlich, von diesen Schildern sind gewöhnlich zwei Paar vorhanden, welche an der Kinnfurche (Abb. 9) liegen. Der Ausrandung des Rüsselschildes gegenüber findet sich ein kleines Schildchen, welches mit Kinn- oder Mentalschild *(scutum mentale, o)* bezeichnet wird. Den Oberlippenschildern gleich ist die Reihe der Unterlippen- oder Sublabialschilder *(scuta sublabialia p)*, deren vorderstes Paar das Kinnschild einschliesst und sich in der Mittellinie berührt. Der durch das Auseinandertreten der hinteren Rinnenschilder gebildete Raum zwischen diesen und den Bauchschildern wird entweder von ihnen ähnliche kleine Schildchen, den Kehl- oder

Abb. 9.

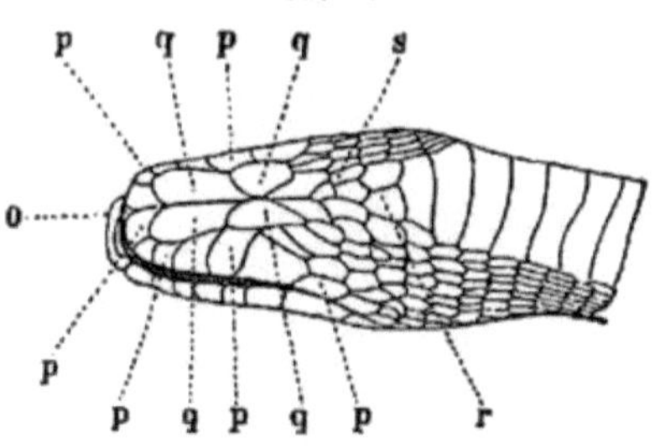

Kopf der Aeskulapnatter *(Callopeltis Aesculapii, Aldrovandi.)* Von unten.
o. Kinnschild *(scutum mentale)*, p. Unterlippenschilder *(scuta sublabialia)*, q. Rinnenschilder *(scuta inframaxillaria)*, r. Kehlschild *(scutum gulare)*, s. Kehlschuppen *(squamae gulares)*.
(Nach Schreiber.)

Gularschildern *(scuta gularia r)*, oder durch von den Seiten des Hinterkopfes herüberziehende Kehl- oder Gularschuppen *(squamae gulares, s)* ausgefüllt.

Obwohl nun zwar Schuppen und Schilder, namentlich die Kopfschilder, bei den Schlangen nicht immer gleich in Form und Bildung sind, so dürften sich doch etwa vorkommende Abweichungen nach vorstehendem leicht richtig bestimmen lassen.

Alle Schlangen sind einer mehrmals im Jahre sich wiederholenden Häutung unterworfen. Diese Häutung ist für das Leben der Schlange von grösster Wichtigkeit, sie ist unumgänglich notwendig. Die hartgewordene alte Oberhaut würde das Wachstum der Schlange verhindern, deshalb muss dieselbe einige Male im Jahre abgestreift werden. Kurz nachdem die Jungen die Eihülle verlassen, häuten sie sich zum ersten Mal. Die Häutung, welche den Schlangen mehr oder minder schwer fällt, je nachdem sie sich in gutem oder schlechtem Ernährungszustande befinden, beginnt mit dem Ablösen der dünnen durchsichtigen Oberhaut an den Lippenrändern. Im Innern der Epidermis bilden sich nach Cartier feine dünne Härchen, welche den ersten Anstoss zum Beginn der Häutung geben. Diese Häutungshaare (Abb. 10) heben infolge ihrer Starrheit und Stellung die abzuwerfende alte Haut ab. Nachdem die Häutungshaare diese Funktion verrichtet, verwachsen sie zu Leisten und Hautverdickungen auf der neuen Haut, bilden die Kiele, Spitzen etc. auf derselben. Bei Beginn der Häutung scheuern und reiben sich die Schlangen öfters an rauhen Steinen und dergleichen, namentlich die Lippenränder, um die Haut loszubekommen, auch halten sie sich vor der Häutung öfters als gewöhnlich im Wasser auf, oder wo solches fehlt, doch in dem vom Tau feuchten Gestrüpp, Gras etc. Dies geschieht um die Haut zu erweichen, damit sie leichter losgeht. Nachdem sich die Haut von den Lippenrändern

Abb. 10.

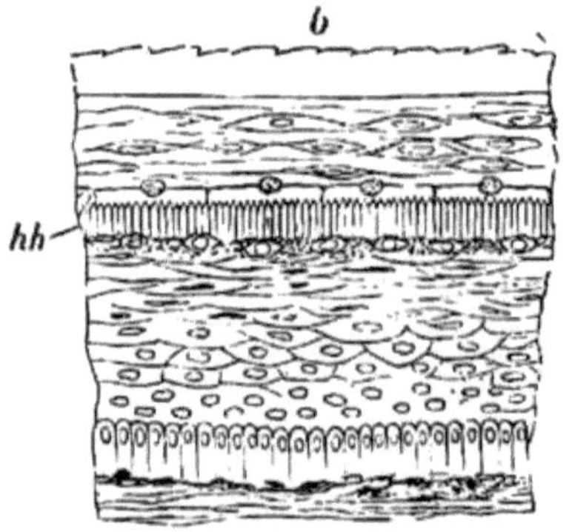

Häutung der Natter.
(Durchschnitt durch die Haut).
hh. Die Häutungshaare; der darüberliegende Teil der Epidermis wird abgestossen.
(Nach Cartier.)

gelöst, stülpt sich dieselbe nach aussen um. Der ganze Vorgang vollendet sich wie vorn gesagt. Während des Häutens kriechen die Schlangen zwischen Gestein, Sträuchern, Moos u. dergl. hindurch, um sich auf diese Weise leichter von der alten Haut zu befreien. Man findet im Freien hin und wieder vollständige Häute oder Stücken von solchen, und derartige Funde sind mir schon manchmal zum Verräter des Aufenthaltortes der Schlangen geworden, da die Schlange den oft engen Eingang ihres Schlupfloches zum Abstreifen der Haut benutzt. Die Häutung erfolgt im Laufe des Sommers, gewöhnlich in Zwischenräumen von drei bis vier Wochen, doch liegt auch mitunter eine noch längere Zeit zwischen jeder Häutungsperiode. Je nach dem Klima häuten die Schlangen öfter oder weniger im Jahre; die in Deutchland vorkommenden, je nach der Jahreswitterung, etwa fünf- bis achtmal. Das Herannahen der Häutung macht sich durch trübes, milchiges Aussehen der Augen kenntlich, auch die Haut des ganzen Körpers erhält einen schmutzigen Schein, was daher rührt, dass sich die Haut allmählich loslöst, und von den Häutungshaaren emporgehoben wird. Vor der Häutung sind die Schlangen träger als sonst, gehen nicht so eifrig ihrer Nahrung nach, ihr ganzes Benehmen verrät einen krankhaften Zustand. Nach erfolgter Häutung sind sie bedeutend lebhafter, fühlen sich augenscheinlich wohler. Obwohl nun die Augen in Folge der bereits losgelösten Oberhaut ein trübes Aussehen haben, so wird die Sehkraft des Auges dadurch doch nur höchst wenig oder garnicht beeinträchtigt, eine in oder vor der Häutung befindliche Schlange sieht eben so gut als nach überstandener Häutung, wovon ich mich oft zu überzeugen Gelegenheit hatte und an meinen Gefangenen noch habe. Es ist dies ja auch bei der Durchsichtigkeit der abgehenden Haut, namentlich der uhrglasartig erhabenen Stelle über den Augen, ganz natürlich. Die Schlange trifft den Gegenstand, nach welchem sie beissen will, vor oder in der Häutungsperiode fast mit derselben Sicherheit wie nach derselben, vorausgesetzt, dass derselbe nicht zu entfernt ist und sich bewegt.

Alle Schlangen sind Raubtiere, denn ihre Nahrung in der Freiheit besteht fast ausschliesslich aus lebenden Tieren. In der Gefangenschaft gewöhnen sich einige auch an tote Nahrung, so nehmen die meisten meiner echsen- und mäusefressenden Schlangen auch tote Maulwürfe, Mäuse, Sperlinge, Eidechsen oder

Frösche an, vorzüglich wenn ich ihnen solche vorhalte und bewege, doch nehmen sie auch tote in das Terrarium geworfene Tiere vom Boden auf, ja einige nehmen mir sogar rohes Fleisch ab. Die grossen Riesenschlangen überwältigen Tiere von Hasen- bis höchstens zur Rehgrösse, grosse Natternarten jagen auf junge Hasen, Kaninchen, Ratten, Maulwürfe, Vögel, Mäuse und kleinere Schlangen; die kleineren Schlangen endlich überwältigen Vögel, Mäuse, junge Maulwürfe, Echsen, junge Schlangen, Fische, Frosch- und Schwanzlurche. Die kleinen Zwergschlangen nähren sich meist von Kerbtieren u. dergl.

Die Erlangung der Beute ist verschieden; einige lauern ihre Beute auf und stürzen sich auf das Opfer, sobald dieses in genügender Nähe angelangt ist, fassen es mit dem kräftigen Gebiss und legen ihren Körper in mehreren Ringen um dasselbe, es so erdrückend und gleichzeitig dabei ausreckend, um es bequemer verschlingen zu können. Andere wieder verfolgen ihre Beute und erdrücken dieselbe nach dem Erhaschen gleichfalls, wieder andere erdrücken ihr Opfer nicht, sondern schlingen sofort darauf los. Die Giftschlangen bringen ihrer, meist auch erlauerten, seltener aufgesuchten Beute, gewöhnlich nur einen Biss bei und verharren dann ruhig, der Wirkung des Giftes bewusst, bis das Opfer verendet ist, worauf sie dasselbe verschlingen. Schlangen mit gefurchten Giftzähnen hinten im Rachen suchen teils ihre Beute auf, teils erlauern sie dieselbe; auch sie umschlingen meist ihr Opfer und halten irgend einen Körperteil desselben fest im Rachen, um so die hinten in demselben stehenden Giftzähne einzudrücken; sie halten ihr Opfer so lange fest bis dieses tot oder doch matt und wehrlos geworden, worauf sie ihre Körperringe teils lösen oder mit Hilfe derselben die Beute vollends zum Rachen hineinschieben. Die meisten Schlangen verschlingen ihre Beute mit dem Kopfe derselben anfangend, einige wie sie dieselbe eben gefasst haben. Dies im allgemeinen, bei den hier in Betracht kommenden Arten wird näheres über Erlangen und Verschlingen der Beute gesagt werden.

Der Aufenthaltsort der Schlangen ist sehr verschieden. einige leben nur im oder am Wasser, in Sümpfen etc., andere wieder bevorzugen grasigen Boden teils im Hochwalde, teils im Gebüsch. Manche leben an dürren, öden Orten, in der Steppe. Wüste, andere bewohnen Felder, Wiesen, oder leben auf Bäumen.

Sträuchern, unter der Erde, im Sande; wenige endlich bewohnen die tropischen Meere. Schwimmen können wohl alle Schlangen, verschiedene Arten sind darin besonders geschickt und tauchen vorzüglich, können auch längere Zeit unter Wasser bleiben, ehe sie das Atembedürfnis zwingt wieder an der Oberfläche zu erscheinen.

Einige Schlangen sind Dämmerungs- oder Nachttiere, die meisten jedoch Tagtiere. Alle lieben die Wärme, am liebsten ist den meisten feuchte Wärme, doch können auch einige von trockener Hitze unglaubliches ertragen. Aus diesem Grunde sind auch in den heissen und warmen Ländern die Schlangen am häufigsten, je kälter die Landstriche werden, um so mehr nimmt die Zahl der Schlangen ab.

In ihrem Wesen sind die hier in Betracht kommenden Schlangen sehr verschieden, einige sind sehr neugierig, kommen nahe an den Menschen heran oder lassen diesen sehr nahe kommen, um erst im letzten Augenblick zu entfliehen; beissen selbst dann nicht, wenn man sie einfängt, andere wieder sind zorniger, bissiger Natur, auch wenn sie keine Giftschlangen sind, fahren zischend auf ihren vermeintlichen Angreifer los und machen von ihrem Gebiss Gebrauch, meist aber fliehen alle Schlangen bei Annäherung des Menschen. Auch die Giftschlangen entfliehen gewöhnlich und machen nur im Notfalle von ihren Waffen Gebrauch, besonders wenn sie in die Enge getrieben, und ihr Versteck nicht mehr erreichen können, oder wenn sie plötzlich getreten werden.

Die Bewegungen unserer Schlangen sind sehr verschieden; obwohl die Schlangen fusslos sind, können sie sich doch ziemlich rasch forthelfen, einige klettern vorzüglich und besteigen hohe Bäume und Gesträuche etc.

Alle in Deutschland vorkommenden Schlangen ziehen sich bei herannahender kalter Jahreszeit in tiefe, gegen die Einwirkung der Kälte geschützte Schlupflöcher zum Winterschlaf zurück. Ein Sinken der Luftwärme bedingt auch ein solches der Blutwärme unserer Schlangen, je kälter ihr Blut wird, um so schwerfälliger, starrer und unbeholfener werden sie, und sind daher schliesslich nicht mehr im stande, ihre Nahrung zu erlangen, weshalb sie dann ihre Winterherbergen aufsuchen, um dort nach und nach in einen Zustand der Erstarrung, den sogenannten Winterschlaf, zu verfallen. Oefters finden sich mehrere in geeigneten Schlupflöchern zusammen. Schlaf kann man diesen Zustand eigentlich nicht nennen, sie schlafen durchaus nicht, sondern sind gewissermassen halbwach und halbstarr, ihre Augen sind matt und trübe. Man kann sie auch leicht wieder erwecken, wenn man sie nach und nach in erwärmte Räume bringt, ihnen allmählich Wärme zuführt, so werden sie bald völlig munter; setzt man sie aber plötzlich einer höheren Wärme aus, so würde dies ihr Tod sein.

Die Männchen sind meist kleiner als die Weibchen, öfters auch lebhafter als diese gefärbt; die charakterische Zeichnung der Jungen hält beim Weibchen länger an, ja ist mitunter bleibend, beim Männchen jedoch ändert sich diese Zeichnung meist sehr bald. Obwohl die Schlangen gewöhnlich einzeln, jede für sich, leben, so finden sich doch zur Paarungszeit ihrer mehrere zusammen, mitunter trifft man ganze Haufen einer Art ineinander verknäult. Sie pflanzen sich durch pergamentschalige Eier fort. Einige Arten legen diese etwa drei bis vier Monate nach erfolgter Begattung an feucht-warme Oertlichkeiten ab, als unter Moos, in Höhlungen, unter grösseren Steinen, in Felsrissen, im Mulm, in Mist- oder Composthaufen u. dergl., wo sie von der Sonnen- und Gährungswärme gezeitigt werden. Andere wieder behalten die Eier bis zur Reife bei sich, bei welchen dann die Jungen sofort nach dem Legen der Eier die dünne häutige Schale derselben sprengen und lebensfähig sind. Kurz nach dem Verlassen der Eihülle häuten die Jungen zum ersten Male und erscheinen nun meist als verkleinerte Abbilder ihrer Eltern. Eine Fürsorge der Alten für die Jungen findet nicht statt, eher noch werden die Jungen von ihren eigenen Eltern aufgefressen.

Die Furcht vor den Schlangen ist leider noch eine allgemeine, was zum grössten Teil daher kommt, das gerade die Schlangen in der Bevölkerung viel weniger gekannt sind, als sie es eigentlich sein sollten. Die meisten sehen in einer Schlange auch heute noch nichts anderes als einen giftgefüllten Schlauch, halten es nicht der Mühe wert, sich genauere Kenntnis über diese am meisten von allen Geschöpfen gehassten Tiere zu verschaffen. Wohl ist es richtig, dass es unter den Schlangen einige wenige gibt, welche als Feind des Menschen und seiner Haustiere zu betrachten sind. Dies ist doch aber sicher kein Grund, alle Schlangen ohne Unterschied zu verfolgen und zu töten. Von den Giftschlangen und allenfalls den Riesenschlangen abgesehen, sind die meisten andern doch dem Menschen nicht gefährliche Geschöpfe, viele sind geradezu völlig harmlos, oder dem Menschen mehr oder weniger nützlich. Sollen diese alle nun einiger wenigen wegen geopfert werden? Ist es nicht vielmehr dem Menschen, weil mit Verstand und Vernunft begabt, geziemender, die schädlichen von den unschädlichen unterscheiden zu lernen, erstere zu vernichten, letztere aber zu schonen. Nur allein ein solches Verhalten wäre des Menschen, als dem Herrn der Schöpfung, würdig. Deshalb sollte jeder bemüht sein, die Tiere seiner Heimat wenigstens genau kennen zu lernen, um die ihm schädlichen von den unschädlichen unterscheiden zu können; manche thörichte Furcht, mancher Aberglaube würde dadurch verbannt werden. Von Seiten der Schulen sollte in dieser Beziehung mehr gethan werden, was nützt die Beschreibung fremder Schlangen dem Zöglinge? Wenig! Er wird wohl selten Gelegenheit haben mit solchen in Berührung zu kommen, gar leicht und unter sehr mannigfachen Umständen kann er mit den Schlangen seiner Heimat zusammentreffen, und nur ihre genaue Kenntnis kann ihn oft vor Schaden bewahren. Deshalb ist es vor allem nötig, dass den Zöglingen die genaue Kenntnis der heimischen Schlangen beigebracht wird. Dies sollte nun stets in den Sommermonaten unter Vorzeigung nur lebender Schlangen beim Anschauungsunterricht geschehen. Von toten, ausgebleichten, in Spiritus aufbewahrten Schlangen u. a. kann kein Schüler einen Schluss auf das Aussehen der lebenden Schlange ziehen. Deshalb sollte in jeder Schule, wenigstens aber in jeder Stadt, für Schulzwecke ein Terrarium, und sei es auch noch so einfach, vorhanden sein, um darin lebende Kriechtiere für den Anschauungsunterricht aufbewahren zu können. Anleitungen hierzu findet man in meiner Brochüre „Das Terrarium“ (siehe Umschlag). Dank ihrer Genügsamkeit lassen sich fast alle Schlangen bei entsprechender Pflege jahrelang in Gefangenschaft am Leben erhalten, und sind so jederzeit für den Anschauungsunterricht zu verwenden. Vor allem aber sollte sich jedermann selbst bestreben, die Schlangen und andere Kriechtiere seiner Heimat, deren Leben und Treiben, genau kennen zu lernen, er sollte jede Gelegenheit benutzen, seine Erfahrungen über Tiere und Pflanzen seiner Heimat zu erweitern, und erst dann, wenn er dieser Kenntnis sich voll und ganz erfreut, sollte er seine Wissbegier und seinen Lerneifer auf die Tier- und Pflanzenwelt fremder Länder ausdehnen. Wie ich schon in meinen „Giftschlangen Europas“ gesagt, ist ein allgemeines Wissen sehr gut, aber ein besonderes, genaues Kennenlernen der Tiere und Pflanzen der Heimat, tausendmal besser. Unter den unschädlichen Schlangen gibt es viele, welche durch ihr munteres Wesen, ihre eleganten Bewegungen, sowie durch ihre Zutraulichkeit und leichtes Gewöhnen an ihren Pfleger, sich besonders für das Gefangenhalten im Terrarium eignen. Einige zeichnen sich besonders noch durch hübsche Färbung und Zeichnung aus. Aus diesen Gründen wären einige Schlangenarten wohl wert, gleich andern Tieren in den menschlichen Wohnungen, in entsprechend eingerichteten Zimmerterrarien, gepflegt zu werden, was denn in der That auch hin und wieder von Naturfreunden geschieht. Würde jeder Gebildete, oder auf Bildung Anspruch machende Mensch, zum Nutz und Frommen seiner selbst und seiner Mitmenschen, auch einigen unserer Kriechtiere ein Plätzchen in seiner Wohnung gönnen, so würde der alte Aberglaube betreffs dieser Tiere bald ausgerottet werden.

Die in Deutschland vorkommenden Schlangen gehören zwei Gruppen und zwei Familien an, und verteilen sich wie folgt:

Gruppe:	Familie:	Gattung:	Art:	Der am meisten gebrauchte deutsche Name:
Solenoglypha	Viperidae.	Vipera, Laurenti.	aspis, Linné.	**Viper.**
„	„	Pelias, Merrem.	berus, Linné.	**Kreuzotter.**
Colubriformia	Colubridae.	Tropidonotus, Kuhl.	natrix, Linné.	**Ringelnatter.**
„	„	„ „	tessellatus, Laurenti.	**Würfelnatter.**
„	„	Coronella, Laurenti.	laevis, Boie.	**Schlingnatter.**
„	„	Callopeltis, Bonaparte.	Aesculapii, Aldrovandi.	**Aesculapnatter.**

Erste Gruppe: Solenoglypha. Echte Ottern.

In diese Gruppe gehören die gefährlichsten Giftschlangen. In dem sehr kleinen Oberkiefer findet sich jederseits ein hohler Giftzahn, dahinter einer oder mehrere Ersatzzähne, sowie einige solide Hakenzähne am Gaumen und im Unterkiefer. Der nicht oder unregelmässig beschilderte Kopf ist flach, dreieckig, herzförmig, nach hinten verbreitert und daher gewöhnlich sehr gut abgesetzt. Der Schwanz ist meist ziemlich kurz.

Erste Familie: Viperidae. Ottern.

Die Viperiden sind Erd- und Nachttiere oder Dämmerungstiere. Sie halten sich nur auf dem Boden auf und benutzen hier alle sich bietenden Gelegenheiten zu Schlupforten. Während des Tages halten sie sich meist verborgen, oder kommen nur um sich zu sonnen aus ihren Verstecken hervor; ihr eigentliches Leben beginnt mit Anbruch der Dämmerung, wo sie bis in die Nacht hinein, in warmen Nächten auch wohl die ganze Nacht hindurch ihrer Nahrung nachgehen. Die hierher gehörigen Arten nähren sich fast nur von warmblütigen Tieren, als Mäusen, Vögeln und jungen Maulwürfen etc., selten von Echsen und noch seltener von Lurchen. Nur junge Tiere nehmen Anfangs junge, dann ältere Echsen zur Nahrung. Im allgemeinen sind die Ottern träge Tiere, welche ihre Beute meist an günstigen Orten erlauern, seltener umherstreifen, um solche aufzusuchen, noch seltener verfolgen sie ihr Opfer. Beim Verschlingen ihrer Beute machen die Ottern stets mit dem Kopfe derselben den Anfang. Die Viperiden kennzeichnen sich durch kurzen gedrungenen, von oben etwas abgeplatteten Körper. Der ziemlich grosse, fast stets deutlich vom Halse abgesetzte Kopf, ist vorn mehr oder weniger flach, hinten mit oft hohem, mitunter buckligem Scheitel. Der Gestalt nach ist der Kopf ziemlich dreieckig bis herzförmig. Die Schnauzenkante ist gewöhnlich sehr deutlich. Die Pupille bildet einen senkrechten Spalt. Die mehr oder weniger grossen Nasenlöcher stehen an den Seiten des Kopfes, oder sind weit nach oben auf die Schnauzenspitze gerückt. Die Oberlippenschilder sind von den Augen durch eine bis fünf Reihen Schuppen oder Schildchen getrennt. Die Oberseite des Kopfes ist beschuppt, oder mit grösseren oder kleineren unregelmässigen Schildern bekleidet; hintere und vordere Schnauzenschilder fehlen stets, Brauenschilder sind aber meist vorhanden. Das Stirnschild und die Scheitelschilder sind mitunter recht deutlich, wenn auch in der Ausbildung unregelmässig, oft mehr oder weniger untereinander verschmelzend, teils eingeschnitten oder auch in kleine Täfelchen aufgelöst. Das Rüsselschild ist vom Nasenschild durch ein oder mehrere Schildchen getrennt. Die Zügelgegend ist mit Schuppen oder unregelmässigen kleinen Schildchen bedeckt, welche auch die Augen von den Oberlippenschildern trennen. An den Schläfen finden sich Schilderschuppen. Das sehr ausdehnbare Maul besitzt in dem auf ein kleines Knöchelchen verkümmerten Oberkiefer nur hohle Giftzähne, daher gehören die Vipern zur Ordnung der Röhrenzähner *(Solenoglipha)*. Die Giftzähne, welche bedeutend länger als die anderen noch vorhandenen, aber derben Zähne sind, können in eine Zahnscheide zurückgelegt werden, letztere ist eine wulstige Verdickung des Zahnfleisches, in welche der Ausführungsgang der Giftdrüsen mündet. Die Giftzähne selbst sind nicht beweglich, sondern das Zurücklegen derselben geschieht durch Zurückziehen des Oberkieferknochens. (Weiteres über den Bau der Giftzähne, Giftdrüsen, Gift und dessen Wirkungen etc. wird in einem besonderen Kapitel Erwähnung finden.) Die Schuppen des Leibes sind gekielt. Der Schwanz ist kurz, kegelförmig, und endigt bei einigen in eine hornige Spitze. Der Bauch ist mit einer, der Schwanz auf der Unterseite mit zwei Reihen Schilder bedeckt. Das Afterschild ist ungeteilt. Die Vipern bringen lebende Junge zur Welt, d. h. alle behalten die Eier bei sich, bis zur völligen Ausbildung der Jungen. Die Verbreitung dieser Familie ist nur auf die östliche Halbkugel beschränkt.

Erste Gattung: Vipera, Laurenti. Ottern.

Der Körper ist meist ziemlich plump, gerundet, gewöhnlich in der Mitte verdickt. Der sehr deutlich abgesetzte Kopf ist von dreieckiger oder herzförmiger Gestalt, in seinem hinteren Teile erhöht oder buckelig. Die Nasenlöcher stehen seitlich oder oben an der Schnauze. Wenigstens zwei Schuppenreihen trennen die Augen von den Oberlippenschildern. Die Oberseite des Kopfes, der in Europa vorkommenden, ist, mit Ausnahme der stets vorhandenen Brauenschilder, ganz mit Schuppen oder kleinen schuppenartigen Schildchen bedeckt. Die Schnauzenspitze ist aufgeworfen oder hornartig ausgezogen. Die Schnauzenkante meist deutlich.

Die Arten dieser Gattung bewohnen gewöhnlich trockene steinige Gegenden. In Deutschland ist diese Gattung nur durch nachstehende eine Art vertreten:

Schnauzenspitze abgestutzt, leicht aufgeworfen und scharfkantig . . . . *Vipera aspis. Linné.*

Die Viper (Vipera aspis, Linné).*

Die Viper, oder auch Aspisviper, erreicht eine Länge von 60—80 cm, selten mehr. Der Körper ist ziemlich walzenförmig, von oben etwas niedergedrückt, in der Mitte wenig verdickt. Der Kopf ist von ei- oder birnförmiger Gestalt, von hinten nach vorn allmählich, aber stark verjüngt und deutlich vom Hals abgesetzt. Die Oberseite des Kopfes ist am Scheitel schwach gewölbt, vorn flach mit abgestutzter, scharfkantiger und merklich aufgeworfener Schnauzenspitze. (Abb. 11.) Die rundlichen, ziemlich grossen Nasenlöcher stehen in der Mitte des hinten oft unregelmässig geteilten oder eingekerbten Nasenschildes. Die Augen sind vollkommen seitlich gelegen. Der Schwanz ist kurz und an der Spitze mit einem nach abwärts gekrümmten, beim Männchen etwas längeren Stachel versehen. Das schief von unten nach oben gewölbte Rüsselschild ist nach aufwärts stark verschmälert, seine an das vordere Nasenschild stossende Seite ist die längste. Die Brauenschilder sind klein, länger als breit mit deutlich vorspringendem Aussenrand. Die ganze übrige Oberseite des Kopfes ist mit zahlreichen, kleinen, unregelmässigen Schilderschuppen bedeckt, diese sind flach oder

*) Camerano will *Vipera aspis* nur als eine Unterart von *Vipera berus* (syn. *Pelias berus*) ansehen. Diese Einteilung hat viel für sich, dennoch aber folge ich der besseren Uebersicht wegen hier der älteren, bisher gebräuchlichen Einteilung, da die Cameranos noch nicht endgiltig eingeführt ist. Nach Camerano würden die europäischen Vipern zu nur einer Gattung gehören: *Vipera*, welche in zwei Arten: *Vipera ammodytes, Linné* und *Vipera berus. Linné* zerfällt. Der Species *Vipera berus. Linné* teilt er dann die Unterart *aspis* zu.

wenig gewölbt und bis hinter die Augen glatt, am Hinterkopfe gehen dieselben allmählich in die regelmässigen Körperschuppen über. Manchmal finden sich zwischen den Brauenschildern drei grössere unregelmässige Schildchen, welche als Andeutungen des Stirnschilds und der Scheitelschilder betrachtet werden können. Das Rüsselschild ist vom Nasenschild durch ein hohes, nach oben dreieckig erweitertes Vordernasenschildchen geschieden. Das vorn und oben ziemlich gerade, hinten und unten mehr abgerundete Nasenschild ist gross und meistens den zwei ersten Oberlippenschildern aufliegend. Die übrigen Kopfseiten sind ganz mit kleinen Schuppen bedeckt, welche, stets in zwei Reihen unter den Augen herumziehend, diese von den Oberlippenschildern trennen, und auch noch hinter den Augen zwei bis drei übereinander stehende schiefe Reihen bilden. Die grossen Schläfenschuppen sind flach und geschindelt. Oberlippenschilder sind meistens zehn, Unterlippenschilder neun vorhanden, deren vier bis fünf erste die vorderen Rinnenschilder berühren; die hinteren Rinnenschilder sind meist nur undeutlich als solche erkennbar, schuppenförmig. Die Körperschuppen sind lanzettlich-eiförmig, mit scharfen, am Schwanz schwächer werdenden Kielen und in 21 Längsreihen geordnet. Bauchschilder sind 141—158, Schwanzschilderpaare 33—46 vorhanden.

Abb. 11.

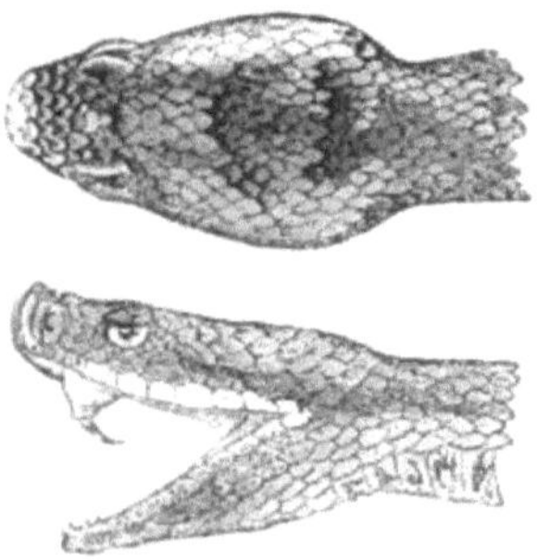

Kopf der Viper
(Vipera aspis, Linné.)

Die **Färbung und Zeichnung** der Viper ist so vielen Abänderungen unterworfen, dass sich nur schwer bestimmte Angaben machen lassen, denn die Abweichungen sind bei dieser Art ebenso gross und häufig, wie bei ihrer nahen Verwandten, der Kreuzotter, da sowohl die Grundfarbe des ganzen Körpers, wie auch die Zahl und Grösse, die Form und Färbung, sowie die Verbindung der Flecken in der verschiedensten Weise abändern. Die Grundfarbe des ganzen Körpers kann durch alle möglichen Schattierungen von Aschgrau mit einem Stich ins Grünliche, Gelblich, Rötlich, Kupferrot, Hellbraun, Braun, Dunkelbraun, Olivenfarbig, Braunschwarz bis zum tiefsten Schwarz wechseln, bald ist sie matt und trübe, bald, namentlich bei gelblichen oder rötlichen Varietäten, sehr kräftig, fast brennend. Die Männchen sind gewöhnlich heller, die Weibchen dunkler gefärbt; die Körperzeichnung hebt sich in mehr oder weniger dunklen Tönen, von Hellbraun, Schwarzbraun bis Schwarz gewöhnlich ziemlich deutlich ab.

Die ganze Oberseite ist bei typischen Stücken (Abb. 12) aschgrau, mehr oder weniger ins Grünliche spielend, durch vier Längsreihen dunkler, schwarzer oder schwarzbrauner Flecken gezeichnet. Der Kopf ist im allgemeinen wie der Rücken gefärbt, bei lichten Farbenspielarten nach vorn zu oft dunkler.

Abb. 12.

Viper (*Vipera aspis, Linné*).

Vom Hinterrand des Auges zieht sich nach unten und den Halsseiten zu eine ziemlich breite, dunkle Binde. Auf Stirn und Schnauze finden sich gewöhnlich einige dunkle Flecke, die bald rundlich, viereckig oder streifenartig sind und in Form und Stellung sehr abwechseln, oft nur schwach angedeutet sind oder auch ganz fehlen können. Die Oberlippenschilder zeigen sich milchweiss oder gelbweiss, welche Farbe, umgeben von dem dunkeln hinteren Augenschilderstreif und dem dunkeln Rand des Unterkiefers, einer hellen Binde gleicht. Hinter dem Scheitel finden sich zwei dunkle Streifen, die nahe beieinander entspringen und nach den Seiten des Hinterkopfes zu auseinander gehen, so einen Winkel bilden und zwischen ihren Schenkeln einen grösseren oder kleineren, bald rundlichen, bald viereckigen Nackenfleck aufnehmen. Die mittleren zwei Fleckenreihen der Körperzeichnung sind stets grösser als die seitlichen, wenigstens gegen den Kopf zu, und am Schwanz fast immer, häufig aber auch durchgängig der Quere nach in eine einzige Reihe zusammenfliessend; die Seitenflecken stehen gewöhnlich derartig, dass sie mit den Rückenflecken wechseln, wenn diese zusammenfliessen, oder sich mit den Rückenflecken vereinigen, wenn diese wechseln, doch können die Flecken auch in allen vier Reihen getrennt und abwechselnd stehen. Ein auf der Rückenmitte sich hinziehendes, gleichfarbiges Längsband vereinigt manchmal die beiden mittleren Fleckenreihen, hierdurch eine von Stelle zu Stelle mit Querfortsätzen versehene Binde bildend, deren Aeste einander gegenüber oder miteinander abwechselnd stehen. Da die Rückenflecken gewöhnlich breiter als lang sind, so entsteht durch das seitliche Ineinandergehen derselben eine hintereinander liegende Reihe schmaler, schräger, strichartiger Querbinden; sind jedoch die ursprünglichen Flecken schon grösser und breiter, so bilden sie durch ihre Verbindung mehr rundliche Flecken, auch kann durch Zusammenfliessen der Flecke neben- und hintereinander eine breite, mehr oder weniger zusammenhängende Zickzackbinde entstehen, welche Zeichnung dann eine Aehnlichkeit mit der in Deutschland nicht vorkommenden Sandotter oder Nasenviper (*Vipera ammodytes, Linné*) hervorruft. Die Angaben, dass die Sandotter an der Südgrenze Bayerns bei Rosenheim gefunden wurde, können möglicherweise auf eine Verwechselung dieser mit der vorerwähnten Farbenvarietät der *Vipera aspis* beruhen; oder es kann sich hier um aus der Gefangenschaft entwischte, freigelassene, oder sonstwie dorthin verschleppte Exemplare handeln, weshalb ich von einer Beschreibung der Sandotter hier absehe und diesbezüglich auf mein Buch „Die Giftschlangen Europas“ (siehe Umschlag) verweise. Von den regelmässigen Stücken unterscheidet sich die erwähnte Varietät der Aspisviper durch längeren, gedrungenen Körper, sie wird unter der Bezeichnung *Vipera Heegeri. Fitzing.* von Schinz als *Vipera Hugyi* angeführt, und scheint meist nur auf Sizilien und in Portugal vorzukommen. Die Veränderlichkeit der Farbe aller Flecken und Zeichnungen ist, wie schon gesagt, sehr gross, gewöhnlich sind sie einfarbig, mitunter aber auch heller oder dunkler bis schwarz gesäumt; fliesen in diesem Falle die Rückenflecken quer zusammen, sind alle Flecken, namentlich die der Mittelreihen, gross und rundlich erweitert, so bildet dies die Varietät *Vipera ocellata, Latreille.* — Die Färbung der Unterseite kann von hell Bräunlichgelb, Bräunlichgrau, Dunkelgrau bis Schwarz wechseln, entweder ist sie einfarbig oder mit weissen, bisweilen auch gelblichen, rostroten oder schwarzen Flecken gesprenkelt. Nach dem Kopf zu nimmt die Unterseite mehr oder weniger die Färbung der Oberseite an. Der Schwanz ist unten, mitunter auch oben hell- oder dunkelgelb gefärbt und nimmt den sechsten bis achten Teil der Leibeslänge ein. Die Aspisviper soll übrigens, sofern dies nicht auf Verwechselung mit gleichgefärbten Kreuzottern beruht, auch in ganz schwarzen Exemplaren vorkommen, deren Färbung höchstens auf der Rückenmitte etwas heller ist, sonst aber keinerlei Zeichnung erkennen lässt; derartige Tiere sollen sich namentlich in der Schweiz finden. Die Jungen sind weniger kräftig gefärbt als die Alten und weisen stets eine einfarbig bräunliche oder weissliche Unterseite auf, die kaum merklich grau oder schwärzlich gesprenkelt ist.

Die Verbreitung der Viper beschränkt sich hauptsächlich auf das Mittelmeergebiet und nur in Frankreich überschreitet sie die Grenze desselben. Sie findet sich nach Strauch, vom siebenunddreissigsten bis neunundvierzigsten Grad nördlicher Breite und vom neunten bis vierundzwanzigsten Grad östlicher Länge von Ferro. Genau lässt sich ihr Verbreitungsgebiet nicht leicht feststellen, da sie häufig mit der ihr bisweilen sehr ähnlichen Kreuzotter verwechselt wird; sie bewohnt mit der Sandotter oft dieselben Gegenden und ist jedenfalls nur auf die südlicheren Teile Europas beschränkt. In Spanien und Portugal ist die Aspisviper nicht häufig, im letztgenannten Lande bewohnt sie die Sierra de Gerez, nördlich der Städte Caldar und Montalegre. In Frankreich findet sie sich überall, in den südlichen Teilen häufiger als im Norden. In allen gebirgigen Gegenden der Schweiz, besonders im Jura, in einigen Teilen der Kantone Waad und Wallis ist sie häufig, nur im Osten des Landes scheint sie zu fehlen. In Italien, hauptsächlich auf trockenem Felsboden, ist sie die gemeinste, allerorts vorkommende Giftschlange; nur auf der von Giftschlangen befreiten Insel

Sardinien fehlt sie, auf Sizilien aber ist in der Varietät *Vipera Hugyi, Schinz* vorhanden. Sie kommt noch in Nordafrika, wenigstens im nördlichen Algier vor, gleichfalls ist sie in Griechenland, Kärnten, Istrien und Dalmatien bekannt. In Tyrol kommt sie bis Bozen vor, scheint überhaupt in Oesterreich nicht selten zu sein. Im illyrischen Küstenland findet sie sich, nach Schreiber, noch bis Görz und zwar ausschliesslich im Sandsteingebirge; auf den Cykladen wird sie als selten vorkommend angegeben. In Deutschland kommt sie in einigen Gegenden Elsass-Lothringens (Metz) beständig vor, im südlichen Bayern, Baden, Württemberg soll sie vereinzelt hin und wieder gefunden werden. Sie soll auch im Schwarzwald (bei Thiengen) gefunden sein, doch ist ihr beständiges Vorkommen dortselbst noch nicht sicher festgestellt, und die Annahme einer Verschleppung nach dorthin hat viel für sich, da an ein Uebertreten aus dem Jura nach dem Schwarzwald kaum gedacht werden kann. Die Grenzen ihrer ganzen Verbreitung sind übrigens nicht genau bekannt. Nach Gredler ist eine auf der Tierser Alp in mehr als 2000 Meter Meereshöhe erbeutet worden. Die Neigung zur Ausbreitung in vertikaler Richtung scheint gering zu sein, jedoch findet sie sich in ganz ebenen Gegenden seltener, Hügelland zieht sie vor. Sie bewohnt nach Schinz hauptsächlich Kalkgebirge, doch fand sie Schreiber auch im Sandsteingebirge in der rötlich-braunen Spielart mit der typischen, stets getrennt bleibenden Fleckenzeichnung.

Sie findet sich hauptsächlich an trockenen, warmen, steinigen Oertlichkeiten, längs der Mauern, Zäune u. dergl., in der Nähe von Steinhaufen, weniger in Wäldern, Gehölzen und Büschen.

In ihrer Lebensweise gleicht sie der Kreuzotter; sie findet sich bei Tage seltener ausserhalb ihres Versteckes, meist nur um sich zu sonnen, und scheint mehr ein Dämmerungs- oder Nachttier sein. Bei der Annäherung eines Menschen oder sonstigen Feindes flieht sie furchtsam und setzt sich nur zur Wehr, wenn sie nicht mehr entweichen kann. Sie ist langsam und unbeholfen wie alle Vipern, und geht meist wohl in der Dämmerung oder des Nachts ihrer Nahrung nach, die in Maulwürfen, Mäusen, Vögeln und sonstigen warmblütigen Tieren von dieser Grösse besteht.

Die Aspisviper ist erst im dritten Lebensjahr fortpflanzungsfähig, und erst im sechsten oder siebenten Jahr völlig ausgewachsen. Die Paarung geschieht, in der Freiheit, im April und dauert, nach Wyder, drei Stunden. Das Weibchen bringt im Juli oder August gewöhnlich zwölf, ausnahmsweise zwanzig oder mehr Junge zur Welt, die wohlausgebildet und etwa zwanzig Centimeter lang der Eihülle entschlüpfen, und sich vom ersten Lebenstag an bissig und boshaft zeigen.

Die Apisviper ist diejenige Giftschlange, an welcher Redi berühmt gewordene Versuche angestellt, und die Fontana nach ihm mit vielem Eifer und Geschick fortführte. Letzterer sagt darüber folgendes: „Das Vipergift ist keine Säure, es rötet weder das Lackmuspapier, welches es nur durch seine eigene Farbe etwas gelblich färbt, noch verändert es die Farbe des Veilchensyrups, ausser dass auch dieser ein wenig gelblich wird, wenn viel von dem Gift hinzukommt. Mit Alkalien zusammengebracht, braust es nicht auf und vermischt sich mit ihnen sehr langsam; im Wasser sinkt es sogleich zu Boden. Es ist nicht brennbar, frisch ein wenig klebrig, getrocknet durchscheinend gelblich; klebrig wie Pech, erhält es sich noch jahrelang in den Zähnen der toten Viper, ohne Farbe und Durchsichtigkeit zu verlieren; man kann es dann mit lauem Wasser erweichen, und es wirkt noch tötlich; auch getrocknet hat man es gegen zehn Monate aufbewahrt, ohne dass es an Kraft verliert.“ Aus den Versuchen, die er mit über dreitausend Vipern an über viertausend Tieren anstellte, zieht er die Folgerungen: Unter gleichen Umständen ist die grösste Viper die gefährlichste, je wütender das Tier, um so wirksamer das Gift, je länger sie mit ihren Giftzähnen in der Wunde bleibt, um so sicherer vergiftet sie. Je langsamer ein Tier stirbt, um so mehr entwickelt sich die Krankheit an dem gebissenen Teil. Ueber die Wirkung sagt er, dass das Blut des gebissenen Tieres gerinne, das Blutwasser sich von den Blutkügelchen scheide und sich durch das Zellengewebe verbreite, wodurch der Umlauf des Blutes vernichtet und der Tod herbeigeführt werde. Das Blut neigt schnell zur Fäulnis und zieht so die Verderbnis des ganzen Körpers nach sich.

Im allgemeinen dürfte sich die Wirkung des Bisses so verhalten, wie bei den andern europäischen Giftschlangen. Auch der von einer Viper gebissene Mensch unterliegt ebenso den Folgen des Bisses, wenn nicht schnell Gegenmittel angewandt werden, als wenn er von einer andern europäischen Giftschlange gebissen worden. Näheres über die Wirkungen des Bisses einer Giftschlange, über Gegenmittel gegen die Wirkungen des Bisses u. a. findet weiter hinten Erwähnung.

In Gefangenschaft bleibt die Viper stets heimtückisch, und beisst auch noch nach langer Gefangenschaft nach ihrem Pfleger. Sie entschliesst sich zwar, in einem ihren Lebensgewohnheiten entsprechend eingerichteten warmen Terrarium, zur Annahme von Nahrung (Feldmäuse, Hausmäuse), doch macht auch sie ihrem Pfleger wenig oder gar keine Freude, eher noch Verdruss und Ungelegenheiten.

Zweite Gattung: Pelias, Merrem. Spiessottern.

Der Leib ist dick und gedrungen, an der Sohle des Bauchs merklich breiter als auf dem Rücken, nach vorn mehr als nach hinten verdünnt. Der Kopf ist mittelgross, vom Hals deutlich abgesetzt, etwa in der Gegend der Mundwinkel am breitesten, nach vorn zu dann bogenförmig schmäler werdend mit kurzer gerundeter Schnauze. Die Oberfläche des Kopfes ist am Scheitel ein wenig gewölbt, sonst völlig glatt, im Ganzen ist der Kopf ein wenig niedergedrückt, nach vorn zu nicht nach abwärts gewölbt. Die Schnauzenkante ist, wenn auch nicht gerade scharf, doch recht deutlich. Die Kopfseiten fallen steil ab und sind in der Zügelgegend vor den Augen ein wenig eingedrückt. Die rundlichen Nasenlöcher stehen seitlich. Die Pupille der Augen ist von vorn nach hinten schräg senkrecht geschlitzt, die Regenbogenhaut beim Männchen meist feuerrot, beim dunklen Weibchen hellrotbraun. Das Maul ist weit gespalten. Gaumen und Unterkiefer mit derben pfriemenförmigen Zähnen besetzt. Jederseits vorn in dem verkümmerten Oberkiefer steht ein wohlausgebildeter gleichfalls pfriemenförmig gebogener, der Länge nach an der konvexen Vorderseite von einer Röhre durchbohrter Giftzahn, dahinter noch drei bis

Abb. 13.

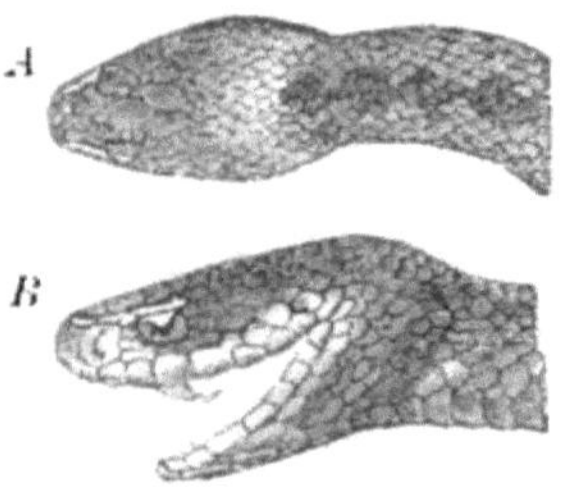

Kopf der Kreuzotter.
A. von oben, B. von der Seite.

vier Ersatzzähne. Die Giftzähne können aufgerichtet und zurückgelegt werden, sie liegen bei geschlossenem Rachen in einer häutigen Falte des Zahnfleisches (Zahnscheide), in welche der Ausführungsgang der Giftdrüsen mündet. Die Länge der Giftzähne der Kreuzotter ist verschieden je nach der Grösse des Tieres, sie können reichlich 4 mm lang werden. Bei einem 58 cm langen Weibchen nahm ich einen Giftzahn mit der Pinzette heraus und mass ihn mittels des Tasters, die Länge betrug knapp 4 mm, dann nahm ich einen dünnen Draht, brachte demselben genau die Biegung des Zahnes bei, gab ihm die genaue Länge desselben und bog ihn dann gerade. Der Draht ergab nun eine Länge von ziemlich 5 mm. Die Giftzähne können an unbedeckten Körperteilen 2 bis 3 mm eindringen, dann am tiefsten wenn die Schlange das Glied mit beiden Kiefern umfassen kann. Die Zunge ist weich und wie bei allen Schlangen zweispitzig; sie dient als Tastorgan und hat mit der Gefährlichkeit der Schlange nichts zu thun. Der Schwanz, unten mit einer doppelten Reihe von Schildern versehen, ist verhältnissmässig kurz; nach seinem Ende allmählich dünner werdend endigt er in eine kurze ziemlich feine hornige Spitze, welche häufig ein wenig nach aufwärts gekrümmt ist; diese Spitze zeigt oben meist eine ziemlich deutliche kielartige Längskante, welche auch an den Seiten, doch weniger deutlich vorhanden ist. Der Schwanz beträgt beim Männchen etwa den sechsten, beim Weibchen etwa den achten Teil der Körperlänge. Bei den Kreuzottern, welche ich bisher gefunden, betrug die grösste Länge beim Männchen 64 cm, beim Weibchen 71 cm; letzteres mass reichlich 4 cm im Durchmesser. Die Weibchen sind (von gleichem Alter) stets grösser als die Männchen.

Das Rüsselschild ist schief von unten nach aufwärts gewölbt, höher als breit, unten ausgerandet mit mehr oder weniger ausgeprägten Winkeln, nach oben meist sehr deutlich verengt mit verrundeter oder stumpfwinkliger Spitze, von oben nur wenig sichtbar. Eigentliche vordere und hintere Schnauzenschilder fehlen meist, es finden sich an ihrer Stelle acht bis zwanzig kleinere vieleckige Schildchen vor, die den ganzen obern Teil des Kopfes vor den Augen bedecken und hinten bis zum Stirnschild reichen. Zwei derselben, sehr selten blos eins berühren nach vorn das Rüsselschild, zwei andere stehen nach aussen an der Schnauzenkante. Das seiner Form nach sehr verschiedenartig gestaltete Stirnschlild ist gewöhnlich gross und deutlich, es wird von den Brauenschildern ganz oder teilweise durch kleine Schildchen getrennt; mitunter bildet die hintere dreieckige Spitze des Stirnschildes ein abgetrenntes selbstständiges Schildchen. Die Scheitelschilder sind klein, selten länger, stets jedoch schmäler als das Stirnschild, der Form nach sehr unregelmässig; nach hinten mehr oder weniger verengt; manchmal sind an ihrer Stelle mehrere grössere unregelmässige Schilder vorhanden, mitunter sind auch Stirnschild und Scheitelschilder teilweise miteinander verschmolzen. Die Brauenschilder sind länglich, etwa halb so breit als das Stirnschild, mit gebogenem über die Augen vorspringendem Aussenrande, mitunter sind beide oder nur eins geteilt. Zwischen Nasenschild und Rüsselschild findet sich ein senkrecht stehendes, nach oben dreieckig erweitertes Schildchen eingeschoben, welches mit der nach unten gerichteten Spitze fast immer das erste Oberlippenschild berührt und selten in zwei unregelmässige übereinander stehende Schildchen zertheilt ist. Das Nasenschild ist sehr gross, oben und vorn ziemlich gerade, nach unten und hinten mehr oder weniger gerundet, um das Nasenloch herum deutlich vertieft, am Hinterrand eingeschnitten, dem ersten und zweiten Oberlippenschild aufliegend. Die grossen Nasenlöcher stehen nach oben und hinten. Der Raum zwischen dem Nasenschild und den Augen wird durch mehrere kleine Schildchen ausgefüllt, welche sich in einfacher, seltener in ganz oder nur teilweise doppelter Reihe unter dem Auge hinziehen, dadurch dasselbe von den Oberlippenschildern trennend und am Hinterrand begrenzend. Die Schläfen sind mit grossen flachen Schuppen bedeckt. Oberlippenschilder sind meist neun, Unterlippenschilder zehn vorhanden, von den letzteren berühren drei bis vier die vorderen, kurzen und breiten Rinnenschilder, deren hintere von den darauf folgenden Kehlschuppen und Kehlschildern kaum zu unterscheiden sind. Die locker aufliegenden Schuppen sind scharf gekielt, länglich, lanzettlich, nach

Abb. 14.

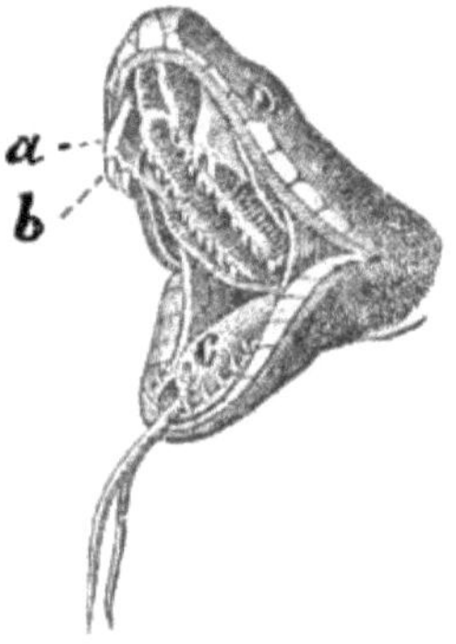

Geöffneter Rachen der Kreuzotter.
a. Zahnscheide,
b. Giftzähne.
c. Zungenscheide.

unten grösser werdend, die letzte Reihe glatt oder wenig gekielt und doppelt so gross als die vorletzte, sie sind in 21 Längsreihen geordnet. Bauchschilder sind 132 bis 155, Schwanzschilderpaare 25 bis 41 vorhanden. Das Afterschild ist ungeteilt.

Diese Gattung enthält nur eine einzige Art.

Die Kreuzotter (*Pelias berus, Linné*).

Die Körperlänge der Kreuzotter beträgt 63 bis 79 cm, doch sollen schon Stücke von 81 bis 85 cm Länge gefunden sein.

Unter den in Deutschland vorkommenden Schlangenarten gehört die Kreuzotter (Tafel II.) auch Otter, Ader, Adder, Atter, Höllenotter, Blitzotter und Kupferotter genannt, mit zu den am häufigsten anzutreffenden und am weitesten verbreiteten, sie verdient daher unsere vollste Aufmerksamkeit und soll deshalb auch auf das ausführlichste und eingehendste behandelt werden, was ich um so genauer und gewissenhafter ausführen kann, da ich mich jahrelang besonders mit dem Studium derselben beschäftigt habe, noch jetzt immer eine grössere Anzahl dieser Schlangen, behufs weiterer Beobachtung gefangen halte, und sie auch nach wie vor in ihrem Freileben beobachte.

In der Farbe und Zeichnung ist die Kreuzotter, je nach Geschlecht, Alter, Standort, näherer oder fernerer Häutungsperiode, so mannigfacher Abänderungen unterworfen, dass ich wohl behaupten darf, man könne kaum unter Hundert zwei völlig gleichgefärbte und gleichgezeichnete finden, wenn sie allerdings auch eine gewisse Aehnlichkeit untereinander haben. Die Männchen sind gewöhnlich heller gefärbt als die Weibchen, doch kommen auch hin und wieder Ausnahmen vor, wo beide Geschlechter in gleicher Färbung auftreten, so sind z. B. fast alle italienischen Stücke braun, ebenso trifft dies an manchen Stellen des Fichtelgebirges zu, ferner sind, nach Schreiber, die meisten in den Hochalpen vorkommenden Kreuzottern beiderlei Geschlechts häufig tiefschwarz und einfarbig. Die schwarze Varietät (*Pelias prester, Linné*) findet sich, nach J. Blum u. a. in Deutschland besonders in den Algäuer, Bayerischen und Salzburger Alpen, in der nordwärts davor liegenden Hochebene (in Torfmooren) bis in die Donaugegend; in Württemberg die Donau überschreitend, ferner im Schwarzwald, vereinzelt im Erzgebirge, Lausitzer Gebirge, in Oberschlesien, in den Moor- und Torfgegenden der norddeutschen Tiefebene, besonders in Ost- und Westpreussen und in Pommern. Die Grundfarbe der Oberseite der typischen Form lässt sich im allgemeinen schwer feststellen, indem verschiedene Farben und Farbentöne miteinander in verschiedenster Weise vermischt sind. Als einigermassen bestimmbare Farben habe ich bei Männchen gefunden: fast weiss, hellgrau, schmutziggrau, graugrün (seltener), graugelb, graubraun, schmutzighellbraun, braun. Es kommen jedoch auch dunkelbraun bis tiefschwarz gefärbte vor. Das Zackenband und sonstige Zeichnungen heben sich immer mehr oder weniger deutlich von der Grundfarbe ab, und kommt hier rotbraun, braun, dunkelbraun, häufig blauschwarz oder tiefschwarz vor. Die Weibchen sind meist dunkler gefärbt, als schmutzigbraun, braungrau, bisweilen rötlich gesprenkelt, rotbraun (Kupferotter), dunkelolivenfarben, ganz dunkelbraun mit grau gesprenkelt und samtschwarz (Höllen- oder Blitzotter). Die Zeichnungen sind auch hier meist dunkler, mehr oder weniger deutlich hervortretend, mitunter von einer helleren Zone umgeben, wodurch sich die Zeichnung dann sehr gut, namentlich bei dunkler Grundfarbe, abhebt; nur bei sehr dunkel oder schwarz gefärbten Stücken lässt sich die Zeichnung sehr wenig oder garnicht erkennen. Die Färbung der Unterseite kann von Weiss durch Grau und Braungelb, Rötlich, Violett bis zu Schwarz wechseln, wobei die einzelnen Schilder einfarbig, oder mehr oder weniger bald dunkler, bald heller gefleckt oder gesprenkelt sind. Diese Flecken fliessen oft wolkenartig zusammen und treten besonders häufig am Grund der Schilder auf, wo sie nach vorn zu oft so zunehmen, dass durch sie die Grundfarbe unter den Hals mehr oder weniger verdrängt wird, und dann die Kehle gewöhnlich schmutzig weiss, weiss mit grau und braun gesprenkelt erscheint. Der Schwanz ist meist gegen die Spitze zu, namentlich bei südlichen Stücken, weisslich, gelblich oder orange gefärbt und bei den vielen Jungen, die bei mir in Gefangenschaft alljährlich geboren wurden, war diese Färbung der Schwanzspitze stets vorhanden. Wenn die ganze Oberseite eine tiefschwarze Farbe annimmt, wobei alle Zeichnungen unsichtbar werden, und dies auch auf der Unterseite der Fall ist, so wird diese Varietät als *Pelias prester, Linné* bezeichnet; ist dabei die Unterseite milchweiss, so wird diese Varietät *Pelias scytha. Pall.* genannt; ist aber die Unterseite dunkler, während die Körperseiten bläulich gewölkt oder gesprenkelt sind, so ist dies die als *Pelias melaenis, Pall.* bezeichnete Varietät.

An Zeichnungen finden sich bei normalen Stücken auf der Oberseite des Kopfes acht Flecke oder Striche; die Schnauzenspitze zeigt gewöhnlich einen dunklen Fleck, drei solcher Flecke stehen in einer Querreihe zwischen den Augen und vier am hintern Teil des Kopfes; von den letzteren sind die nach innen stehenden lang bindenartig, etwa von den Scheitelschildern aus im Bogen nach hinten und aussen ziehend, sie berühren sich jedoch in ihrer Mitte an den konvexen Stellen höchst selten, dennoch sieht es aus, als ob sie gewissermassen ein Kreuz (sog. Andreaskreuz) bilden. Die anderen beiden Flecke sind klein, in der Ausbuchtung der bogenförmigen, in der Schläfengegend gelegen; ein vom hintern Augenrand schräg gegen die Halsseiten verlaufender Streif verschmilzt gewöhnlich mit den letzteren. Diese Zeichnungen sind jedoch nicht immer beständig, öfters ungleich entwickelt und färben auch durch gegenseitiges Verschmelzen den Kopf mehr oder weniger dunkel, öfters auch sind sie teilweise undeutlich oder können auch ganz fehlen; die beiden Bogenflecken am Hinterkopf, sowie der Augenstreif sind fast immer vorhanden. Der vom Hinterrand der Augen ausgehende Streif berührt häufig die Endungen der bogenförmigen Zeichnung des Hinterkopfes, zieht dann über die Halsseiten hin und vereinigt sich nicht selten mit den Seitenflecken des Zackenbandes. Die Oberlippenschilder sind gewöhnlich weisslich, an den Nähten dunkler gesäumt, welche Färbung den Eindruck hervorruft, als ob die Schlange, etwa wie eine Bulldogge, die Zähne zeige. Die Ränder der Brauenschilder sind weisslich gesäumt, und trägt diese Zeichnung viel dazu bei, das Drohende in dem Gesichtsausdruck der Kreuzotter zu erhöhen. In dem durch das Auseinandergehen der hinteren Kopfbinden gebildeten Raum, findet sich ein meist rautenförmiger oder rundlicher grösserer Fleck (Tafel II), welcher den Anfang des gewöhnlich über den ganzen Rücken bis zum Schwanz sich hinziehenden Zackenbandes bildet. Dieses Zackenband besteht aus unregelmässig rautenförmigen, meist mit den stumpfen Spitzen sich berührenden Querflecken, diese können jedoch auch verzerrt-oval oder rundlich sein, mehr oder weniger dicht hintereinander stehen, sind dann aber meist durch einen gleichfarbigen, längs der Mitte des Rückens laufenden Streifen verbunden. Auch kann es vorkommen, dass diese Rückenflecken derartig ineinander verfliessen, dass sie ein fast gleich breites, seitlich nur stellenweise etwas erweitertes Band bilden. Neben diesem Zickzackband befindet sich an jeder Seite eine Längsreihe kleinerer oder grösserer, wie das Zackenband gefärbter Flecken oder Tüpfel, welche in den Ausbuchtungen des Zackenbandes stehen, nach vorn zu oft der Länge nach zusammenfliessen und sich mit dem Halsstreifen vereinigen. Mitunter findet sich an der Grenze der Bauchschilder noch eine dritte Reihe viel kleinerer meist undeutlicher Flecken, welche abwechselnd mit den vorigen stehen, öfters aber auch mit jenen zusammenfliessen, wodurch dann die Körperseiten nach unten zu mehr oder weniger dunkel gefärbt erscheinen.

Die Jungen sind gewöhnlich dunkler, nach Art der Weibchen, mitunter aber auch recht hell gefärbt, die Zeichnungen am Kopf sind in der ersten Zeit sehr undeutlich, das Zackenband längs des Rückens jedoch meist sehr gut sichtbar, die jungen Männchen zeigen gewöhnlich eine kräftigere Grundfarbe als die Weibchen, erstere meist braun, bald heller bald dunkler, letztere schmutzigbraun, auch mit graulichem Anflug. Die ganze Kopfplatte zeigt sich gewöhnlich dunkel, höchstens sind die hinteren Endungen der Bogenflecke erkennbar. Das Zackenband zeigt sich von Kaffeebraun durch alle Töne bis Schwarz. Bei einem am 13. August 1889 erhaltenen Wurf von sieben Stück befanden sich zwei, bei welchen die Dorsalbinde heller begrenzt ist. Bei allen war die Schwanzspitze blassgelb bis gelb. Alle zeigten sich bald bissig, nach acht und zehn Tagen konnten sie junge Mäuse töten jedoch nicht verschlingen, um sie zum Beissen zu veranlassen, musste ich sie jedoch reizen. In der ersten Woche frassen sie garnicht, nach etwa vierzehn Tagen nahmen sie junge, gleichfalls von mir in Gefangenschaft gezüchtete Zaun- oder Feldeidechsen *(Lacerta agilis. Linné)* an.

Das Verbreitungsgebiet der Kreuzotter erstreckt sich, nach Strauch, vom 9. bis 160. Grad östlicher Länge und vom 38. bis 67. Grad nördlicher Breite; demnach dürfte sie in Europa mit wenigen Ausnahmen wohl überall vorkommen. Neueren Nachforschungen zufolge wird der 43. Grad, höchstens der 42. Grad nörd-

TAFEL II.

Kreuzotter (*Pelias berus, Linné*). Männchen.

Natürliche Grösse.

licher Breite als die Grenze ihrer südlichen Verbreitung angenommen. Der höchste Punkt, wo die Kreuzotter sich noch finden soll, ist nach Schreiber Quickjok in den Lappmarken, nördlich vom Polarkreis. Dann findet sie sich in Finnland, Skandinavien und Jütland, sogar auf den Inseln Seeland und Möen. Immer häufiger auftretend, kommt sie in Hannover, den Niederlanden, in Belgien, Frankreich, Spanien und Portugal, in letzteren Ländern jedoch im Norden häufiger als im Süden, vor. Auf Irland fehlt sie, findet sich aber in England, Schottland, auf Arran, wahrscheinlich auch auf Lewis. Ferner findet sie sich in Italien und in der Schweiz, besonders häufig in den nördlichen und Zentralalpen. In Oesterreich ist sie nicht selten, kommt in ganz Böhmen, Mähren, Oesterreichisch-Schlesien, Kärnten. Krain, Tyrol, Ungarn (bei Budapest häufig, am Nákos, in den Komitaten Gömör und Zipsen häufig, auch in Unterungarn ist sie noch häufig anzutreffen; im Museum des Josefs-Polytechnikum zu Budapest befindet sich eine, welche in einer Meereshöhe von 1792 Meter gefangen wurde), Galizien, der Bukowina, Siebenbürgen und an der Militärgrenze vor, scheint also erst in Kroatien, Istrien. Dalmatien durch ihre Verwandten mehr oder weniger verdrängt zu werden. Sie bewohnt ferner ganz Russland, von Polen bis zum Ural und vom Weissen bis zum Schwarzen Meer. überschreitet den Kaukasus und den Ural, tritt in den Steppen Süd- und Mittelsibiriens und Nordturkestans auf, ist in der Mongolei vielleicht ebenso häufig wie die Halysschlange. *(Trigonocephalus halys. Pallas.)*. zeigt sich am Amur und dürfte wohl überall zwischen Amur und Ob zu finden sein, kommt überhaupt bis zu den japanischen Inseln vor. In Deutschland ist sie fast überall zu finden, tritt da wo sie vorkommt nicht gerade selten, in manchen Gegenden leider sogar sehr häufig auf; in Nassau und den Rheinlanden ist sie seltener, in der Rheinpfalz noch garnicht gefunden worden. Auf meinen Reisen fand ich sie in der Lüneburger Heide, in Mecklenburg, Pommern, West- und Ostpreussen häufig, zerstreut in den Marschen, in den Oder- und Weichselniederungen, also in ganz Schlesien, Deutsch- und Russisch-Polen häufig, in Oesterreich-Schlesien, im nördlichen Böhmen und in Ungarn nicht allzu häufig; in Schweden in der Nähe von Malmö fing ich eine, bei Wexiö zwei. In der Umgebung von Berlin fand ich sie oft, und noch immer soll sie dort häufig sein, namentlich in der

Jungfernheide. In der Umgebung von Liegnitz kommt sie sehr häufig vor; es gibt dort Stellen, wo der Ottern wegen niemand das üppige Gras schneidet. Hier in der Umgebung von Bunzlau, in den Torfstichen, ist sie gleichfalls sehr häufig, nicht selten auch noch anderwärts in hiesiger Umgegend, mitunter an ziemlich vielbegangenen Orten, zu finden.

Ihre Standorte wählt sie sowohl im Gebirge wie im Flachlande bis an die Meeresküste. In grosser Menge findet sie sich in Heide- und Moorgegenden, auf moorigem mit Gebüsch bewachsenem Boden, ebenso auch an anderen Orten, wie lichten Wäldern, wenn der Boden mit Heide und Gestrüpp bewachsen ist, gern bewohnt sie abgeholzte Waldungen, Waldblössen, Schälwaldungen, Schonungen, sowie namentlich die bebuschten Ränder dichter Waldungen, ferner findet sie sich auf Wiesen, unter einzelnen Gebüschen, auf Feldern, unter Steinhaufen, welche mit allerlei Unkraut bewachsen sind, in Hecken, welche Wiesen und Felder umsäumen. Sie bewohnt sowohl Laub- als Nadelwaldungen, bald diese, bald jene häufiger. Im Gebirge bewohnt sie auch gern sonnige, bebuschte, mit Geröll bedeckte Abhänge. Im Norden lebt sie mehr im Flachland, in Mooren etc., im Süden mehr im Gebirge, wo sie bis 2200 m Meereshöhe noch gefunden wurde, ja bis gegen 8000 Fuss aufsteigen soll. Den dichten Hochwald, Schluchten, in welche die Sonne nicht eindringt, sowie sandige, von Pflanzenwuchs entblösste Flächen, meidet sie. Dichte, verworrene, niedrige Büsche, Brombeer-, Himbeer- und andere Dornbüsche sind ihre liebsten Aufenthaltsorte. Gute Schlupfwinkel, Sonnenschein und genügende Nahrung sind Hauptbedingungen bei der Wahl ihres Aufenthaltsorts; doch habe ich sie bisher immer nur an Orten gefunden, wo Wasser, wenn auch nur eine Pfütze, in der Nähe war. Betreffs ihrer Schlupflöcher ist sie nicht wählerisch; Höhlungen unter alten Baumstümpfen, unter Bäumen oder im Boden, ein verlassener Fuchsbau, Maulwurfslöcher u. dergl. genügen ihr, doch wählt sie ihre Herberge immer möglichst tief unter der Erde.

Die Nahrung der Kreuzotter besteht hauptsächlich in Mäusen; Feld- und Waldmäuse, deren Junge sie auch wohl aus dem Nest holt, zieht sie vor, Spitzmäuse und kleine Maulwürfe werden nicht verschmäht, auch den jungen Vögeln, deren Nester für sie erreichbar sind, dürfte sie nachstellen. Im Magen einer Kreuzotter fand Lennis einmal einen Siebenschläfer, E. F. v. Homeyer ein altes und ein junges Wiesel und F. Müller in Basel einen schwarzen Alpensalamander. Nur im Notfall dürften alten Kreuzottern Eidechsen und Feldfrösche oder andere Lurche zur Nahrung dienen. Die Jungen ernähren sich anfangs von jungen Eidechsen, später von grösseren, bis sie endlich zur Nahrung der Alten übergehen. Gewöhnlich lauert sie ihrer Beute auf, bei Nacht sowohl als auch bei Tage, doch scheut sie auch nicht eine kurze Verfolgung derselben. Sie streift wohl auch in der Nähe ihres Schlupfortes nach Beute suchend umher, doch entfernt sie sich niemals weit von demselben. Sie kriecht in die Löcher der Mäuse, Maulwürfe etc. um deren Insassen zu erbeuten; bei dieser Gelegenheit fallen ihr dann auch die jungen Nestmäuse, die man öfters in ihren Magen gefunden, zum Opfer.

In unserem Klima ist sie eher ein Dämmerungs- oder Nachttier als ein Tagtier; so lange es die Witterung gestattet, geht sie in der Dämmerung oder des Nachts ihrer Nahrung nach, dies schliesst jedoch nicht aus, dass sie auch bei Tage gelegentlich Beute macht, wie ich solches öfters sowohl hier wie auch anderwärts, wo die Kreuzotter häufig ist, beobachtet habe. Erst vorigen Sommer (Juli 1889) hatte ich das Glück, in den Torfstichen bei Greulich, Kreis Bunzlau, auf Kreuzottern jagend, eine solche Nachmittags nach 2 Uhr beim Verschlingen einer Maus zu überraschen; jedenfalls hatte sie sich diese Maus aus irgend einem der vielen in der Nähe befindlichen Löcher geholt, oder diese war zufällig der sich sonnenden Kreuzotter nahegekommen und wurde abgefangen. Mag sich nun die Otter die Maus verschafft haben, wie ihr Gelegenheit geboten wurde, es beweist dies jedoch noch keineswegs, dass die Kreuzotter ein Tagtier ist, wenn sie auch gelegentlich während des Tages Beute macht. In nördlichen Gegenden, oder hoch im Gebirge mag sie wohl meist, wenn nicht ausschliesslich, während des Tages ihrer Nahrung nachgehen, da ihr die Nächte selbst im Sommer in solchen Gegenden doch wohl zu kalt sind; sie würde nicht die nötige Geschmeidigkeit ihres Körpers während der Nacht besitzen, um ihre Beute erlangen zu können. In unseren Gegenden aber, sowie in den südlichen Ländern ihres Verbreitungsgebietes ist die Kreuzotter jedoch ein Dämmerungs- oder weiter südlich ein Nachttier. In der hiesigen Umgegend (Bunzlau), wie auch bei Liegnitz, Berlin und an anderen Orten, habe ich sie fast immer am Spätabend, oder im Hochsommer auch in der Nacht, nach Nahrung suchend oder auf Beute lauernd angetroffen, so oft ich den von ihnen bewohnten Oertlichkeiten zu diesen Stunden einen Besuch abstattete.

Bei Tage findet man sie, wenn für sie besonders günstige, warme, noch besser gewitterschwüle Witterung herrscht, unweit ihres Versteckes, vor oder unter einem Gebüsch, mitunter auch auf begangenen Wegen, sich sonnend liegen. Sehr gern lagert sie auch unter Holzbündel, Baumrinde, Heuhaufen, Garben etc., wenn dergleichen in der Nähe ihres Versteckes liegen; mit dergleichen wird sie auch häufig in die Häuser, Ställe etc. verschleppt. Bei Tage ist die Pupille ihres Auges schlitzartig, wie bei der Katze, verengt, bei Nacht jedoch sehr erweitert. Die Kreuzotter ist entschieden die am schönsten gefärbte und gezeichnete von allen in Deutschland vorkommenden Schlangen, ein fast weisses oder grünlich angehauchtes, mit dunkelbrauner oder kohlschwarzer Zeichnung versehenes Männchen sieht wirklich prächtig aus, wenn man es in der Sonne am Buschrande spiralförmig zusammengerollt liegen sieht, unwillkürlich fährt man mit dem Zwiesel nach dem schönen Tier, um seiner habhaft zu werden, wehe aber dem, der mit der blossen Hand nach der bestechend schönen, harmlos aussehenden, scheinbar sich um nichts kümmernden Schlange greifen wollte, der in der Mitte des zusammengerollten Körpers ruhende leicht emporgerichtete Kopf ist stets sofort bereit, von seinen furchtbaren Giftzähnen Gebrauch zu machen, mit Gedankenschnelle ist der verhängnisvolle Biss geschehen. Deshalb ist die grösste Vorsicht geboten und wer auf den Fang der Kreuzottern sich nicht besonders eingerichtet, sollte auch die noch so schön aussehende, wenn er sie bestimmt als Kreuzotter erkannt hat, lieber sofort mit dem ersten besten Stock erschlagen, aber nicht etwa aufnehmen, denn das könnte schlimme Folgen haben. Die Schlange ist durch diesen Schlag nicht tot, nur gelähmt, selbst der vom Rumpfe getrennte Kopf beisst noch wütend, er kann ebenso vergiften, als wenn er noch am Rumpfe sässe. Kann man aber eine Schlange nicht bestimmt als Giftschlange erkennen, so lasse man sie lieber unbelästigt und gehe seines Weges.

Wie allen Schlangen, so ist auch der Kreuzotter Wärme und namentlich Sonnenschein ein Bedürfnis. Stundenlang liegt sie oft bei Tage in der Nähe ihres Versteckes und lässt sich die

Sonne auf den Leib brennen, scheinbar unbekümmert um alles, was um sie her vorgeht. Eine Eidechse, welche über sie hinwegläuft, beachtet sie nicht, oft vermag selbst eine Maus, welche ihr vor der Nase herumläuft, sie nicht aus ihrer trägen Ruhe zu stören. Wenn man sich leise von hinten heranschleicht, sich nicht sehen lässt, so kann man sie mit einer langen dünnen Gerte oft lange necken, ehe sie sich zum Beissen bequemt, ein leichter Stoss erregt sie nicht. Bringt man leise einen etwa wallnussgrossen Stein, mit der Otterzange natürlich, auf ihren Körper, so kann man sehen, dass sie diesen ihr lästigen Gegenstand wohl gern los sein möchte, es dauert aber oft eine ganze Weile ehe sie sich aufringelt. Kommt man in seitlicher Stellung zu ihren Augen und bewegt sich, so wird man sofort bemerkt. nähert man sich aber nicht weiter und verhält sich ruhig, so kann man der nun aufgeregten Otter mancherlei hinhalten, sie beisst dann sofort danach, sei es ein mit der Zange gefasstes Stück Papier, ein Frosch oder eine Maus, gleichviel sie beisst eben nach allem; so habe ich Lackmuspapier hingehalten, um zu sehen ob das Gift der in Freiheit befindlichen Otter grössere Flecken hervorbringe als das der gefangenen, es ist jedoch gleich. Hieraus ziehe ich den Schluss, dass die Kreuzotter entweder kein Unterscheidungsvermögen besitzt, in blinder Wut eben nach allem beisst, oder dass sie bei Tage schlecht sieht. Tritt man ihr jedoch näher, so ringelt sie sich schleunigst auf und sucht unter fortwährendem Umsichbeissen zu entfliehen. Die Kreuzotter ist diesem Verhalten nach ein sehr dummes, leicht in blinde Wut geratendes, jähzorniges Tier und bei Tage ziemlich träge. Naht man sich einer sich sonnenden Kreuzotter plötzlich, so entflieht sie meist unter starkem Zischen, tritt man aber unversehens auf sie, was, wenn man nicht genügend Obacht gibt, sehr leicht vorkommen kann, so beisst sie gewöhnlich, ohne vorher zu zischen, sofort ein- oder mehrmal zu und sucht dann zu entfliehen.

Nicht immer aber lässt sich die Otter leicht durch das Nahen eines oder selbst mehrerer Menschen verscheuchen, wie ich öfters zu beobachten Gelegenheit hatte. Hier nur ein Fall: Eines Junimorgens, das Gras war noch taufeucht, gingen ein Bekannter von mir, dessen Sohn und ich in den Busch hinter dem Dorfe Hummel bei Liegnitz, um Ottern und Ringelnattern zu fangen. Meine Begleiter gingen voraus, ich zwei bis drei Schritt hinterher, als ich links vor uns eine Otter liegen sah. Ich gab meinen Begleitern, welche der Otter näher waren, einen Wink und wollte eben den Busch, unter welchem die Otter lag, umgehen, als ich rechts neben mir eine andere, grössere Otter bemerkte, welche sich durchaus nicht rührte, trotzdem meine Begleiter schon dicht an ihr vorübergegangen waren, ja, da der Weg zwischen zwei Büschen nur schmal war, sie schon gestossen haben konnten. Meine Begleiter zum sofortigen Stillstehen veranlassend, fing ich die Otter, die erst, als ich mit grösster Bequemlichkeit ihr den Zwiesel aufsetzte, zu entfliehen versuchte, ein, darnach erst die andere, zuerst gesehene, welche gleichfalls ihre Lage inzwischen nicht verändert hatte. Auch im zeitigen Frühjahr oder Spätherbst liegen die Ottern oft sehr fest, wodurch sie gerade am gefährlichsten werden.

An warmen Tagen in der Abenddämmerung oder in warmen Sommernächten ist die Kreuzotter bei weitem lebhafter, man kann sie dann beobachten, wie sie nach Beute suchend umherstreift. Man findet dann öfters ihrer mehrere auf dem Acker, zwischen dem Kartoffelkraut und in den Ackerfurchen umherkriechen, oder zusammengerollt liegen. Gern besuchen sie solche Ackerstücke, welche von Gebüschen umgeben, oder in der Nähe grösserer Gebüsche belegen sind. Hat eine Otter eine Maus entdeckt und ist es ihr nicht sofort gelungen, derselben den Biss beizubringen, so unternimmt sie auch wohl eine kurze Verfolgung ihres Opfers, dann kann sie sich ziemlich schnell bewegen, schneller als man dies der doch bei Tage so träge erscheinenden Otter zumuten sollte. Lange währt die Verfolgung jedoch nicht, die Otter erreicht meist bald ihren Zweck oder steht von der Verfolgung ab. Gewöhnlich verkriecht sich die Maus bald in irgend ein in der Nähe befindliches Loch, wo es dann der Otter leicht ist, ihr den tötlichen Biss beizubringen. Nachdem dies geschehen, wartet sie ruhig ab, bis die Maus tot ist, um sie dann zu verschlingen. Selten kommt es vor, dass sie ihr Opfer ergreift, wenn dieses noch Leben zeigt. An in Gefangenschaft befindlichen Ottern habe ich wohl beobachtet, dass sie eine Maus anfangen zu verschlingen, wenn diese auch noch nicht völlig tot war, in der Freiheit dürfte dies jedoch nicht vorkommen, habe es auch noch nicht beobachtet, immer warteten die von mir im Freien beobachteten Ottern, der Wirkung ihres Bisses sich bewusst, das Verenden ihrer Beute ab. Wird eine Otter einer in ihrer Nähe am Ackerrande, oder auf dem Acker, nach Nahrung suchenden oder nagenden Maus ansichtig, so kriecht sie alsbald darauf zu, in nächster Nähe angekommen, zieht sie den Hals ein wenig ein, oder ringelt sich auch zusammen. blitzartig schnellt der Kopf vor, die Maus macht einen Satz, läuft ein paar Schritte davon, sucht sich zu verbergen, zuckt mehrmals krampfhaft zusammen und ist in 3 bis höchstens 5 Minuten verendet. Die Otter bleibt währenddem ruhig auf der Angriffsstelle liegen. oder kriecht der Maus langsam nach. Kommt eine Maus an einer lauernd zusammengerollt liegenden Otter vorüber, so schleudert diese im günstigen Moment gleichfalls den Kopf vor, oft mit dem halben Leibe nachrutschend, nur selten verfehlt sie ihr Ziel. Jagende Ottern, welche sich begegnen, kümmern sich nicht umeinander, eine kriecht, ohne von der Anwesenheit der andern Notiz zu nehmen, über dieselbe hinweg, sie sind durchaus ungesellig. Je nachdem wärmere oder kühlere Witterung herrscht. ziehen sie sich früher oder später des Abends oder des Nachts in ihre Schlupflöcher zurück. In recht warmen Sommernächten habe ich sie bis des Morgens gegen 2 Uhr beobachtet, an Nächten nach minder heissen Tagen suchen sie schon des Abends um 10 oder 8 Uhr oder noch früher ihr Nachtquartier auf. Mag sie nun auch des Abends sich noch früher zurückziehen, die echten Tagschlangen werden dann jedoch schon lange vorher ihre Nachtherberge aufgesucht haben. Eine Ausnahme hiervon scheint *Coronella laevis. Boie.* zu machen, diese habe ich im Hochsommer auch noch am Spätabend, lange nach Sonnenuntergang, ausserhalb ihres Versteckes angetroffen. Je weiter nun die Jahreszeit vorrückt, je kühler Tage und Nächte werden, je früher sucht Abends die Kreuzotter ihre Schlupflöcher auf, immer aber später als die echten Tagschlangen; im Frühjahr und im Herbst kann sie dann als Tagschlange gelten, in der warmen Jahreszeit jedoch. während der Zeit ihres eigentlichen Sommerlebens, würde sie, wenn nicht als Nacht-, so doch als Dämmerungstier zu betrachten sein, alle gegenteiligen Ansichten kann ich auf Grund eigener Beobachtungen nicht anerkennen, und bin ich der festen Meinung, dass, nachdem, was ich dieserhalb Jahre hindurch beobachtet, die Kreuzotter in den südlichen Gegenden ihres Verbreitungsgebiets, entschieden ein echtes Nachttier ist.

Dem Winde sind die Schlangen nicht hold und an trockenen, windigen Tagen, namentlich bei Ost- oder Nordwind, findet man selten eine Kreuzotter ausserhalb ihres Versteckes. Ist jedoch West- oder Südwind herrschend, so findet man sie an warmen Tagen häufiger, aber meist in gedeckter Lage, an windstillen, warmen Tagen, namentlich recht gewitterschwülen, liegen sie oft so frei, dass man sie mit leichter Mühe fangen kann. Unter Mittag sind sie gleichfalls nicht leicht aufzufinden, sie haben sich dann tiefer in die Gebüsche zurückgezogen, oder gänzlich in ihre Schlupflöcher verkrochen, denn allzugrosse Hitze sagt der Kreuzotter ebensowenig zu, wie kalte Witterung; im Frühjahr und Herbst, wo die Tage noch oder schon kühler sind, sucht sie auch um die Mittagszeit freie, gegen den Wind geschützte, sonnige Stellen auf, sich mit Behagen der ihr wohlthuenden Sonnenwärme hingebend.

Auch die Kreuzotter kann, obwohl sie keine besondere Vorliebe für das Wasser hegt, vorzüglich schwimmen, wie ich schon oft beobachtet habe, ja einmal suchte sich eine Otter sogar durch die Flucht in einen Teich meiner Verfolgung zu entziehen. Freiwillig dürfte sie aber das Wasser nur um ihren Durst zu löschen, oder bei bevorstehender Häutung aufsuchen, darauf beziehen sich auch wohl alle Gelegenheiten, wo man Kreuzottern im Wasser angetroffen hat. Man findet sie mitunter an völlig trocknen Orten, wo höchstens eine kleine Pfütze in der Nähe ist, die ihr doch keine Gelegenheit zum schwimmen bieten kann.

Obwohl sie ziemlich unbeholfen ist, hat man sie doch mehrfach im Gezweige der Büsche angetroffen, es kann dies aber nur dann geschehen sein, wenn die Gelegenheit, hinaufzukommen, eine besonders günstige gewesen ist, z. B. bei jungem Nadelholz, jungen Eichen etc., wo die untersten Aeste den Boden berühren, dann vermag sie sich wohl hinaufzuwinden, doch kommt dies nur selten vor; besonders gut klettern kann sie nicht, obwohl sie eine grosse Muskelkraft besitzt. In einem meiner Terrarien kroch einst eine Kreuzotter an der Glasscheibe, wo diese in den Rahmen eingelassen ist, schnurgerade, ohne seitliche, schlängelnde Bewegung in die Höhe, in wagerechter Richtung bis zur halben Leibeslänge unterhalb der Deckelkante entlang, so dass ihr gegen die Scheibe gedrückter Körper einen rechten Winkel bildete, wobei sie sich nur durch Anstemmen der Rippen halten konnte. Dennoch macht sie selten in dieser Weise von ihrer Muskelkraft Gebrauch, zeigt überhaupt für das Umherklettern keine grosse Vorliebe, sondern hält sich lieber am Boden auf.

Bei eintretender kalter Witterung, Ende Oktober oder Anfang November, zieht sich die Kreuzotter in ihre Winterherberge zurück und verweilt darin fast ununterbrochen, bis im Frühjahr wieder wärmere Witterung eintritt; sehr selten kommt sie vor Mitte März wieder zum Vorschein. Während dieser Zeit liegen die Kreuzottern in tiefen Mäuse- und Maulwurfslöchern, in Höhlungen unter alten Baumstümpfen, namentlich in den vom Abholzen her stecken gebliebenen Wurzelstümpfen, in tiefen Felsrissen u. dergl. Im Winter findet man öfters beim Ausroden von solchen Wurzelstümpfen, oder sonstigen Erdarbeiten, Kreuzottern, mitunter in grösserer Anzahl, im Winterschlaf, und sollen schon bis 30 Stück beisammen gefunden sein. Vor Jahren war ich selbst einmal zugegen, als eine solche Winterherberge, worin sich acht Kreuzottern befanden, blossgelegt und die Ottern von den Waldarbeitern in ein kleines Feuer geworfen wurden; zwei davon fielen daneben, nach einer kleinen Weile hatte die geringe Wärme, welche das kleine Feuer ausstrahlte, hingereicht, sie zu ermuntern. Sie versuchten nun davonzukriechen, kamen jedoch nicht weit, denn nach kurzer Zeit waren sie erfroren, da eine Kälte von 5 bis 6° R. herrschte. Ihre Winterherbergen wählen sie nur an Orten, wo kein Frost hinkommt, also immer sehr tief, denn schon eine geringe Kälte würde sie töten. Sie sind nicht starr und steif, schlafen auch nicht eigentlich, sondern sind vielmehr halbwach und halbstarr, die Augen matt und trübe, die Hautfarbe schmutzig. Treten im Winter warme Tage ein, so kommt es hin und wieder vor, dass Kreuzottern dadurch aus ihrem Winterlager hervorgelockt werden, sich an geschützten Stellen lagern, um sich zu sonnen, selbst auch dann, wenn noch Schnee liegt. Tritt nun plötzlich kaltes Wetter ein, so können sie mitunter ihre Schlupflöcher nicht wieder erreichen, woher es dann kommt, dass man im Winter bisweilen erfrorene Schlangen findet.

Zeitiger als unsere unschädlichen Schlangen kommt im Frühjahr die Kreuzotter aus dem Winterschlaf hervor. Sie sieht jetzt sehr abgemagert und unansehnlich aus, indem ein grosser Teil des im Laufe des Sommers angesammelten Fettes während des Winters, wo sie doch eine Hungerkur durchmachen muss, verbraucht ist. Vorerst begnügt sie sich jetzt damit, täglich einige Stunden in der Sonne zu liegen, an ihre Nahrung denkt sie noch nicht, der Winterschlaf hat sie derartig ermattet, dass sie auch noch nicht die Kraft hat, Nahrung zu erlangen und zu verschlingen. Sie muss erst ihren Körper gehörig durchwärmen, damit er geschmeidiger wird. Bald nach ihrem Erscheinen aus dem Winterschlafe erfolgt dann auch gewöhnlich die Häutung und befindet sie sich nun in ihrem Hochzeitskleide, denn, nachdem sie sich etwas durch nunmehrige Nahrungsaufnahme gekräftigt, macht sich an warmen Frühlingstagen der Fortpflanzungstrieb geltend.

Ihre Geschlechtsreife erlangt die Kreuzotter erst, nachdem sie ziemlich ausgewachsen, also etwa vier Jahre alt ist. Im Frühjahr, etwa Mitte April bis Mitte Mai, schreiten sie zur Paarung, und vereinigen sich dann mitunter zu grösseren Gesellschaften; hin und wieder kommt es vor, dass sie sich während der Begattung zu grösseren Knäulen verschlingen. So habe ich schon mehrmals derartige Knäuel von in Begattung begriffenen Kreuzottern gefunden; die Anzahl der so untereinander verwickelten Tiere betrug sieben bis zehn Stück, doch soll schon ein solcher Knäuel mit dreizehn Stück gefunden worden sein.

Während der Begattung umschlingen sich die einzelnen Pärchen mehr oder weniger, manchmal recht innig. Der Vorgang währt immer mehrere Stunden, ja man will schon derartige Pärchen am Abend beobachtet und am anderen Morgen in derselben Stellung noch an derselben Stelle gefunden haben. Ein in Begattung begriffenes Pärchen kann sich, wenn es plötzlich gestört wird, nicht so leicht und schnell trennen, da solches durch die Bildung der Geschlechtsteile des Männchens verhindert wird. Werden sie nun gestört, so suchen sie zu entfliehen, da sie sich aber nicht schnell voneinander trennen können, so wird das schwächere Männchen von dem stets stärkeren Weibchen mit fortgezerrt. Lässt man sie jetzt in Ruhe, so nimmt gewöhnlich der Akt an einer anderen Stelle ruhig seinen Fortgang, schlägt man jedoch mit einer Gerte auf sie los oder beunruhigt sie, so trennen sie sich gewöhnlich schnell. Während der Begattung sind sie teilnahmloser als sonst, auch nicht so sehr zum Beissen aufgelegt und oft muss man sie schon tüchtig necken, ehe sie sich zum Beissen herbeilassen. Während des Vorgangs macht sich ein vibrirendes Zittern an den Körpern der vereinigten Tiere bemerkbar.

Etwa vier Monate nach der Paarung, gewöhnlich Ende August, im September, oder wenn kühle Witterung die Paarung verzögert hat, auch noch im Oktober, legt das Weibchen je nach ihrer Grösse fünf bis sechszehn dünnhäutige Eier, vielleicht auch noch mehr, aus welchen die Jungen alsbald ausschlüpfen. Zuweilen zerplatzen auch einige Eihäute schon während des Legens im Leibe der Alten, woher es kommt, dass sie dann auch einige lebendige Junge zur Welt bringt. Dies sind jedoch Ausnahmefälle. Das Weibchen liegt beim Legen ausgestreckt, den Schwanz nach einer Seite hin in die Höhe gebogen und drängt ein Ei nach dem andern hervor. Die Eier kommen in Zwischenräumen von fünf bis zehn Minuten oder nach noch längeren Pausen zum Vorschein. Mitunter kommt es auch vor, dass nur ein Teil der Eier abgesetzt wird, der Rest jedoch erst mehrere Tage später erscheint, was aber jedenfalls in einem krankhaften Zustand seinen Grund hat. Die Jungen haben gewöhnlich eine Länge von 18 bis 22 cm, doch können sie auch schon bis 24 cm lang sein. Bald nach dem Auskriechen, noch am selben Tage, erfolgt die erste Häutung, sie erscheinen nun im Farbenkleid der Alten, bald heller bald dunkler, meist aber hebt sich das Zackenband recht kräftig ab. Die jungen Ottern zerstreuen sich alsbald, kümmern sich nicht um die Alte oder um einander, gleichfalls kümmert sich auch die Alte nicht um ihre Nachkommenschaft. Wegen ihrer Kleinheit sind die Jungen sehr gefährlich, da sie leicht übersehen werden können, namentlich wenn sie zusammengerollt liegen, sieht es aus, als läge ein wenig Schafdung im Grase.

Zu den Feinden der Kreuzotter zählt vor allem und mit vollstem Recht der Mensch, welcher sie wo nur möglich verfolgt. Nicht minder grosse Feinde aber hat die Kreuzotter in der Tierwelt. Der grösste Feind der Kreuzotter ist wohl der Igel, da er in Folge seines Aufenthaltes häufig mit derselben zusammenkommt, und diese vertilgt, wo er nur immer kann. Dass aber der Igel gegen das Gift der Kreuzotter gefeit ist, gehört in das Reich der Fabel; wenn auch mitunter noch das Gegenteil behauptet wird. Meine diesbezüglichen vielfachen Versuche haben mir bewiesen, dass der Igel nicht mehr und nicht weniger giftfest ist als ein anderes warmblütiges Tier. Lässt man einen Igel von einer Otter beissen, derartig, dass das Gift in das Blut dringt, so stirbt er in einer viertel bis halben Stunde, unter günstigen

Umständen auch erst nach mehreren Stunden; doch kann es auch vorkommen, dass er fast plötzlich verendet, sobald eine Hauptader getroffen wird. Nur sehr selten, vielleicht wenn die Otter hintereinander schon mehrmals gebissen und demnach ihr Gift so gut wie verbraucht hat, dürfte der Fall eintreten, dass der Igel, wie denn auch ein anderes grösseres Tier, mit dem Leben davon kommt. Dass sich der Igel auch nicht für giftfest hält, beweisst sein Verhalten einer Kreuzotter gegenüber; er ist vor allem darauf bedacht, seine Feindin unschädlich zu machen, deshalb ergreift er die Otter beim Schwanz und rollt sich zusammen. Die nun wütende Otter fährt herum, beisst nach dem Igel, trifft natürlich nur die Stacheln, immer wütender werdend, folgt Schlag auf Schlag, bis sie ihren Kopf derartig zugerichtet, dass sie nichts mehr machen kann. Bis dahin hält der Igel ruhig den Schwanz der Otter fest, nachdem aber die Otter sich nicht mehr wehrt, lässt er los und zerbeisst der Otter den Kopf oder Hals, worauf er sie auffrisst. Hals und Kopf jedoch blieben meist liegen, auch wenn ich einem tote Kreuzottern vorgeworfen hatte. Derartige Fälle sind viele beobachtet worden. Hin und wieder kommt es auch vor, dass ein junger unerfahrener Igel sein Leben lassen muss, wenn ihn der Biss der Otter so trifft, dass das Gift in das Blut gelangt. Einen derartigen Fall meldet Herr Lehrer A. Struck in Waren (Mecklenburg) in J. Blums „Verbreitung der Kreuzotter.“ Weitere Feinde der Kreuzotter sind der Iltis, welcher namentlich die Kreuzottern im Winterquartier aufsucht, ferner stellen ihr nach: Katzen, Füchse, Marder, Wiesel, Wild- und Hausschwein. Auch den Mäusen dürften viele im Winterschlaf liegende Ottern zum Opfer fallen; im Terrarium werden häufig lebende Ottern von Mäusen angefressen, auch die vorerwähnte Otter, von welcher ich am 13. August die 7 Jungen erhielt, starb auf diese Weise. Unter den Vögeln hat sie nachdrückliche Verfolger im Schlangen- und Schreiadler, den Bussarden, dem Raben, den Krähen, dem Häher, der Elster und in verschiedenen Sumpfvögeln. Die verschiedenen Geierarten, Scharr- und Stelzvögel gehören zu ihren Verfolgern, auch der deutsche Haushahn weiss mit einer Kreuzotter fertig zu werden, um ihr den Garaus zu machen. Da nun die meisten dieser Feinde der Kreuzotter in der Tierwelt auch deren Mäusefang reichlich ersetzen, so verdienen sie, wo es angeht, vollen Schutz.

Für die Gefangenschaft eignet sich die Kreuzotter schlecht, nur wenige lassen sich dahin bringen, Nahrung anzunehmen, auch hat sie nichts in ihrem Wesen, was besonders für sie einnehmen könnte. Sie ist bei Tage träge, kriecht meist nur erst gegen Abend oder des Nachts im Terrarium herum, höchstens dass sie gelegentlich einmal bei Tage das Wasserbecken aufsucht. Es gehört schon eine besondere sehr vereinzelt dastehende Liebhaberei dazu, um an ihrer Lebensweise in Gefangenschaft Vergnügen zu finden; nur ganz besonderes, auf wissenschaftlicher Grundlage beruhendes Interesse kann die Veranlassung dazu sein, Kreuzottern behufs näherer Beobachtung in Terrarien gefangen zu halten. Neben ihrer Trägheit sind sie auch boshaft bis an ihr Ende und der Umgang mit ihnen ist stets gefährlich, weshalb ich ihr Gefangenhalten niemanden, der nicht, wie ich, vorgenannten Grund dazu hat, raten kann. Sie bereiten ihrem Pfleger viel Aerger und Verdruss. Bald vertragen sie sich nicht mit andern Giftschlangen oder miteinander und man muss sie absperren, bald beissen sie Mäuse tot und verschleppen diese, so dass man dieselben nicht rechtzeitig entfernen kann, infolgedessen die sehr schnell verwesenden Opfer einen fürchterlichen Geruch verursachen, oder es fassen mitunter zwei Ottern zugleich eine Maus und jede will dieselbe verschlingen, es bleibt in einem solchen, mir öfters vorgekommenen Fall nichts weiter übrig, als die so von zwei Seiten zugleich gepackte Maus mitten durchzuschneiden, was auch gerade kein Vergnügen macht, umsoweniger, da man den Ottern niemals trauen kann. In dieser Weise bringt jeder Tag neuen Aerger, so dass das Gefangenhalten dieser Tiere wirklich nicht zu den Annehmlichkeiten gehört. Mir gelingt es jetzt zwar öfters, Kreuzottern in geeignet eingerichteten Terrarien zur Annahme von Nahrung (jungen Ratten und Mäusen) zu bewegen, doch durchaus nicht bei allen; am ehesten lassen sich jüngere Tiere dazu bringen und am leichtesten, wenn man diese kurz nach dem Verlassen ihrer Winterherberge, also sehr zeitig im Frühjahr, einfängt. Dennoch bin ich der Ansicht, dass jede Kreuzotter in einem geeigneten recht grossen, sonnig stehenden Terrarium, bei richtiger Pflege Nahrung annimmt, sich häutet und auch fortpflanzt. Ein diesbezüglicher Versuch ist mir bereits im Jahre 1886 über alles Erwarten gut gelungen, und zwar bei einem Männchen und zwei Weibchen.*) Diese gewöhnten sich bald an regelmässiges Fressen. Das am 8. April eingefangene Weibchen wurde von dem mit ihm zugleich gefangenen Männchen im Terrarium begattet, das andere Weibchen war bereits trächtig als ich es einfing. Am 28. August erhielt ich nun von dem Weibchen, welches bei mir begattet worden, neun Junge, drei davon kamen tot zur Welt, und zersprengten ihre Eihülle nicht; zwei andere zersprengten die Eihaut wohl, starben aber bald darauf, die vier übrigen waren wohlauf und muntere allerliebste Tierchen. Die erste Häutung erfolgte innerhalb drei Stunden. Am 31. August erhielt ich von dem im trächtigen Zustande eingefangenen Weibchen acht Junge, davon eins tot und sieben lebend. Als ich am 21. November das Terrarium reinigte, vermisste ich drei Junge, bemerkte aber an zweien von den noch vorhandenen acht Stück eine auffällige Dicke, so dass ich annehmen musste, die fehlenden seien von diesen verschlungen worden, welche Annahme sich denn auch später als richtig auswies. Uebrigens wurden die Tiere mit kleinen Echsen gefüttert, welche auch regelmässig aufgefressen wurden. Ottern, welche in Gefangenschaft nicht fressen, bleiben dennoch mehrere Monate am Leben, eine hat ohne jegliche Nahrung zehn Monate ausgehalten, war dann zum Skelett abgemagert und starb, wie fast alle, an Entkräftung. Einige fressen in der ersten Zeit ihrer Gefangenschaft und stellen dann später ohne ersichtliche Ursache das Fressen wieder ein, um gleichfalls zu verhungern. Die meisten bekommen, wenn sie nicht fressen, eine Krankheit, die ich als Maulfäule bezeichnen möchte, die Lippen werden dick, nässen und sehen faulig aus, die davon befallenen Opfer sterben immer bald.

Zum Fange der Ottern bediene ich mich eines Zwiesels, einer Otterzange und eines ledernen Beutels mit langem Stiel. Der Zwiesel dient zum Festhalten der Schlange am Boden. Es ist ein fester Stock von der Länge eines Spazierstockes, oben etwa 3 cm im Durchmesser, am unteren schwächeren Ende bildet er zwei stumpfwinklig, gabelförmig auseinandergehende Spitzen, welche höchstens 3—4 cm lang sein dürfen. Die Zange, welche ich benutze, besteht aus zwei 1 cm starken, 3 cm breiten, etwa

*) Siehe auch die betreffenden Jahrgänge der „Isis“ und des „Zoologischen Garten“.

1 m langen Leisten aus hartem Holz, welche mit den flachen Seiten aufeinandergelegt und durch eine Schraube in der Mitte verbunden werden, also eine Art Schere bilden. An dem Ende, mit welchem die Schlange gepackt werden soll, ist auf jeder flachen Seite nach innen ein Brettchen aufgeschraubt, ca. 6 cm lang, 1 cm dick, 3 cm breit, welches dazu dient, dieses Ende der Zange zu verdicken und ein Ueberspringen der Schenkel zu verhindern. Die nun 2 cm starke Innenseite am unteren Ende wird mit Filz oder Tuch gepolstert, um eine Beschädigung der Schlange zu verhindern. Vor dem Befestigen des Filzes werden auf jeder Innenseite einige wellenförmige, gegenseitig ineinandergreifende Vertiefungen (gewissermassen Zähne bildend) ausgefeilt oder ausgeschnitten, um ein besseres Festhalten der Schlange zu ermöglichen. Am Transportbeutel befindet sich oben ein Ring von starkem Draht, an diesem ein etwa ½ m langer Stiel. Der Beutel wird unter dem Ringe und dann noch einmal tiefer zugebunden, wobei zu beachten ist, dass man keine etwas hochgekletterte Schlange mit festbindet. Mit diesen Fangwerkzeugen ausgerüstet, lassen sich bei der nötigen Vorsicht und Umsicht alle Schlangen, vorzüglich Giftschlangen, leicht erbeuten, weshalb ich stets zur Anwendung derselben nur raten kann.

Ueber die Giftzähne, Giftdrüsen und das Gift der Vipern, dessen Wirkungen und die Gegenmittel gegen die Vergiftung.

Der Oberkiefer der Vipern ist auf ein kleines Knöchelchen verkümmert und sehr beweglich, so dass er beliebig vor und zurückgeschoben werden kann, welche Bewegungen ein Aufrichten der Giftzähne beim Oeffnen des Rachens und ein Niederlegen beim Schliessen desselben bedingen. Die Giftzähne sind nicht eingekeilt, d. h. nicht in den Zahnknochen eingewachsen, sondern nur durch sehnige Bänder mit demselben verbunden. Die Stellung der Giftzähne ist nicht auf, sondern gegen den Kieferknochen gerichtet, die Wurzeln der Zähne jederseits ruhen in zwei seichten Einschnitten des Kiefers. Die Giftzähne haben eine pfriemenförmige nach aussen gewölbte Gestalt und sind an ihrer Spitze sehr scharf; in weiche Gegenstände dringen sie sehr leicht ein, von harten jedoch prallen sie ab, brechen auch leicht aus, woher es kommt, dass die Giftzähne mitunter in dem von ihnen durchbohrten Gegenstand stecken bleiben, da sie eben nicht sehr fest mit dem Kiefer verbunden sind. Gewöhnlich ist jederseits nur ein Giftzahn vorhanden, immer aber mehrere Ersatzzähne in der Ausbildung begriffen, sodass mitunter der nächstfolgende Ersatzzahn, wenn schon soweit ausgebildet, mit in Thätigkeit kommt und so vier Bisswunden durch einen Biss entstehen können. Ein Ausreissen der Giftzähne macht die Schlange nicht auf die Dauer unschädlich, da sich die Ersatzzähne sehr schnell entwickeln und der Schlange ihre Gefährlichkeit bald wiedergeben. Die Ersatzzähne können nicht zurückgelegt werden.

An der Wurzel jedes Giftzahnes befindet sich eine Höhlung, welche zur Lagerung der Zahnnerven dient und auch bei allen andern Zähnen zu finden ist. Ausserdem haben die Giftzähne noch zwei Oeffnungen; eine derselben, von rundlicher Gestalt, liegt nahe an der Zahnwurzel und vermittelt den Eintritt des Giftes in die Zahnröhre; diese Oeffnung befindet sich, wenn die Schlange den Rachen öffnet, gerade über dem Ausführungsgang der Giftdrüsen. Die andere Oeffnung am Giftzahn ist mehr spaltförmig, sie befindet sich an der Spitze desselben und dient zum Austritt des Giftes in die Bisswunde. Beide Oeffnungen sind durch eine feine Röhre (Zahnröhre), welche an der äusseren, gewölbten Fläche des Zahnes liegt, verbunden.

Dem Bau der Schlangenzähne ist ein besonderer Grundzug eigen. Alle bilden in ihrer frühesten Entwickelungsstufe eine breite Fläche mit einwärts gerollten Rändern; ein solcher Zahn zeigt also an seiner vorderen Fläche eine breite Furche. Bei den derben, massigen Zähnen verschwindet diese Furche sehr bald, indem die Furchenränder sich nicht einander nähern, sondern sich nach und nach abstumpfen und durch gänzliches Verwachsen schliesslich verschwinden. An den vorn oder hinten im Rachen einiger Schlangen stehenden Furchenzähnen wird die Furche durch gegenseitiges Nähern zur Röhrenform zwar enger, verschwindet aber nicht gänzlich, sondern es bleibt immer ein feiner Spalt, der jedoch so fein ist, dass das Gift durch denselben wohl nicht hindurchdringen kann, sondern seinen Ausweg durch die Mündungsöffnung der Zahnspitze nehmen muss. Bei den glatten Giftzähnen, den Röhrenzähnen, bleibt die Furche zwar etwas länger offen, schliesst sich aber durch gegenseitiges Nähern der eingerollten Ränder, sobald der Zahn ausgebildet ist, gänzlich. Die Vipern haben verhältnismässig grosse Giftzähne, je grösser und älter eine dieser Schlangen ist, je grösser sind auch ihre Gifthaken. Ist ein Giftzahn irgendwie verloren gegangen, so tritt der nächstfolgende Ersatzzahn an dessen Stelle. Es scheint übrigens, als ob ein solcher Zahnwechsel auch ohne äussere Ursachen in regelmässigen Zwischenräumen stattfindet, jedenfalls öfters im Laufe des Jahres, denn da die Ausbildung der Ersatzzähne sehr rasch von statten geht, so muss doch für dieselben immer wieder Platz geschaffen werden, da in der Entwicklung der Ersatzzähne bis zu deren völliger Ausbildung keine Pause eintritt. Man würde ja auch, wenn ein regelmässiger Verlust, der ausgebildeten und einige Zeit in Gebrauch gewesenen Giftzähne nicht stattfände, doch öfter vier völlig ausgebildete Giftzähne vorfinden, dies ist jedoch nur höchst selten, vielleicht kurz vor dem Wechsel der Fall, meist sind nur zwei ausgebildete Giftzähne vorhanden. Ein Nachwachsen der Ersatzzähne würde nur dann nicht stattfinden, wenn man alle Zahnkeime zerstörte, also die Schleimhautfalte ausschnitte, die Kieferknochen verletzte oder gänzlich entfernte. So misshandelte Tiere sterben natürlich sehr bald.

Das Zahnfleisch bildet jederseits vom Zahn eine häutige Wucherung, zwei wulstartig hochstehenden Falten ähnlich und gewissermassen eine Scheide (Zahnscheide) darstellend. In diese Scheiden münden die Ausführungsgänge der Giftdrüsen, diese Scheiden nehmen die Giftzähne auf, wenn der Oberkiefer zurückgezogen, der Rachen geschlossen wird.

Abb. 15.

Giftapparat der Klapperschlange.

a. Nasenöffnung; b. Giftzähne; c. Speicheldrüsen; d. Schläfenmuskel; e. Giftdrüse.

Die Giftdrüsen sondern nur eine verhältnismässig geringe Menge Gift ab, die Vipern nur zwei bis drei Tropfen. Diese Drüsen befinden sich hinter und unter dem Auge über dem Oberkiefer, sie haben ein blättriges Gewebe, sind gross, von länglicher, bohnenförmiger Gestalt und innen hohl. Von den übrigen Drüsen unterscheiden sie sich durch den langen Ausführungsgang, welcher an der äusseren Seite des Oberkiefers bis nach vorn verläuft und hier in die Zahnscheide ausmündet. Die Giftdrüsen sind von einem starken Muskel umhüllt, welcher die Drüse mit Hilfe des

Kaumuskels zusammendrückt und dadurch deren Inhalt teilweise in die Zahnröhre presst. Schon ein kleiner Teil eines Tropfens genügt, um das Leben eines warmblütigen Geschöpfes zu gefährden oder zu vernichten. Wenn die Schlange längere Zeit nicht gebissen hat, so sind die Giftdrüsen reichlich gefüllt, dann ist das Gift auch am wirksamsten, kräftiger wenigstens, als wenn die Schlange öfters hintereinander gebissen und dadurch die Drüsen teilweise entleert hat. Der Ersatz des verbrauchten Giftes ist ein sehr schneller, und auch das frischerzeugte Gift ist im höchsten Grade wirksam und gefährlich.

Das Gift ist eine dem Speichel ähnliche, dünne, durchsichtige, gelblich oder grünlich-gelb gefärbte Flüssigkeit, welche in Wasser gebracht zu Boden fällt und sich unter leichter Trübung des Wassers mit demselben vermischt. Das Gift einiger Arten soll Säure enthalten (Kreuzotter), es rötet Lackmuspapier und Veilchensyrup, verändert überhaupt aus Pflanzen bereitete Farben; (das eigentliche Gift, oder der mit eindringende saure Speichel?), das andrer Arten (Viper) jedoch nicht.

Die verschiedensten Untersuchungen und Versuche mit dem Schlangengift seitens Mitchell's, Mangili's, Redi's, Fontana's u. a. haben bisher noch nicht feststellen können, welcher blutzersetzende Stoff im Schlangengift enthalten ist. Auch die in neuerer Zeit vom Apotheker E. Rudeck, Berlin, mit dem Gift der Kreuzotter angestellten Versuche haben kein besseres Resultat ergeben. Man kennt das Gift nur seinem Aussehen und seiner Wirkung nach, aber nur teilweise dessen Zusammensetzung. Es behält seine Wirkung selbst im getrockneten Zustande lange Zeit. Ich brachte das Gift der Kreuzotter auf eine Glasplatte, erwärmte diese und liess das Gift völlig eintrocknen, so dass ich es abschaben konnte, es stellte ein blassgelbes Pulver dar. Dieses feuchtete ich wieder an, tauchte die Spitze eines sehr scharfen Messers hinein und ritzte mit diesem einer mit der Zange gehaltenen Ratte den Hinterfuss; es zeigte sich dieselbe Wirkung, als ob ich die Ratte hätte direkt von der Schlange beissen lassen. Nachdem ich das übrig bleibende geringe Quantum Gift einige Monate trocken aufbewahrt, wiederholte ich die Versuche und hatte gleichen Erfolg.

Die Annahme, dass das Gift ohne Nachteil verschluckt werden könne ist eine irrtümliche, selbst nach bedeutender

Verdünnung mit Wasser, in den Magen gebracht äussert es noch auffallende Wirkungen. Nur in der Zeit, wo nach Nahrungsaufnahme der Verdauungsakt vor sich geht, wird die Einwirkung des Gifts vom Magensaft theilweise zerstört. Es ruft beim Verschlucken Schmerzen hervor und stört mitunter die Gehirnthätigkeit. Es kann, da es von den Schleimhäuten aufgesogen wird, in genügenden Mengen in den Magen gebracht. den Tod oder doch höchst gefährliche Zufälle herbeiführen. Deswegen bleibt aber immer noch wahr, dass Schlangengift, nur wenn es unmittelbar in das Blut gelangt, das Leben ernstlich gefährdet. Warmblütige Tiere sterben nach einem Schlangenbiss schneller und sicherer als Kriechtiere, weil bei ersteren der Blutumlauf ein schnellerer ist.

Die Wirkung der durch den Biss erfolgten Vergiftung ist sehr verschieden. Der Gebissene fühlt gewöhnlich sofort nach erhaltenem Biss, einen sich mit Blitzesschnelle durch den Körper verbreitenden, mit nichts vergleichbaren Schmerz, doch findet auch mitunter das Gegenteil statt, dass kein anderer Schmerz empfunden wird, als der, welchen das Ritzen eines Dorns verursacht, die Verwundung daher als völlig ungefährlich betrachtet wird. Doch bald stellen sich die weiteren Folgen ein, als da sind: grössere oder geringere Anschwellung des gebissenen Gliedes, Ausdehnen der Schwellung über benachbarte Körperteile, die beginnende Blutzersetzung zeigt sich in Flecken von blauer, grüner, roter etc. Farbe, die Wunde selbst färbt sich bläulich, dann schwärzlich; die Gehirnthätigkeit leidet, es stellt sich mitunter das Unvermögen, Sprechen, Hören und Sehen zu können, ein, Betäubung, Ohnmachten, Harnbeschwerden, Uebelkeit und wirkliches Erbrechen, unfreiwilliger Stuhl, leichenartiges Aussehen, eigentümliche Kälte des Körpers, Aufregung des gesamten Nervensystems, fürchterliche Schmerzen, und vieles andere. Mit fortwährend zunehmender Schwäche lässt der Schmerz allmählich nach, vor seinem Ende scheint dann der Vergiftete keine Schmerzen mehr zu fühlen und in dumpfer Bewusstlosigkeit gibt er seinen Geist auf. Bei raschem Verlauf schwillt das gebissene Glied gewöhnlich nicht sehr an. Die Erkrankungserscheinungen sind so mannigfaltige und sind auch allgemein bekannt, so dass ich ein weiteres Anführen solcher für zwecklos halte. Der Tod kann schon 20 Minuten nach dem Biss, oder wenn eine Hauptader getroffen wurde, fast plötzlich eintreten. Je grösser und wütender die Schlange, je heisser die Witterung, um so fürchterlicher ist die Wirkung des Bisses. Vergiftungsversuche, die ich mit Kreuzottern an verschiedenen Tieren anstellte, um die Wirkung des so gepriesenen übermangansauren Kalis zu erproben, ergaben folgende Resultate: Ratten, die ich in den straff gehaltenen Hinterschenkel beissen liess, starben in längstens 8 Minuten unter krampfartigen Zuckungen. Bei andern legte ich vorher lose eine Schlinge um den Schenkel, um diesen nach dem Biss sofort unterbinden zu können, liess sie dann beissen, unterband den Schenkel sofort und machte die Kali-Einspritzung an mehreren Stellen, doch das Tier starb unter denselben Erscheinungen binnen 11 Minuten. Meerschweinchen starben fast in derselben Zeit, Mäuse in 5 bis 6 Minuten, Kaninchen in 15 bis 18 Minuten, Igel ebenso, mitunter auch erst nach 30 Minuten oder, unter günstigen Bedingungen nach mehreren Stunden. Von vier Hunden starben drei, in vierzig Minuten, 1 Stunde 6 Minuten, 1 Stunde 10 Minuten; einer kam, nachdem er drei Tage gekränkelt, der Fuss sehr geschwollen war, mit dem Leben davon und befand sich nach einer Woche wieder wohl, nur ging er etwas lahm auf den gebissenen Fuss. Bei der Aspisviper und Sandotter war der Verlauf fast derselbe, nur wenig schneller. Ein Kaninchen von einer Sandotter in die Nase gebissen starb fast plötzlich etwa 1½ Minuten nach dem Biss, ein anderes wurde von derselben Schlange in den rechten Hinterschenkel gebissen, dieser dann sofort abgebunden und die Kali-Einspritzung gemacht; das Tier starb nach reichlich 8 Minuten und der Schenkel schwoll nur wenig an. Die betreffende Sandotter hatte 14 Tage gehungert. Durch diese Erfolge bin ich zur Ueberzeugung gelangt, dass vom übermangansauren Kali keine Rettung zu erhoffen ist. In neuerer Zeit wird als Gegenmittel die Behandlung der Wunde mit 5 % Karbolsäure, oder eine Einspritzung von Spiritus-Aether-Mischung (Spirit. 8,0, Aether 1,5, Acid. salicyl 0,5) empfohlen. Von letzterer Mischung verspreche ich mir noch die grössten Erfolge, da ja der Genuss von Alkohol sich bisher am besten bewährt hat, weshalb auch derselbe umsomehr zu empfehlen ist, da er allerwärts in Gestalt von Rum, Kognak, Arrak, Branntwein, schwerem Wein etc. zu haben ist. Vor allem ist es notwendig, das gebissene Glied sofort oberhalb der Bissstelle in kurzen Abständen mehrmals zu unterbinden, dann gebe man dem Kranken Alkohol, in irgend welcher Form, soviel wie möglich, aber immer nur in kleinen Portionen, jedoch schnell hintereinander; auch wenn er den Branntwein etc. durch Erbrechen von sich gibt, gebe man solchen immer wieder ein; ein Uebermass des Branntweingenusses schadet in solchem Fall durchaus nicht, der Gebissene wird kaum einen Rausch davon bekommen. Ausbrennen der Bisswunde mit glühendem Eisen, glühender Kohle (bei jedem Dorfschmied meist sofort zu haben), mittels Höllensteins, Schiesspulvers etc. ist zu empfehlen. Gleichfalls häufiges Einreiben der Wunde mit scharfem Spiritus. Das Aussaugen der Bisswunde mit dem Munde darf nicht stattfinden, denn der geringste Ritz im Munde, an den Lippen, ein hohler Zahn etc. können das Uebel nur verschlimmern und oft jede Rettung unmöglich machen. Mittels eines Schröpfkopfes, wenn schnell genug Gelegenheit dazu, ist das Aussaugen aber zu empfehlen. Auch ein flaches Ausschneiden der Bissstelle nach dem Unterbinden ist gut, einige Schnitte hindurchzuführen und die Wunde ausbluten zu lassen gleichfalls. Hat man kein Messer zur Hand, so binde man bis zur Erlangung eines solchen ein Steinchen (staubfrei) oder ein Geldstück (kein Kupfer) auf die Bisswunde fest, um das Blut an dieser Stelle zurückzuhalten. Auch die Anwendung von Eisenchlorid und Jodtinktur soll sich bewährt haben. Salmiakauflösung innerlich und äusserlich angewendet wird empfohlen, neuerdings aber wieder von E. Rudeck verworfen. Auf alle Fälle ist sofortiges Unterbinden des gebissenen Gliedes und das Trinken von starkem Branntwein, womöglich bis zum Berauschtwerden, das erste was man anzuwenden hat. Was man aber auch anwenden mag, man thue es sofort, denn Versäumnis kann den Tod oder lange Krankheit herbeiführen. Sobald als irgend möglich suche man sich die Hilfe eines Arztes zu verschaffen, denn nur durch dessen schnelles und sachgemässes Eingreifen ist in den meisten Fällen Rettung zu erhoffen.

Hat man in von Ottern bewohnten Gegenden, in Gebüschen u. dergl. zu thun, so vergesse man nicht bei sich zu führen: ein scharfes Messer, einige Meter fingerbreites Leinenband und etwa einen halben Liter scharfen Branntwein, womöglich Kognak oder Arrak, als Arznei. Dieses wende man sofort zweckentsprechend an und dann zum Arzt, welcher nachdem die weiteren Folgen schon beheben wird. Auch von Ottern gebissenen Tieren gebe man Branntwein ein, je mehr, je besser, er thut auch bei diesen gute Wirkung. Im vorigen Sommer wurde in den Torfstichen bei Greulich der Hund (Teckel) des dortigen Teichmüllers von einer Kreuzotter in die Oberlippe, linkerseits, gebissen. Da die Leute wussten, dass ich mich gerade in der Nähe, auf Kreuzottern jagend, befand, so suchten sie nach mir. Der Kopf des Hundes war, als ich ihm zu Gesicht bekam schon recht bedenklich angeschwollen. Ich riet dem Müller leichte Risse durch die Bisswunde und deren Umgebung zu machen, und dann tüchtig und wiederholt mit starkem Spiritus einzureiben, dem Hunde auch starken Branntwein einzuflössen. Ein Ausschneiden und Unterbinden der Wunde war nicht ausführbar. Ende März d. J. machte ich einen ersten Ausflug in die dortige Gegend und erfuhr dabei von dem Müller, dass er den Hund, wie ich ihm gesagt, behandelt, und dass derselbe nach acht Tagen hergestellt war.

Der Tod durch Schlangengift tritt gewöhnlich durch Erstickung ein, da infolge der Vergiftung die baldige Zersetzung des Blutes herbeigeführt und dadurch dessen Zirkulation verhindert wird; die Thätigkeit des Herzens überdauert gewöhnlich die der Lunge.

Hat man im Busche zu thun, so versehe man sich mit derben, rindledernen, hohen Kniestiefeln, weiten dicken Hosen. Barfuss sollten Gebüsche nie betreten werden. Am Boden darf nicht mit blossen Händen herumgesucht werden, auch Handschuhe schützen nicht, deshalb ist jede Stelle erst mit einem Stock zu untersuchen, namentlich beim Beerensammeln und ehe man sich im Busche auf das Moos etc. niederlässt. Vor dem Aufladen von Heu, Reisig, Garben etc., müssen die Bündel gleichfalls erst mittels eines Stockes untersucht werden.

Zweite Gruppe: Colubriformia. Natterähnliche Schlangen.

Der Ober- und Unterkiefer ist mit soliden Hakenzähnen besetzt. An die vorige Gruppe schliessen sie sich an, indem bei einigen hierher gehörigen Schlangen der letzte Zahn des Oberkiefers ein Furchenzahn ist und mit einer Giftdrüse in Verbindung steht, an die Wurmschlangen *(Scolecophidia)* in sofern als zwei Familien nicht erweiterbare Kiefer haben.

Zweite Familie: Colubridae. Nattern.

Die Nattern, zu welcher Familie vier hier noch in Betracht kommende Schlangen gehören, sind kleine oder mittelgrosse Schlangen, deren Körper gewöhnlich schlank oder doch nur wenig in der Mitte verdickt ist. Der Kopf ist meist länglich, deutlich abgesetzt und oben mit den neun regelmässigen Schildern: 1 Stirnschild, 2 hintere, 2 vordere Schnauzenschilder, 2 Brauenschilder, 2 Scheitelschilder bedeckt. Die meisten sind Tagtiere, welchen Wärme und Sonnenschein Bedürfnis ist; sie sind, wenn diese Lebensbedingungen vorhanden, meist lebhaft, schnell, klettern und schwimmen gut. Einige lieben mehr waldige oder trockene steinige Gegenden, andere wieder feuchte, halten sich im oder in der nächsten Nähe des Wassers auf, Wasser ist allen Bedürfnis, selbst die, welche dürren, trocknen Gegenden den Vorzug geben, thun sich von Zeit zu Zeit nach Wasser um, ihren Durst zu löschen oder zu baden. Keine eigentliche Giftschlange gehört in diese Familie. Einige beissen gereizt tüchtig zu, andre wieder beissen, selbst wenn sie eingefangen werden, nicht. Ihre Nahrung besteht in Ratten, Maulwürfen, Mäusen, jungen Hühnern, Tauben, Sperlingen, kleineren Schlangen, Eidechsen, Fischen, Fröschen, Molchen, überhaupt in allen kleineren derartigen Wirbeltieren, welche sie überwältigen können. Fast alle legen Eier, welche nach dem Legen noch einige Zeit bis zur Reife bedürfen.

In Deutschland wird diese Familie vertreten durch die Gattungen: 1. *Tropidonotus, Kuhl.* Kielrückennattern; 2. *Coronella, Laurenti.* Jachschlangen; 3. *Callopeltis, Bonaparte.* Kletternattern.

Erste Gattung: Tropidonotus, Kuhl. Kielrückennattern.

Der Körper dieser kleinen bis mittelgrossen Schlangen ist meist kräftig, seitlich etwas zusammengedrückt. Unterseite gewölbt, daher die Seitenkante nur schwach angedeutet. Der vom Halse gut abgesetzte, mittelgrosse Kopf ist von oben meist ziemlich flach oder nur wenig nach vorn abwärts gewölbt. Die Schnauzenkante ist wenig deutlich. Die grossen, von oben gut sichtbaren Augen haben eine rundliche Pupille. Der Schwanz nimmt etwa ein Fünftel der Körperlänge weg, ist dünn und spitz verlaufend. Die Rückenschuppen sind klein und mehr oder weniger scharf gekielt, schwach geschindelt, und an den Seiten bedeutend an Grösse zunehmend. Sie sind in 19—21 Längs- und wenig schiefen Querreihen geordnet.

Die Arten dieser Gattung lieben die Feuchtigkeit, halten sich meist im oder in der Nähe des Wassers auf, ernähren sich von Fischen, Fröschen und Molchen etc. Sie schwimmen und tauchen vorzüglich, klettern ziemlich gut, und zeigen eine gewisse Neugierde. Die meisten sind nicht bissig, völlig harmlos. Diese Gattung ist in Deutschland in zwei Arten vertreten.

1. Die Ringelnatter (Tropidonotus natrix, Linné).

Die Ringelnatter, auch Wasser-, Schwimm- und Heckennatter, Haus- und Wasserschlange, Hausunke etc. genannt, erreicht eine Länge von 95 cm bis 1,50 m, doch gehören Exemplare von über 1 m Länge in Deutschland wohl zu den Seltenheiten. Der Körper ist gestreckt, seitlich zusammengedrückt, ziemlich dick, die Unterseite stark gewölbt. Der ziemlich grosse, in der Jugend mehr als im Alter deutlich abgesetzte Kopf ist bei jungen Tieren von etwa länglich-ovaler Gestalt, bei älteren aber von vorn nach hinten verengt, mit gerundet abgestutzter Schnauze. Die Oberseite ist mehr oder weniger gewölbt, die Kopfseiten bei jungen Tieren fast senkrecht, bei alten schief nach aussen abfallend. Die Schnauzenkante fast vollkommen verrundet. Die Nasenlöcher sind von rundlicher Gestalt und mässig gross. Die grossen runden Augen sind von oben gut sichtbar. Das Maul ist weit gespalten, es finden sich in demselben nur solide Hechelzähne vor. Der Schwanz ist vom Rumpfe durch keine Einschnürung oder Verengung abgesetzt, sondern der Rumpf geht allmählich in den Schwanz über. Letzterer ist ziemlich dünn, spitzauslaufend, seine Länge beträgt etwa $^1/_5$ der Körperlänge. Die Weibchen sind grösser und dicker als die Männchen, die gelben Nackenflecken gewöhnlich blasser, mitunter weisslich.

Das Rüsselschild ist breiter als hoch, quer, gewölbt, unten deutlich ausgerandet, von oben mehr oder weniger gut sichtbar. Die vorderen Schnauzenschilder liegen quer, sind breiter als lang, von etwa dreieckiger Form, mit gebogener Aussenseite, ca. $^1/_4$ kürzer als die hinteren Schnauzenschilder. Das Stirnschild ist gross, breit, die Seiten desselben in der Jugend fast parallel, im Alter auseinandergehend, vorn einen stumpfen Winkel bildend und sich hinten mit einer kurzen Spitze zwischen die Scheitelschilder einschiebend. Die hinten ziemlich schmalen, am Ende mehr oder weniger abgestutzten Scheitelschilder sind von mässiger Grösse, seitlich bis gegen das zweite hintere Augenschild hinabgebogen und von nur zwei Schildern am Aussenrande begrenzt. Die über den Augen schwach ausgerandeten Brauenschilder sind länglich, nach hinten etwas breiter. Das nach unten geteilte, ziemlich gleich hohe Nasenschild überragt nur selten das erste Oberlippenschild, es ist länglich, der vordere Teil grösser als der hintere, das Nasenloch nach oben gerückt. Das dem zweiten Oberlippenschild aufliegende Zügelschild ist viereckig, wenig höher als breit. Das bei jungen Tieren flache, bei älteren etwas gewölbte, einzige vordere Augenschild ist doppelt so breit als hoch, nach oben etwas breiter werdend ist es als kleines Dreieck auf den Pileus übergebogen. Die drei hinteren Augenschilder sind ziemlich gleich gross und werden die zwei untersten nach hinten von dem grossen Schläfenschild begrenzt, letzteres berührt das fünfte bis siebente Oberlippenschild. Es folgen noch zwei grössere schuppenartige Schilder, worauf die Körperschuppen ihren Anfang nehmen. Von den sieben Oberlippenschildern stehen das dritte und vierte unter dem Auge. Unterlippenschilder sind zehn vorhanden, gewöhnlich berühren die sechs ersten davon die Rinnenschilder, von denen die hinteren grösser als die vorderen sind, sehr auseinandergehen und durch eingeschobene Schuppen gewöhnlich von einander getrennt erscheinen. Die Körperschuppen sind ziemlich klein, rautenförmig, nach den Seiten zu bedeutend grösser werdend, die Kiele sind scharf und deutlich, namentlich auf dem Rücken, an den Seiten weniger. Die Schuppen stehen in 19 Längs- und nicht sehr schiefen Querreihen. Die Bauchschilder sind ziemlich weit nach aufwärts gebogen, es sind 163 bis 177, Schwanzschilderpaare 48 bis 79 vorhanden.

Von dieser Schlange, welche eine sehr grosse Verbreitung hat, gibt es sehr viele Varietäten, die sich durch Färbung und Zeichnung unterscheiden. Durch die Beständigkeit der Beschilderung des Kopfes ist es jedoch nicht schwer, trotz der vielen sehr verschieden von einander aussehenden Varietäten, deren Artzugehörigkeit zu bestimmen.

Die Oberseite des Rumpfes ist bei typischen Stücken aschgrau, welches auch einen Stich ins Schieferblaue oder Olivenfarbne haben kann. Diese Grundfarben können bei den verschiedenen Varietäten durch graubraun, braun, ölbraun bis ins Schwarze gehen, und namentlich die südlicheren Arten zeigen gern eine gelbliche oder bräunliche Färbung. Auf dem Rücken und an den Seiten finden sich zwei bis sechs mehr oder weniger regelmässige Reihen verschiedenartig gestalteter Flecken von wechselnder Grösse und Deutlichkeit, deren Farbe meist tiefschwarz ist, jedoch können dieselben auch heller oder dunkler braun erscheinen, was besonders bei den Varietäten vorkommt, deren Grundfarbe mehr oder weniger ins Gelbliche oder Bräunliche spielt. Die Oberseite des Kopfes ist stets etwas dunkler und einfarbig, die Brauenschilder meist etwas heller, die Oberlippenschilder können weisslich, blassgelblich, hellgrau oder hellbräunlich sein, an den Nähten schwarz gesäumt, welche Zeichnung auch bei den Unterlippenschildern vorhanden sein kann. Hinter den Schläfen findet sich bei typischen Stücken eine Art Halsbandzeichnung, welche aus zwei gelben oder weisslichen halbmondförmigen Flecken gebildet wird. Diese werden nach hinten von grossen schwarzen Flecken umrandet, so dass das Schwarz gewissermassen einen Schlagschatten der gelben Flecken bildet. (Tafel III.). Es können jedoch diese gelben oder weisslichen Flecken undeutlich vorhanden sein oder ganz fehlen, so dass die Grundfarbe hervortritt und nur noch die schwarzen Flecken vorhanden sind. Die Flecken des Rückens und auch die der Seiten können sich auch seitlich ausdehnen und zusammengehen, wodurch dann mehr oder weniger deutliche Querstreifen oder Binden entstehen. Bei der Varietät *Tropidonotus Cetti, Géné*, sind die Seiten- und Rückenflecken derartig verschmolzen, dass sie nur hin und wieder unterbrochene Querringe bilden. Bei der Varietät *Tropidonotus murorum, Bonaparte.* finden sich ausser den genannten Zeichnungen noch zwei weisse oder gelbliche Längsbinden, welche meist die sechste und siebente Schuppenreihe umfassen und hinter dem Kopfe anfangend, sich längs des Körpers hinziehen. Ist die Grundfarbe hier dunkler, treten demnach diese Zeichnungen schwächer hervor, so bilden solche Stücke die Varietät *Tropidonotus subbilineatus, Jan.* Bei *Tropidonotus sparsus, Schreiber*, ist die Oberseite durch zahlreiche kleine Flecken

TAFEL III.

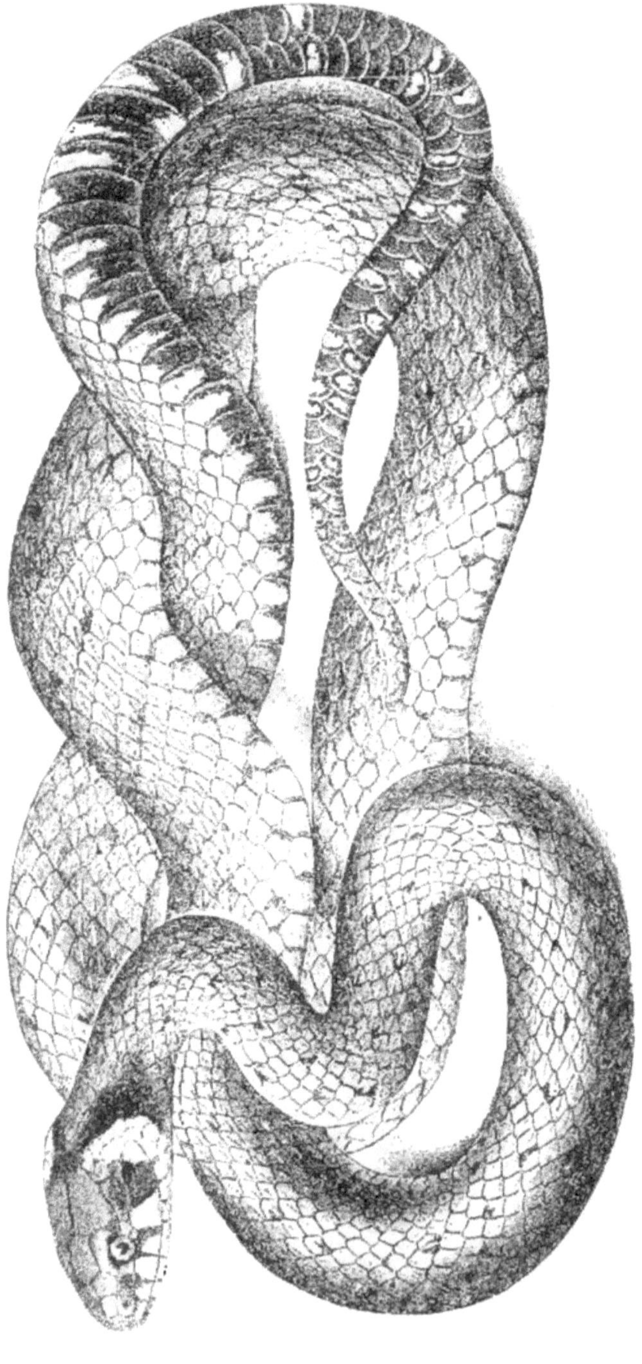

Ringelnatter (*Tropidonotus natrix*, *Linné*).

Natürliche Grösse.

und Pünktchen dicht hell und dunkel gesprenkelt, und sind die dunklen Flecken meist braungrau oder schwärzlich, die hellen grau oder hellbraun gefärbt. Ist die Oberseite ganz schwarz und mit zerstreut stehenden, kleinen, milchweissen Punkten gesprenkelt, so gehören solche Stücke der Varietät *Tropidonotus ater, Eichw.*, an. Bei *Tropidonotus colchicus, Demid.*, sind die unteren Schuppen an ihren Seitenrändern, bei schwarzer Grundfarbe, mehr oder weniger mit weissen Strichen gesäumt, wodurch, wenn dies häufig auftritt, unregelmässige weisse Längslinien entstehen können. Ferner gibt es noch Varietäten, bei welchen die Grundfarbe mehr und mehr verdunkelt und aus Grau durch schmutzig Braun in Schwarz übergeht, wo dann die Zeichnungen nach und nach undeutlich werden und schliesslich, selbst die Halsbandzeichnung verschwindet *(Tropidonotus minax. Bonap.)*. Andere behalten wieder eine ziemlich helle Grundfarbe und deutlich scharfe, oft aus Querbinden oder zusammengehende Flecken bestehende Zeichnungen, aber mit verloschener heller Halsbandzeichnung *(Tropidonotus siculus, Fitzing)*. Doch auch bei ganz schwarzen Exemplaren kann das Halsband wieder scharf und deutlich vorhanden sein.

Die Unterseite ist gewöhnlich weniger veränderlich in der Färbung. Kopf und Kehle erscheinen immer weiss und fleckenlos und zieht sich das Weiss auch mehr oder weniger weit nach hinten. Doch treten meist schon hinter der Kehle erst kleinere und vereinzelter, dann grössere und dichter stehende schwarze Flecken auf, welche namentlich nach der Mitte hin derartig zunehmen, dass sie die Unterseite mehr oder weniger schwarz färben, so dass von der Grundfarbe nur noch grössere oder kleinere, an den Seiten stehende Flecken zurückbleiben, auch kann die Unterseite ganz schwarz werden, was namentlich bei dunkler Oberseite sehr häufig vorkommt. Bei *Tropidonotus ater. Eichw.*. zeigt sich auch die schwarze Färbung der Unterseite weiss gesprenkelt, die weissen Flecken hingegen schwarz gesprenkelt; bei *Tropidonotus colchicus. Demid.*. zeigen die Seiten der Bauchschilder bisweilen eine gelbliche oder bräunliche Färbung.

Die Jungen sind von den Alten in Färbung und Zeichnung gewöhnlich nicht verschieden, weisen alsbald die der Varietät zukommenden Merkmale auf, nur tritt das Halsband in der Jugend gewöhnlich schärfer als im Alter hervor.

Die Ringelnatter gehört zu den verbreitetsten Schlangen, sie findet sich mit Ausnahme des hohen Nordens fast in ganz Europa, geht südwestlich nach Afrika, östlich nach Asien über. Im Gebirge soll sie bis gegen 2000 m aufsteigen. Die verschiedenen Spielarten bewohnen meist gesonderte Gebiete, doch kommen auch mitunter mehrere Varietäten an passenden Oertlichkeiten in einer und derselben Gegend vor.

Die Ringelnatter wählt im allgemeinen feuchte Oertlichkeiten zu ihrem Standort. Sie findet sich meist in der Nähe von Sümpfen, Teichen, langsam fliessenden Gewässern, auf Wiesen, in feuchten, lichten Wäldern, am liebsten Laubwäldern, im Gebirge; einzelne finden sich mitunter auch an ganz trocknen Orten, aber seltener. Die Stammform und ihr nahestehende Varietäten findet sich mehr an oder in Teichen und Sümpfen, während die gestreiften und schwarzen Stücke sich mehr in oder an klaren fliessenden Gewässern aufhalten. In Gebüschen, an Dämmen in der Nähe von Sümpfen, Teichen, im Schilf der Teichränder findet man sie oft massenhaft, selbst auch dann noch, wenn dergleichen Oertlichkeiten in der Nähe von Dörfern etc., oder Strassen mit regem Verkehr liegen. Sie findet sich auch selbst in den Ortschaften, und schlägt hier, ein Zeichen ihrer Zutraulichkeit, angezogen durch die dort vorhandene Wärme, in Wohngebäuden, Ställen, Scheunen, Kellern u. s. w. ihren Wohnsitz auf. Ihr öfteres Vorkommen in den warmen Kuhställen mag auch Veranlassung zu dem Märchen gegeben haben, dass sie den Kühen die Euter aussauge. Dies ist natürlich nur ein Märchen, der Kopfbau der Ringelnatter lässt es überhaupt nicht zu, das ihr angedichtete auszuführen. Was sie in die Kuhställe zieht, ist nicht die Milch der Kühe, sondern die feuchte Wärme, welche sie an diesen Orten findet, und der sie, wie die meisten Schlangen, sehr zugethan ist.

Ihre Verstecke wählt sie, wie andre Schlangen, in Löchern unter Gebüschen, Baumstämmen, namentlich alten Weidenstümpfen u. dergl., und zwar immer sehr tief.

Ihre Nahrung besteht hauptsächlich in Fröschen, namentlich Gras-, Feld- und Laubfröschen; Laubfrösche jedoch fallen ihr meist nur während deren Paarungszeit zum Opfer. Doch verschmäht sie auch Wasserfrösche, Kröten fast aller Art, Salamander, Molche und Fische nicht. Von den Kröten scheint sie nur die Unke oder Feuerkröte *(Bombinator igneus)* nicht anzunehmen; ich habe wenigstens häufig zu beobachten Gelegenheit, dass, wenn sie in der Hast einmal eine Unke verschlingt, sie dieselbe immer sehr bald wieder auswirft, der von der Unke abgesonderte Schleim scheint ihr nicht zu behagen. Die so wieder ausgespienen Unken sind dann immer noch am Leben und hüpfen, sobald sie sich vom Schrecken erholt, munter davon. Ich besitze Unken, welche schon wiederholt von einer Ringel-, Viper-, Würfel- oder gelbstreifigen Wassernatter verschlungen, alsbald aber wieder ausgeworfen wurden und heut noch leben. Auch den Erdsalamander wirft sie häufig wieder noch lebend aus. Frosch-, Kröten- und Tritonenlarven fängt sie, indem sie mit offenem Rachen unter dem Wasserspiegel hin- und herschwimmt, doch stellen meist nur junge Nattern diesen Tieren nach. Von einigen Schriftstellern wird behauptet, dass sie Kröten nicht frisst, von anderen dass sie solche nur in der äussersten Not annimmt; ich kann dies jedoch, auf Grund vielfacher Erfahrungen und Beobachtungen, nicht für richtig anerkennen; sie fressen Kröten ebensogut als echte Frösche und zwar nicht blos im Notfall, wenn sie besonders hungrig sind, sondern zu jeder Zeit. Ich war selbst wirklich manchmal erstaunt, wenn sich eine grössere Ringelnatter über eine völlig ausgewachsene Erdkröte hermachte, und dieselbe, trotz deren nicht geringem Widerstand, verschlang. In der Freiheit kommen sie ja weniger mit Kröten, die ja alle Nachttiere oder Dämmerungstiere sind, zusammen, auch wird eine Kröte nicht so leicht von einer Natter bemerkt, da die Kröte sich sehr langsam, kriechend bewegt und oft lange stillsitzt. Dass sie Mäuse frisst kann ich gleichfalls nicht glauben, obwohl man dies in fast allen einschlägigen Lehrbüchern angegeben findet, meine diesbezüglichen Erfahrungen besagen das Gegenteil, eher wird eine Ringelnatter von einer Maus an- oder von mehreren aufgefressen, als dass eine Ringelnatter eine Maus frisst. Dass sie nun gar noch „Insekten“ frisst, wie man in einigen Schulbüchern lesen kann, ist schon lange nicht richtig, selbst ganz junge, eben dem Ei entschlüpfte Nattern fressen solche nicht, sondern ernähren sich von den Larven der Frosch- und Schwanzlurche, jungen Lurchen und ganz kleinen Fischen, welche sie bei ihrem Eintritt ins Leben massenhaft vorfinden. Auch Eidechsen fressen sie für gewöhnlich nicht, unter den vielen Ringelnattern, welche ich gefangen halte und hielt, habe ich erst dreimal beobachtet, dass eine kleinere Natter junge Eidechsen verschlang. Dies sind jedoch in der Gefangenschaft sich ereignende Ausnahmefälle, welche im Freileben der Ringelnatter wohl nicht vorkommen dürften, denn noch nie habe ich in frischgefangenen und getöteten Ringelnattern Reste von Eidechsen oder Mäusen gefunden. Die Reste von Insekten, welche man in solchen Ringelnattern vorfindet, sind durch die verschlungenen Lurche in den Magen der Ringelnattern gelangt. Kleinere Fische fängt sie, indem sie dieselben ablauert, wobei sie sich um eine Wasserpflanze etc. schlingt, und längere Zeit unter Wasser in dieser Stellung verharrt; doch immerhin verlegt sie sich seltener, und wohl nie ausschliesslich, auf die Fischjagd.

Betreffs der Erlangung ihrer Beute legt sich die Ringelnatter nicht so häufig auf das Ablauern derselben, häufiger als manche andere Schlange sieht man sie auf der Suche nach Nahrung. Günstige Oertlichkeiten, als Teichränder etc. sucht sie mit einer gewissen Regelmässigkeit ab. In Gegenden wo Ringelnattern häufig sind, kann man auch hin und wieder beobachten, dass mehrere gemeinschaftlich die Jagd betreiben, Frösche z. B. auf einen bestimmten Punkt zusammenjagen, wo sie es dann leichter haben einen derselben zu erwischen. Dies mag auch wohl aus dem Grunde geschehen, um die Beutetiere zu lebhafterer Bewegung zu veranlassen, da die Ringelnatter, wie auch viele andere Schlangen, nur lebhaft sich bewegende Gegenstände schnell und sicher wahrnimmt, über ruhig sitzende Frösche, selbst wenn sie in deren Verfolgung begriffen ist, aber häufig hinweggleitet, da sie dieselben übersieht. Oft kommt es vor, dass der verfolgte Frosch dicht vor der Natter sitzt und sie nur zugreifen dürfte; der Frosch weiss aber augenscheinlich recht wohl, dass seine Rettung nur davon abhängig ist, dass er sich völlig ruhig verhält. So kommt es denn, dass die Natter den vor ihr sitzenden Frosch oft lebhaft bezüngelt, und wenn auch dann der Frosch noch ruhig sitzt, diese Prüfung über sich ergehen lässt. über ihn hinwegkriecht. Mitunter wird dem Frosch dies Bezüngeln aber doch zu unheimlich, er wagt dann einen gewaltigen Satz, meist aber zu seinem Verderben, denn im selben Augenblick ist er auch schon von der Natter erfasst. Liegt eine Natter am Sumpfrande etc. ruhig lauernd, und kommt, seine Feindin nicht wahrnehmend, ein Frosch in ihre Nähe, so ist dieser verloren, denn ehe er zum zweiten Satz ausholt ist er schon ergriffen. Die Ringelnatter erfasst ihre Beute wie es der Zufall mit sich bringt, sie ist hierbei nicht im mindesten auf ihren Vorteil bedacht, auch umschlingt sie ihre Beute niemals.

Das Verschlingen einer Beute bereitet der Ringelnatter mehr oder weniger Schwierigkeiten. Einen Frosch, Fisch, Molch etc., erfasst sie häufig in der Mitte des Leibes, manchmal beim Kopf, Frösche mitunter an einem Hinterfuss. Ein in der Mitte des Leibes erfasstes Opfer dreht sie allmählich im Rachen so, dass sie entweder den Kopf oder das hintere Ende in den Rachen bekommt. Am leichtesten hat sie es, wenn sie das Opfer beim Kopfe anfangend verschlingen kann, doch ersieht sie sich ihren Vorteil hierbei so wenig, dass sie z. B. einen Fisch beim Schwanz anfangend, verschlingt, ist dieser nun etwas gross, so bilden die Rücken- und Bauchflossen desselben ein Hinderniss, dass sie manchmal nicht überwältigen kann und den Fisch wieder ausspeien muss, um ihn dann beim Kopf anfangend zu verschlingen. Molche von der Seite erfasst, klappt sie oft zusammen und würgt den Bissen dann so hinab. Hat sie einen Frosch bei einem Hinterfuss ergriffen, so verschlingt sie erst diesen Fuss bis zum Schenkel, ergreift dann den Schenkel des anderen Fusses und zieht diesen, indem sie den erst verschlungenen Fuss wieder etwas freigibt, nach dem anderen Fuss, worauf sie dann beide zugleich nebst dem darauf folgenden Körper verschlingt. Ist der Körper des Frosches bis auf die Vorderbeine verschlungen, so nimmt sie wieder erst eins der letzteren in den Rachen, wobei sie den Frosch gegen einen Stein oder dergleichen andrückt, und verfährt hierauf mit dem andern Fuss in gleicher Weise. In diesem Moment dehnt sich der Kopf der Schlange am weitesten aus, oft zum doppelten Umfang ihres Leibes. Ist dies letzte Hinderniss überwunden, so verschwindet der Frosch langsam im Rachen der Schlange; ein Weilchen noch sieht man den Kopf des Frosches zwischen den beständig arbeitenden Kiefern der Schlange hervorschauen, gleichgiltig, ergeben in sein Schicksal, blickt der Frosch noch einmal in die Welt, gleichsam als wollte er von derselben Abschied nehmen, gibt er manchmal einen leisen Klagelaut von sich — dann zieht sich der Oberkiefer der Schlange gleich einer Kappe über seine Augen, Nacht wird es um ihn her, — ein Weilchen noch, und auch der Kopf des Frosches ist völlig im Rachen der Schlange verschwunden; nach kurzer Zeit verrät nur noch eine dickere Stelle in der Mitte des Leibes, dass die Schlange eben eine Beute verschlungen. Wenn der Frosch ergriffen wird, bringt er ziemlich laute quikende Töne hervor, macht auch Anfangs verzweifelte Anstrengungen sich zu befreien, während des Verschlingens verhält er sich jedoch meist ruhig. Streicht oder drückt man die Schlange an der Stelle wo der verschlungene Frosch sich befindet, so speit sie denselben noch lebend wieder aus, und dieser beeilt sich dann aus der Nähe seiner Feindin zu kommen.

Die Ringelnatter ist ein echtes Tagtier, wie aus ihrer ganzen Lebensweise hervorgeht. Mit den ersten Strahlen der Morgensonne kommt sie aus ihren Verstecken hervor, um entweder der Jagd obzuliegen oder um sich an einer von der Sonne beschienenen Stelle zu lagern. So liegt sie manchmal längere Zeit, ihren Körper den wärmenden Sonnenstrahlen aussetzend, dabei jedoch stets aufmerksam auf alles, was um sie her vorgeht, und sofort zur Flucht bereit, sobald sie irgend etwas ihr Verdächtiges wahrnimmt. Die Ringelnatter hört besser als man gewöhnlich annimmt, das Knacken eines dürren Astes, das Knallen einer Peitsche, ein scharfer harter Tritt etc. wird sofort von ihr wahrgenommen, gewöhnlich richtet sie den Kopf in die Höhe, gleichsam horchend, ihr ganzer Körper gerät in Aufregung und schnell entflieht sie, gewöhnlich in das Wasser, wenn dieses leicht zu erreichen, oder in ihre Höhle. In ihrem Wesen ist sie also furchtsamer als die meisten andern Schlangen, doch verrät sie auch gelegentlich eine gewisse Neugierde. Sie ist ein hübsches, munteres, bewegliches Tier, kriecht ziemlich schnell, klettert, schwimmt und taucht gern und vorzüglich. Häufig trifft man sie munter im Grase umherkriechend, oder im Gebüsch umherkletternd an, oft sieht man ihrer mehrere in Teichen etc. umherschwimmen; sie ist auch schon mitten in grossen Landseen angetroffen worden, mitunter lagert sich eine oder die andere auf den Rücken der hier schwimmenden Enten u. dergl., welche Tiere sich dies anscheinend ruhig gefallen lassen. Sie verrät mitunter auch einen ziemlichen Grad von List. Einst war mir eine Ringelnatter in einen Teich, welcher mittels einer, unter die Strasse hindurchgehenden, Röhre mit einem andern Teich verbunden ist, entwischt. Sie hielt sich immer nahe am Ufer nach der Strasse zu und schwamm in hübschen Biegungen hin und her, mich stets beobachtend. Sie war ein hübsches Tier und ich hätte sie gern gefangen. Ich ging deshalb etwas weiter, um die Natter zu veranlassen an das Land zu kommen, versteckte ich mich hinter einen Baum und hielt mich ruhig. Als die Natter mich nicht mehr sah, schwamm sie nach einem Weilchen dem Ufer zu, doch kam sie nicht völlig herauf. Ich hatte mir genau die Stelle gemerkt, wo sie sich befinden musste und schlich leise näher, doch von der Natter war nichts zu sehen. Eine genauere Untersuchung der Stelle wo sie verschwunden war, klärte mich über ihren Verbleib auf; sie war durch die erwähnte Röhre nach dem andern grössern Teich gegangen, nahe dessen jenseitigem Ufer ich sie wieder gewahrte, doch ehe ich um den Teich herum kam hatte sie das Ufer erreicht und war nun völlig verschwunden. Eine andere sah ich auf einem Haselstrauch, der neben einer alten morschen Eiche, in welcher sich mehrere Löcher befanden, stand. Als ich den Strauch schüttelte erwischte sie einen Zweig der Eiche und verschwand in einem der erwähnten Löcher, da dieses nicht eben hoch war, stieg ich hinauf um nach der Schlange zu forschen, ich war noch nicht beim Loche angelangt, als sie aus einem tiefer gelegenen Loche herauskam, sich zu Boden fallen liess und verschwand, mir wieder das Nachsehen lassend. Derartige Fälle habe ich noch mehrere erlebt, welche doch mindestens eine gewisse List, der meist für dumm gehaltenen Ringelnatter bekunden.

Betreffs der Witterung verhält sich die Ringelnatter wie die andern deutschen Schlangen, sie bevorzugt warme, windstille, gewitterschwüle Witterung und kommt dann fast regelmässig zum Vorschein, zieht sich bei übergrosser Hitze tiefer in die Gebüsche zurück. An kalten, windigen Tagen, namentlich wenn Ostwind vorherrschend ist, bekommt man sie weniger zu Gesicht, sie hält sich dann gewöhnlich in ihrem Versteck auf. An Tagen mit ihr zusagender Witterung ist sie vom Morgen bis zum Spätnachmittag häufig ausserhalb ihres Versteckes zu finden.

Mit Eintritt kälterer Tage, im Oktober oder November, zieht sich die Ringelnatter zum Winterschlaf in tiefe Höhlungen unter Baumstämmen, in Erdlöchern, Felsrissen u. dergl. zurück. Ihr Winterquartier ist bisweilen mit Moos, trocknem Gras, Laub etc. ausgefüttert und häufig finden sich mehrere Schlangen zum gemeinschaftlichen Winterlager zusammen. Oefters nistet sie sich auch um diese Zeit in Ställen, Kellern etc. ein. Nächst der Kreuzotter kommt die Ringelnatter am frühesten aus ihrem Winterschlaf hervor. Bei günstiger, warmer Witterung zeigt sie sich schon Ende März, gewöhnlich jedoch erst Anfang oder Mitte April.

Kurz darauf streift sie ihre alte, unansehnliche, zerrissne Oberhaut ab, sie häutet sich zum ersten Male im Jahre und erscheint nun in voller Farbenpracht.

Die Begattung beginnt etwa Mitte Mai und dauert bis Ende Juni, bei ungünstiger Witterung noch länger. Der Begattungsakt vollzieht sich meist in den frühen Morgenstunden an Stellen wo die Morgensonne voll hinscheint. Die Tiere liegen fest auf- oder nebeneinander mit den Schwänzen leicht verschlungen. Das Männchen folgt allen Bewegungen des Weibchens, d. h. es macht jede Körperkrümmung desselben mit. Männchen und Weibchen eines Pärchens sind meist an Grösse sehr verschieden von einander, öfters besitzt das Männchen nur ein Dritteil der Körperlänge des Weibchens; obwohl die Männchen stets kleiner sind als die Weibchen, so sind solche Unterschiede doch auffallend, da ein Gleiches bei keiner andern Schlangenart angetroffen wird. Im Herbst beobachtet man häufig eine zweite Paarung, und zwar nicht blos bei einzelnen Pärchen, sondern im allgemeinen, diese zweite Begattung ist aber, wenigstens in Deutschland, unfruchtbar.

Die Eier, deren Ausbildung im Mutterleibe etwa 10 Wochen in Anspruch nimmt, und welche durch die Witterung nicht oder nur unmerklich beeinflusst wird, werden von Mitte Juli bis Ende August abgelegt, und zwar unter Steinen, Mooshaufen, im Mulm hohler Bäume, Mist, in Kuh- und Hühnerställen, in letzteren gern unter die Nester; überhaupt an Orten, wo feuchte Wärme vorhanden ist. Die Eier haben eine pergamentartige Schale, sind von weisser, später grau-weisser, Farbe und etwa so gross wie Taubeneier. Frisch gelegt sind sie von einem Klebstoff überzogen, vermöge desselben sie aneinander haften, traubenförmig zusammenhängen. Von dem in verschiedenen diesbezüglichen Schriften so oft erwähnten „perlschnurartigen Zusammenhängen in einem gemeinschaftlichen Eischlauch“ habe ich nie etwas finden können, so viele Eihaufen ich auch in Händen gehabt und so viele Male ich auch das Ablegen der Eier beobachtet habe, immer wurden die Eier einzeln abgelegt und klebten dann vermöge des die frischgelegten Eier umhüllenden Klebstoffes zusammen, niemals jedoch schnurartig, stets richtet sich die regellose Form des Eierhaufens nach der Form des Loches, in welchem die Natter die Eier ablegt, und dass sie augenscheinlich auszufüllen sich bemüht. Gewöhnlich werden schon vorhandene, nach der Südseite belegene Löcher zum Ablegen der Eier benutzt, mitunter (in Gefangenschaft meist) aber wühlt sich die Schlange auch selbst ein Loch unter Mooshaufen, im Mist etc. Nicht selten legen mehrere Nattern gemeinschaftlich ihre Eier an einen geeigneten Ort ab. Die Grösse der Eier ist übrigens je nach der Grösse des Tieres verschieden, die Zahl der von einem Tier gelegten Eier kann von sechs bis zu dreissig Stück ansteigen. Die Eier bedürfen nach dem Ablegen noch einer Nachreife von etwa acht Wochen (nicht drei bis vier, wie mehrfach angegeben wird), nach Ablauf dieser Zeit durchbrechen die kleinen allerliebsten Jungen die Eihülle und zeigen sich bei ihrem Eintritt in die Welt vollkommen im Farbenkleid der Alten. Gewöhnlich halten sich die Jungen noch einige Zeit an dem Orte auf, an welchem sie zur Welt kamen, nach und nach zerstreuen sie sich, unbekümmert um einander, die Lebensweise der Alten beginnend. Die Nahrung der Jungen besteht aus Frosch- und Molchlarven, jungen Fröschen und Molchen, welche um diese Zeit massenhaft vorhanden sind. Je nach der Witterung führen die Jungen noch eine längere oder kürzere Zeit ihr Sommerleben und suchen dann einen passenden Unterschlupf für den Winter. Hat ungünstige Witterung die Begattung der Alten verzögert, so kann es auch wohl kommen, dass die Jungen alsbald ein Winterlager aufsuchen müssen, wo sie dann von dem aus dem Ei mitgebrachten Fett erhalten werden. Gewöhnlich aber bleibt den Jungen noch etwas Zeit, sich durch Nahrungsaufnahme für die lange Fastenzeit während des Winterschlafes vorzubereiten.

Die Feinde der Ringelnatter sind dieselben, wie bei der Kreuzotter angegeben, nur dass sie noch häufiger als diese verschiedenen Wasser- und Sumpfvögeln etc. zum Opfer fällt.

Die Verteidigungsmittel der Ringelnatter bestehen einzig und allein darin, dass sie, wenn man sie einfängt, ihren übelriechenden Urin und Unrat von sich gibt, welcher Geruch hartnäckig längere Zeit an Händen und Kleidern haften bleibt. Sonst ist sie völlig harmlos, sie sucht ihr Heil in schneller Flucht und macht selbst bei ihrer Gefangennahme nicht einmal den Versuch zu beissen, obwohl sie sich stark aufbläht und vernehmlich zischt, sucht sie sich doch nur durch Winden in den Händen des Fängers der Gefangennahme zu entziehen. Oft bekommt sie bei ihrer Gefangennahme eine Art Starrkrampf, jedenfalls vor Schreck, oder vielleicht auch, dass man sie etwas unsanft in der Herzgegend gedrückt hat, das Tier wird völlig schlaff, als ob es tot wäre, einige Blutstropfen kommen dabei gewöhnlich aus ihrem weitgeöffneten Munde. Sie erholt sich jedoch immer bald, gewöhnlich noch vor Ablauf einer halben Stunde, und hat dies für die Schlange weiter keine üble Folgen. Befindet sich Wasser in der Nähe, so braucht man sie blos etwa eine Minute mit dem Kopf unterzutauchen, worauf sie sich dann schnell erholt, selten bleibt noch eine geringe Mattigkeit zurück.

An die Gefangenschaft, selbst im engeren Raume, gewöhnt sich die Ringelnatter leicht, leichter als viele andere Schlangen, und pflanzt sich auch, wenn ihr einigermassen Raum und eine ihren Lebensbedürfnissen entsprechende Einrichtung des sie beherbergenden Terrariums geboten wird, regelmässig fort. Sie hält unter günstigen Umständen eher als manche andere Schlange lange Jahre in Gefangenschaft aus; ich besitze Stücke, welche sich schon über sieben Jahre in meinem Besitz befinden und sich regelmässig alle Jahre fortgepflanzt haben. Die Ringelnatter wird ausserordentlich zahm und zutraulich, sie gewöhnt sich leicht an ihren Pfleger, und macht demselben durch ihr munteres Wesen, ihre anmutigen Bewegungen, sowie durch die schon erwähnten, für sie einnehmenden Eigenschaften viel Freude. Ihre Erhaltung im Terrarium ist sehr leicht; sie begnügt sich betreffs ihrer Nahrung mit den allerwärts vorkommenden braunen Gras- oder Feldfröschen und Molchen, auch kleine Weissfische, den grünen Wasserfrosch und Kröten nimmt sie an. Gewöhnlich müssen alle Futtertiere lebend sein, doch gewöhnen sich einige auch an tote Tiere. Näheres über ihre Erhaltung in Gefangenschaft wolle man aus meinem Buche „Das Terrarium“ ersehen. Im Anfang ihrer Gefangenschaft gibt sie den schon erwähnten unangenehmen Geruch von sich, doch verliert sich dies in einigen Tagen, ja wenn man sie öfter in die Hand nimmt, schon am ersten Tage.

Der **Nutzen**, welchen die Ringelnatter dem Menschen bringt, ist gering. In einigen Gegenden, namentlich in Italien, soll sie gegessen werden, und soll ihr Fleisch im Geschmack ungefähr dem des Aales gleichkommen. Ihre bunte Haut verwendet man zu Stocküberzügen, ein solcher Spazierstock sieht auch recht hübsch aus. Mitunter wird sie auch in Gärten gehalten, damit sie dort vorkommende Nacktschnecken vertilge. Dass sie solche Tiere wirklich frisst, kann ich nach den darüber gemachten Beobachtungen nicht glauben; in Gefangenschaft hat mir erst einmal eine Natter eine grosse Nacktschnecke, welche ich ihr vorhielt und lebhaft bewegte, abgenommen. in der Freiheit dürfte dies wohl nie vorkommen, da sich diese Schnecken viel zu langsam bewegen, um von der Ringelnatter, welche offenbar kurzsichtig ist, überhaupt nur lebhaft sich bewegende Tiere sofort wahrnimmt, gesehen zu werden. So gering wie der Nutzen, so gering ist auch der etwaige **Schaden**, den die Ringelnatter dem Menschen bereitet. Höchstens, dass sie in Fischteichen den jungen Fischen gefährlich wird, weshalb man sie von solchen entfernt halten muss. Der grüne Wasserfrosch richtet aber der Ringelnatter gegenüber viel grösseren Schaden unter der Fischbrut an, und er selbst wird wieder von der Ringelnatter gefressen. Der gelegentliche Raub eines Fisches wäre der einzige Schaden, den die Ringelnatter dem Menschen indirekt zufügt. deshalb braucht sie aber nicht **allerwärts** ausgerottet, überall verfolgt werden, sondern man sollte diese schmucke harmlose Schlange schonen, und ihr die wenigen Frösche, welche sie verzehrt. gönnen, da sie sich die Zuneigung jedes Naturfreundes erwirbt und viel zur Belebung des von ihr bewohnten Gebietes beiträgt.

2. *Die Würfelnatter*

(Tropidonotus tessellatus, Laurenti).

Die Würfelnatter erreicht eine Länge von etwa 70—85 cm. Der Körper ist schlank, in der Mitte mehr oder weniger verdickt, von den Seiten etwas zusammengedrückt, höher als breit, die Unterseite ist schwach gewölbt. Die Form des deutlich vom Halse abgesetzten Kopfes ist länglich-dreieckig, bei ganz jungen Tieren mehr länglich-oval. Die schief nach aussen abfallenden

Kopfseiten sind flach oder vor den Augen wenig vertieft; die Schnauzenkante verrundet. Die grossen, sehr beweglichen Augen sind rund und von oben sehr gut sichtbar. Der etwa ein Fünftel der ganzen Körperlänge betragende Schwanz ist dünn und spitz auslaufend, an seinem Ende meist mit drei oder vier spitzen länglichen Schuppen versehen, welche durch Längsfurchen getrennt sind.

Das Rüsselschild ist quer, schwach gewölbt, breiter als hoch, wenig ausgerandet. Die mit den Oberlippenschildern zusammenstossenden Seiten sind ziemlich gerade, die andern veränderlich. Die vorderen Schnauzenschilder sind dreieckig. Die hinteren Schnauzenschilder sind kaum länger als die vorderen und ziemlich gleich breit. Das Stirnschild ist mässig gross, ziemlich gleich breit, oder wenig nach vorn verbreitert. Die Scheitelschilder sind gross, dreieckig, hinten schmäler, mit verrundetem Hinterrand. Die Brauenschilder sind reichlich halb so breit als das Stirnschild, nach hinten zu mehr oder weniger verbreitert und über den Augen ausgerandet. Das Nasenschild ist doppelt so lang als breit, fast gleich hoch, bald mehr bald weniger geteilt, das erste Oberlippenschild nach hinten überragend, mit etwas nach oben stehendem Nasenloch. Das veränderliche Zügelschild liegt bei normalen Stücken dem zweiten und dritten Oberlippenschild auf. Die Zahl der Augenschilder ist unbeständig, bei typischen Stücken finden sich meist zwei vordere und drei hintere Augenschilder, bei der südrussischen Form *Tropidonotus hydrus, Pall.*, jedoch drei vordere und vier hintere Augenschilder. Es kommen auch Stücke vor, bei denen die Zahl der Augenschilder beiderseits nicht gleich ist, die Zahl der hinteren bis auf fünf erhöht sein kann. Von den vorderen Augenschildern ragt das obere grössere mehr oder weniger als Dreieck auf den Pileus über. Die hinteren Augenschilder sind gewöhnlich gleich gross. Das grosse Schläfenschild ist länglich und meist von zwei grösseren Schuppen gefolgt. Oberlippenschilder sind gewöhnlich acht, selten sieben vorhanden, das Auge liegt fast stets dem vierten, selten dem dritten auf. Unterlippenschilder finden sich neun bis zehn, von welchen die vier ersten gewöhnlich die Rinnenschilder berühren, die hinteren der letzteren gehen gewöhnlich auseinander und sind durch eingeschobene Schuppen getrennt. Die ziemlich scharf gekielten mittelgrossen Körperschuppen sind von länglich-lanzettlicher Form, werden nach den Seiten zu grösser und stehen in 19 Längs- und nicht sehr schiefen Querreihen. Bauchschilder sind 158—187, Schwanzschilderpaare 57—76 vorhanden.

Die Färbung der Oberseite älterer Tiere ist gelb, grau, graugelb, lederbraun, graugrün, rotbraun, ölbraun, dunkelolivenfarben bis schwarz. Jüngere Tiere sind heller, fast weisslich, hellgrau, gelb oder hellgelbbraun gefärbt.

Die Zeichnung besteht gewöhnlich aus vier Reihen abwechselnd stehender rautenförmiger, rundlicher oder viereckiger

Abb. 16.

Würfelnatter (*Tropidonotus tessellatus, Laurenti*).

Flecken, welche in der Mitte zu schiefen Querbinden zusammengehen können, während die seitlichen viel grösseren senkrecht gestellt und, wenigstens in der Jugend, meist bis an das Schwanzende deutlich vorhanden sind. Auf dem Kopfe befinden sich, vom Hinterrande der Scheitelschilder entspringend, zwei, von innen nach aussen in schiefer Richtung auseinandergehende, allmählich etwas breiter werdende Streifen, welche sich bis gegen die Mundwinkel hinziehen und sich auch oft noch nach hinten zu in einen länglichen Flecken fortsetzen, diese Zeichnung ist auch selbst bei alten Tieren häufig vorhanden, wenn auch weniger scharf als bei jungen. Die Färbung aller Zeichnungen ist meist dunkel, dunkelbraun, schwärzlich oder schwarz. Die zwischen den Seitenflecken befindlichen Schuppen sind häufig gelblich oder rötlich gefärbt. Die Unterseite ist immer hell und dunkel gewürfelt und ist bald das Weissliche, Gelbliche oder Rötliche, bald das Schwarze vorherrschend. Kopf und Kehle sind stets weisslich oder gelblich und ungefleckt, die schwarzen Flecken treten erst früher oder später im Verlaufe des Halses auf. Die Unterseite des Schwanzes ist meist völlig schwarz. Bei den selten vorkommenden schwarzen Stücken ist auch die Unterseite überwiegend schwarz, helle Würfelflecke finden sich nur vereinzelt.

Die Verbreitung der Würfelnatter dürfte auf das südliche Mittel- und Osteuropa beschränkt sein; sie bewohnt Italien, die Schweiz, Dalmatien, Illyrien, Südungarn, kommt in der Varietät *Tropidonotus hydrus, Pall.*, in Südrussland und im Norden des Schwarzen Meeres vor, und soll am Caspisee ziemlich häufig sein. In Deutschland findet sie sich im Rheingebiet und im Nassauischen.

Sie hält sich vorzugsweise in fischreichen Gewässern, Seen, Teichen, namentlich Bächen und langsam fliessenden Flüssen und im Gestrüpp in deren Umgebung auf, mehr als die Ringelnatter den Fischen nachstellend, doch frisst sie auch Kaulquappen, Frösche und Molche.

Ihre Beute sucht sie meist durch Erlauern, seltener durch Aufsuchen oder Verfolgen zu erlangen. Sie schlingt sich unter Wasser, oder dicht am Ufer, den Kopf im Wasser, um Schilf oder dergleichen und lauert hier den vorbeikommenden Fischen ab; sobald ein solcher, von ihr zusagender Grösse, in ihre Nähe gekommen fährt sie blitzschnell darauf zu, denselben auch fast immer sicher erfassend.

Sie ist ein völliges Tagtier und gleicht betreffs ihrer Lebensweise fast gänzlich der Ringelnatter. Auf von der Sonne beschienenem Gestein, in dichtem Gestrüpp in der Nähe des Ufers, findet man sie oft bei Tage. Sie geht häufig ins Wasser und hält sich stundenlang darin auf; von Zeit zu Zeit taucht sie empor um Luft zu schöpfen, oder sie versteckt sich im Wasser zwischen Schilf, den ganzen Körper im Wasser und nur die Schnauzenspitze oder den ganzen Kopf über den Wasserspiegel haltend, ihre Umgebung mit steter Aufmerksamkeit musternd. Sie ist mehr als vorige zum Verstecken geneigt und hält sich meist in gedeckter Stellung. In ihrem Wesen bekundet sie einen hohen Grad von Neugierde, weshalb sie ziemlich zutraulich erscheint, es in Wirklichkeit jedoch nicht ist, mindestens ist sie scheuer als die Ringelnatter und manche andere Schlange. Alle ihre Bewegungen sind hastig, schnell, sie schwimmt, taucht und klettert gut, bis in die höchsten Spitzen der Gebüsche, um sich hier zu sonnen, und windet sich durch die engsten Spalten im Gestein etc., weshalb sie nicht gerade leicht zu fangen ist, da sie alles was ihr Deckung bieten kann geschickt zu benutzen weiss. Bei ihrer Gefangennahme beisst sie, auch mitunter noch nach längerer Gefangenschaft, wenn sie unverhofft von hinten angefasst wird, doch ist ihr Biss, wenn man die Hand nicht etwa plötzlich zurückzieht, kaum zu fühlen.

Die Würfelnatter ist wärmebedürftiger als die Ringelnatter und zieht sich daher auch früher als diese, in Deutschland wenigstens schon im Oktober, zum Winterschlaf zurück, aus welchem sie auch später als die Ringelnatter, selten vor Mitte April, wieder zum Vorschein kommt und bald darauf zur Paarung schreitet. Im August gewöhnlich legt das Weibchen 8 bis 12 oder mehr Eier, die von länglich-ovaler Gestalt, mitunter auch nierenförmig gekrümmt, und weiss von Farbe sind. Etwa acht Wochen später kriechen die kleinen allerliebsten Jungen aus, welche die vorerwähnte Färbung und Zeichnung aufweisen, sehr munter sind und sich von den Larven der Frosch- und Schwanzlurche, jungen Fröschen und Molchen und namentlich kleinen Fischen ernähren.

Ihre Feinde sind die der Ringelnatter, die grösste Mehrzahl derselben dürfte den Wasservögeln angehören.

Von ihrem Nutzen dem Menschen gegenüber ist nichts zu erwähnen, höchstens dass man gelegentlich ihre hübsche Haut zu Ueberzügen von Spazierstöcken benutzt. Nicht zu unterschätzen ist der Schaden, welchen sie in Fischgewässern anrichtet, namentlich wenn sie häufig auftritt, weil Fische ihre Hauptnahrung bilden.

Die Gefangenschaft erträgt die Würfelnatter gut und pflanzt sich, bei richtiger Pflege in einem ihren Lebensbedingungen entsprechenden Terrarium, auch fast regelmässig darin fort. Sie gehört noch mit zu den lebhaftesten Schlangen, wird bald zahm und zutraulich, doch nicht so wie die Ringelnatter, da sie stets scheuer als diese bleibt. Sie gewöhnt sich zwar schliesslich daran ihrem Pfleger das Futter von der Zange oder aus der Hand abzunehmen, es geschieht dies jedoch stets mit einer ängstlichen Scheu. Ihre Erhaltung ist nicht schwer und immerhin bereitet sie manche Freude. Man füttert sie am besten mit Weissfischen, die sie sich selbst aus dem Wasserbecken holt oder von der Zange abnimmt, sie gewöhnt sich auch bald daran tote Fische anzunehmen, schliesslich begnügt sie sich auch mit Gras- oder Feldfröschen.

Zweite Gattung: Coronella, Laurenti. **Jachschlangen.**

Die Coronellen sind kleine Schlangen, deren Körper schlank, bald mehr oder weniger gedrungen, bald walzenförmig ist, vorn und hinten etwas dünner werdend, mit bald mehr bald weniger deutlicher Seitenkante. Der Kopf ist ziemlich deutlich abgesetzt, von ovaler oder länglich-eiförmiger Gestalt. Die Schnauze ist stumpf zugespitzt oder abgestumpft. Die Augen sind klein, mit runder oder ovaler Pupille und von oben sichtbar. Das Rüsselschild ist niemals länger als breit. Es sind ein vorderes und zwei hintere Augenschilder vorhanden. Der Schwanz ist kurz, etwa $^1/_6$ bis $^1/_4$ der Körperlänge betragend, bald stumpf, bald zugespitzt. Die Schuppen sind glatt, glänzend, von rautenförmiger oder sechseckiger Gestalt. geschindelt und stehen in 19 bis 21 Längsreihen. In Deutschland ist diese Gattung durch eine Art vertreten.

Die Schlingnatter (Coronella laevis, Boie).

Die Schlingnatter, Glattnatter, österreichische Natter oder Zornschlange (Tafel I. 2, und Tafel III.) wird etwa 80 cm lang. Der nicht sehr schlanke, walzenförmige Körper ist nach vorn und hinten wenig verdünnt. Der Kopf ist undeutlich abgesetzt, breit, hinter der Mitte am breitesten, nach vorn schmäler werdend, mit abgestutzter Schnauze und verrundeter Schnauzenkante. Die Augen sind klein, braun mit gelber Iris, runder Pupille, und von oben teils sichtbar. Der Schwanz nimmt etwa $^1/_6$ der Körperlänge ein und ist nicht sehr dünn auslaufend.

Das Rüsselschild ist ziemlich ebenso hoch als breit, unten schwach ausgerandet, mit der hinteren, stark auf den Pileus übergebogenen, dreieckigen Spitze zwischen den vorderen Schnauzenschildern eingeschoben; letztere sind breiter als lang, etwa dreieckig und nach aussen zu mehr oder weniger erweitert. Die hinteren Schnauzenschilder sind ziemlich gleich breit. Das grosse Stirnschild ist nach vorn verbreitert mit stumpfwinkliger Spitze, geraden Seitenrändern und hinten als dreieckige Spitze zwischen den Scheitelschildern eingeschoben. Die Scheitelschilder sind gross, hinten schmäler, vorn mit einem scharfen Winkel zwischen Stirnschild und Brauenschild eingeschoben; letztere sind hinten etwas breiter, länglich und über den Augen ausgebuchtet. Das Nasenschild ist länger als hoch, länglich-rechteckig, etwa so lang, wie das erste Oberlippenschild, bald mehr, bald weniger geteilt, mit in der Mitte stehendem, runden Nasenloch. Das kleine, viereckige Zügelschild ist etwa halb so lang, aber niedriger als das Nasenschild, kürzer als das zweite Oberlippenschild oder höchstens bis zu dessen Hinterrand reichend. Das vordere Augenschild ist reichlich doppelt so hoch, als das Zügelschild, nach oben etwas schmäler, senkrecht gestellt, von oben wenig oder garnicht sichtbar. Die beiden hinteren Augenschilder sind etwas länger als hoch, in der Regel ziemlich gleichgross. Die fast gleichgrossen Schläfenschilder sind länger als breit, nicht besonders gross. Die Scheitelschilder werden am Aussenrande von drei ungleich grossen Schildern begrenzt, von denen das mittlere das kleinere, das hintere das grösste ist. Von den sieben Oberlippenschildern berühren das dritte und vierte das Auge. Unterlippenschilder sind neun vorhanden, von welchen meist die fünf ersten die Rinnenschilder berühren; von letzteren sind die vorderen meist am grössten. Die Körperschuppen sind glänzend, glatt, an den Seiten des Körpers grösser und in der Körpermitte in 19 Längsreihen stehend. Bauchschilder sind 159 bis 189, Schwanzschilderpaare 46 bis 64 vorhanden.

Die Färbung und Zeichnung dieser Schlange ist je nach Alter und Standort etc. Abwechslungen unterworfen. Die Grundfarbe der Oberseite ist gewöhnlich braun, graubraun, häufig grau, ins Gelbliche oder Rötliche, manchmal auch ins Olivenfarbige spielend, am Rücken bisweilen dunkler als an den Seiten, häufig aber auch umgekehrt, so dass die Grundfarbe des Rückens zwischen der Rückenzeichnung heller erscheint; die einzelnen Schuppen sind mehr oder weniger dunkler gesprenkelt, mitunter auch mit einem oder zwei Punkten an der Spitze versehen. Der Kopf ist meist dunkler, schwärzlich gesprenkelt, nach hinten zu stets noch dunkler werdend, und endlich geht die dunkle Färbung in zwei nach hinten auseinandergehenden, im Nacken stehenden Strichflecken über, die mitunter eine hufeisenförmige Zeichnung bilden. Ferner findet sich ein bei jungen Tieren meist vom Nasenloch, bei älteren erst von den Augen anfangender dunkler Streifen, welcher an den Kopfseiten hinlaufend, häufig noch auf die Halsseiten übergeht, und sich hier in kleinere längs der Körperseiten hinziehende Flecken auflöst. Bei typischen Exemplaren schliessen sich nun an den Nacken zwei Reihen unregelmässiger, sich längs des Rückens hinziehender dunkler Flecken an, welche gewöhnlich die achte Schuppenreihe ganz, die siebente und neunte teilweise bedecken. Im Anfang stehen diese Flecken meist paarig, nach und nach verschieben sich dieselben jedoch so, dass sie verschränkt, abwechselnd stehend erscheinen, und auch mit den vom Augenstreifen ausgehenden, sich längs der Seiten hinziehenden Flecken entweder abwechselnd oder paarig stehen. Die nebeneinanderstehenden Rückenflecken können aber auch seitlich zusammengehen, was namentlich nach vorn zu öfters vorkommt, und wodurch dann bald mehr bald weniger schiefgestellte Querbinden entstehen, seltener gehen diese Flecken als Längsbinden zusammen; ist nun beides der Fall, so entsteht eine leiterartige Zeichnung. An der Bauchgrenze zeigt sich mitunter noch eine Reihe kleinerer, punktartiger Flecken. Sämmtliche Flecken zeigen eine braune oder dunkelbraune Färbung. Die Unterseite ist in der Jugend meist einfarbig ziegelrot, bei älteren Tieren meist gelbgrau, rötlich oder strohgelb, einfarbig oder dunkel gesprenkelt, die dunklen Flecken können aber auch so häufig auftreten, dass dadurch die Unterseite bisweilen schwärzlich oder schwarz erscheint. Bei jungen Tieren ist die Oberseite grau, bald heller, bald dunkler, oder graubraun, die Zeichnungen meist dunkler, kräftiger als bei alten. Die Farbenveränderungen treten immer erst bei älteren Tieren auf; den Weibchen ist meist die braune Farbe mit ihren Zwischentönen eigen, während die Farbe der Männchen mehr in's Gelbliche oder Rötliche spielt. Bei der Varietät *Coronella italica, Fitzinger*, hebt sich von dem hellen Graubraun der Oberseite ausser wenigen dunklen Flecken ein dunkles Längsband ab; auch ist das Rüsselschild meist stärker

TAFEL IV.

gewölbt, kegelförmig über den Unterkiefer vorragend. Bei der Varietät *Coronella caucasica, Pallas,* ist die Fleckenzeichnung sehr undeutlich, so dass der gewöhnlich ziemlich dunkelbraune Körper fast ungefleckt erscheint. — Die Lippenschilder und die Unterseite des Kopfes sind stets hell und mit dunklen Flecken besetzt.

Die Verbreitung der Schlingnatter erstreckt sich fast über ganz Europa, bald häufiger, bald seltener auftretend. Am häufigsten ist sie in Mitteleuropa, nach Norden und Süden wird sie seltener. In Deutschland kommt sie wohl allerwärts, wenn auch mitunter nur zerstreut, stellenweise, namentlich in Süddeutschland, aber sehr häufig, vor.

Zu ihrem Standort bevorzugt sie trockene, besonnte Oertlichkeiten, häufig findet sie sich im Gebirge. Lichte Waldstellen, Dämme, Bergabhänge, helle Waldwiesen sind ihre beliebtesten Aufenthaltsorte, doch findet man sie mitunter auch in feuchteren Oertlichkeiten, an Rändern von Wald- oder Wiesenbächen u. dergl. Ihre Schlupflöcher wählt sie wie andere Schlangen unter Bäumen, in Löchern unter Hecken, in Mäuse- und Maulwurfslöchern, tieferen Felsrissen, unter Stein- oder Schutthaufen etc.

Die Nahrung der Schlingnatter besteht in Eidechsen und Blindschleichen. Am liebsten frisst sie die kleineren Wieseneidechsen, *(Lacerta vivipara)*, da sie die grösseren Feldeidechsen *(Lacerta agilis)* schwerer überwältigen kann. Ihre Beute überwältigt die Schlingnatter dadurch, dass sie dieselbe mit grosser Schnelligkeit in gewöhnlich drei dicht zusammen- oder weiter auseinanderliegende Ringe einschliesst. Eine Eidechse wird fast immer so umschlungen, dass nur der Kopf derselben aus den Ringen hervorsieht. Das vordere Drittel ihres Körpers hat die Schlange frei, aufgerichtet und meist mit geöffnetem Rachen wartet sie des Augenblicks, wo sie den Kopf der Eidechse erfassen kann. Doch die Eidechse kennt die ihr drohende Gefahr; sie scheint zu wissen, dass von ihrer Aufmerksamkeit und Schnelligkeit ihr Leben abhängt; mit mutig blitzenden Augen und halb geöffnetem Maule erwartet sie den niederfahrenden Kopf der Schlange. Letzteres ist für die Eidechse entscheidend; gelingt es der Schlange beide Kiefern der Eidechse zugleich zu erfassen, so ist die Eidechse verloren, denn der vordere Kopfteil der Eidechse wird dann sofort vom Rachen der Schlange umschlossen. Ist der Schlange dies gelungen, so schlingt sie nach und nach ihr Opfer hinab, indem sie vermittels der haltenden Ringe den Körper der Eidechse nachschiebt und nach Bedarf einen Ring nach dem andern löst, was gewöhnlich erst dann völlig geschieht, wenn der Körper der Eidechse bis auf den Schwanz im Rachen der Schlange verschwunden ist. Mitunter gelingt es aber der aufmerksamen Eidechse den Ober- oder Unterkiefer des herabfahrenden Kopfes der Schlange zu erfassen, wodurch sie dann den Kampf sofort zu Ende bringt. Die Schlange fährt dann schnell zurück, reisst die sich krampfhaft festhaltende Eidechse mit in die Höhe und währt es oft ziemlich lange, ehe sie sich durch Schütteln und Schleudern von der siegreichen Eidechse befreien kann. Die Eidechse ergreift nun schnell die Flucht, vergisst aber die ausgestandene Angst sehr bald. Mitunter erfasst die Schlange die Eidechse auch am Halse etc. und greift dann mit den Kiefern weiter nach vorn, bis sie, durch seitliche Bewegung derselben, den Kopf der Echse in den Rachen bekommt. Mit Blindschleichen verfährt die Schlingnatter in ähnlicher Weise, überwältigt dieselben aber meist viel leichter. Dass sie ihr Opfer vor dem Verschlingen tötet, durch Umschlingen erwürgt, habe ich nie beobachtet, das Opfer lebte meist noch, nachdem es bereits im Rachen der Schlange verschwunden war, wovon ich mich wiederholt überzeugte, indem ich die Schlange durch Drücken und Kitzeln in der Magengegend zwang, ihre Beute wieder auszuwerfen. Das Opfer war dann sehr matt, erholte sich aber bisweilen wieder.

Junge Tiere ernähren sich gleichfalls von den um diese Zeit massenhaft vorkommenden jungen Eidechsen, dass sie Würmer oder gar Insekten fressen, ist durchaus unrichtig, und dürfte nur ausnahmsweise zufällig einmal vorkommen. In meiner langjährigen Praxis habe ich solches bisher nie beobachtet, so viele Junge ich auch schon gezüchtet habe. In der ersten Woche oder noch länger fressen die Jungen nichts, dann fallen sie aber schon über kleine, junge Eidechsen her, am liebsten Wieseneidechsen; häufig habe ich auch beobachtet, dass sie jungen Eidechsen, namentlich Feldeidechsen, wenn sie dieselben nicht überwältigen können, die Schwänze abreissen und diese verschlingen.

Die Schlingnatter ist gleichfalls ein echtes Tagtier, sie kommt des Morgens nicht so zeitig wie die Ringelnatter zum Vorschein, gewöhnlich erst dann, wenn die Morgensonne den an der Vegetation haftenden Tau abgetrocknet hat. Die Abendsonne liebt sie sehr und ist vor Sonnenuntergang oft häufig zu finden. Auch an trockenen, warmen, mondhellen Sommerabenden, mitunter noch recht spät, gegen elf Uhr, habe ich bei meinen nächtlichen Kreuzotterjagden hin und wieder eine Schlingnatter erbeutet. Sie zieht sich also später als die Ringelnatter zur Nachtruhe zurück. Sie führt eine mehr versteckte Lebensweise. Während des Tages liegt sie selten frei in der Sonne, wie dies z. B. bei der Kreuzotter und Ringelnatter häufig vorkommt, sondern sie hält sich meist etwas versteckt, in gedeckter Stellung, unter überhängenden Gebüschen, Brombeerranken u. dergl., oder sie steckt bis auf das kleine Köpfchen im Grase, Moose oder Heidelbeerkraut, mitunter auch steckt sie mit dem vorderen oder hinteren Teil ihres Körpers in ihrem Schlupfloche. Infolge dieser Lebensweise ist sie eben nicht leicht aufzufinden, wird wenig bemerkt und ist daher auch weniger als unsere anderen deutschen Schlangen gekannt.

In ihrem Wesen und Betragen ähnelt sie in manchen Stücken der Kreuzotter und der Viper; sie ist nicht besonders lebhaft und flink, eher etwas träge. Will sie entfliehen, so geschieht dies nicht so schnell als bei der Ringelnatter, sie schleicht sich vielmehr langsam wie die Kreuzotter fort; befindet sich ihr Schlupfloch nicht in der Nähe, so setzt sie sich auch wie die Kreuzotter zur Wehre, ringelt sich zusammen, bläht sich auf, zischt stark und beisst wütend um sich. Nie sucht sie ihr Heil in schneller Flucht, wiewohl sie auch auf günstigem Boden schneller Bewegung fähig ist. Ihr Biss erfolgt nicht wie bei der Kreuzotter schlagartig, sondern sie sucht sich vielmehr, häufig erst nachdem man sie schon in der Hand hat, mit offenem Maule die Stelle aus, wohin sie beissen will. Die Zähnchen dringen zwar leicht, doch nicht tief in die Haut ein und versucht die Schlange immer mit den Kiefern weiter zu greifen, als ob sie das erfasste Glied verschlingen wollte. Würde man nun, um sich zu befreien, das ergriffene Glied einfach zurückziehen, so würden die, wenn auch kleinen, so doch hakenförmigen Zähnchen nur immer tiefer eindringen und rissartige Wunden hervorrufen; wenn man schnell zurückzieht, brechen auch leicht einige Zähnchen aus, bleiben dann in der Wunde stecken, lassen sich jedoch leicht entfernen. Um sich zu befreien, fasst man die Schlange in das Genick, drückt den Oberkiefer gegen die Wunde und, während man ihr mit den Fingern die Kiefer öffnet, zieht man das erfasste Glied ungefährdet heraus. Die Schlingnatter klettert geschickt, wenn auch nicht schnell, und weiss sich durch enge Spalten zu zwängen. Freiwillig geht sie wohl selten ins Wasser, höchstens vor der Häutung, sie kann aber recht gut schwimmen. Ihren Namen mag die Schlingnatter wohl daher erhalten haben, dass sie alles, womit sie in Berührung kommt, zu umschlingen sucht. Wenn man die Schlange aufhebt, so braucht man sie nicht festzuhalten, das besorgt sie selbst, indem sie die Hand mit ihrem Körper umschlingt, sich zwischen die einzelnen Finger einklemmt und an irgend einer Stelle festbeisst. Sie sucht nicht wie die Ringelnatter durch Winden ihres Körpers zu entfliehen. Ergreift man sie am Schwanz, so schwingt sie sich mit grösster Leichtigkeit bis zur Hand empor.

Früher als die Ringelnatter zieht sich die Schlingnatter zum Winterschlaf zurück, und später als diese kommt sie wieder zum Vorschein, sich bald darauf häutend und ihr Sommerleben beginnend. Die Paarungszeit fällt etwa Mitte oder Ende April, bisweilen auch erst in den Mai. Es findet weder eine innige Umschlingung statt noch suchen sich die Pärchen ein „weiches Plätzchen“ aus, obwohl beides von manchen Autoren erwähnt wird. Sie geben vielmehr bei dieser Gelegenheit Steinhaufen oder sonstigen rauhen Unebenheiten den Vorzug, und wählen besonders warme Tage und die Mittagssonne.

Nach etwa vier Monaten, gewöhnlich Ende August bis Anfang November, bringt die Schlingnatter 3 bis 12 lebendige Junge zur Welt. Sie werden, wie dies bei allen lebendig gebärenden Schlangen der Fall ist, einzeln in eine häutige Blase eingehüllt geboren, letztere wird von den Jungen sofort durchbrochen. Die Jungen werden in Zwischenpausen von etwa 15 bis 20 Minuten geboren, mitunter das erste und letzte tot. Nach einigen Tagen erfolgt die erste Häutung, und beginnen sie dann die Lebensweise der Alten.

Zu den Feinden der Schlingnatter sind alle bei der Kreuzotter genannten zu zählen. Ueber ihren Nutzen oder Schaden dem Menschen gegenüber ist nichts zu sagen, da sie weder nützlich noch schädlich ist, deshalb auch keine Verfolgung verdient.

Die Gefangenschaft erträgt sie gut und geht nach einiger Zeit immer an das Futter. Sie gewöhnt sich an ihren Pfleger und lässt sich schliesslich ohne zu beissen in die Hand nehmen. Mit Wiesen- und kleinen Feldeidechsen, sowie mittleren Blindschleichen gefüttert, hält sie lange im Terrarium aus. Sie klettert häufig in den Pflanzen oder auf der Grotte umher, ist jedoch nicht lebhaft, ihre Bewegungen sind langsam und bedächtig, träge. Andern Schlangen gegenüber ist sie unverträglich bissig, selbst wenn diese ihrer Art sind. Sie beisst öfters ohne jeglichen Grund nach einer andern Schlange, die ihr den Biss mitunter auch nicht schuldig bleibt, sondern sofort zurückgibt.

Dritte Gattung: Callopeltis, Bonaparte. Kletternattern.

Der Körper ist mehr oder weniger schlank, nach vorn zu verdünnt, mit deutlicher Bauchkante, Bauch flach. Kopf länglich-eiförmig, hinter den Augen am breitesten, oben flach, mit abgestutzter Schnauze. Die Kopfseiten sind fast senkrecht abfallend, flach oder gegen das Auge wenig vertieft, die Schnauzenkante verrundet. Die Augen haben eine runde Pupille und sind von oben sichtbar. Das Rüsselschild ist mässig gross, oval, breiter als hoch. Das Nasenschild ist völlig geteilt, in der Mitte schmäler, das in der Teilnaht liegende Nasenloch etwas nach oben stehend. Es sind ein vorderes und zwei hintere Augenschilder vorhanden. Die Körperschuppen sind glatt oder nach hinten zu, jedoch nur undeutlich, gekielt. sie stehen in 21 bis 27 Längsreihen. Der Schwanz nimmt etwa den fünften oder sechsten Teil der Körperlänge ein.

Diese Gattung ist in Deutschland durch eine Art vertreten.

Die Aeskulapnatter (Callopeltis Aesculapii Aldrovandi).

Die Aeskulapnatter (Tafel I., oben) kann eine Länge von 1,80 m und mehr erreichen. Der Körper ist bald schlank bald ziemlich dick, nach vorn zu dünner werdend, höher als breit mit deutlicher, bisweilen scharfer Seitenkante. Der Kopf ist länglich oval, deutlich abgesetzt. Die mittelgrossen Augen von oben sichtbar. Der nicht sehr dünn auslaufende Schwanz nimmt etwa den fünften Teil der Körperlänge weg.

Das Rüsselschild ist gewölbt, von oben sichtbar, wenig oder garnicht zwischen den vorderen Schnauzenschildern eingeschoben, (Abb. 7), letztere breiter als lang. Die hinteren Schnauzenschilder sind fast so lang als breit. Das grosse Stirnschild erweitert sich in gerader Linie stark nach vorn zu, und stösst hier mit seinen Aussenwinkeln häufig mit dem vorderen oberen Ende des vorderen Augenschildes zusammen. Die Brauenschilder sind von fast dreieckiger Gestalt, hinten viel breiter als vorn, mit wenig ausgebuchtetem Augenrande. Das Nasenschild ist geteilt, der vordere Teil höher als breit und als Spitze zwischen Rüsselschild und vorderes Schnauzenschild eingeschoben, der hintere Teil noch höher als der vordere und als dreieckige Spitze zwischen das vordere und hintere Schnauzenschild eingeschoben, desgleichen nach hinten zu zwischen Zügelschild und hinteres Schnauzenschild. Das grosse Nasenloch ist rund und etwas nach oben stehend. Das Zügelschild ist länger als hoch, entweder ziemlich gleich hoch oder hinten etwas niedriger. Das vordere Augenschild ist fast doppelt so hoch als breit und von oben gut sichtbar. Von den beiden hinteren Augenschildern ist das obere grösser, nach hinten breiter, das untere länger als hoch, etwa fünfeckig. Das untere Schläfenschild ist grösser und breiter, als das obere, die untere Seite im vorderen Teil winklig gebogen, das obere ist lang und schmal. Von den Rinnenschildern (Abb. 9) sind die vorderen grösser als die hinteren, und ziemlich breit. Die Körperschuppen sind länglich-sechseckig, gross, nach den Seiten zu breiter, an der Spitze oft mit zwei vertieften Punkten, vorn völlig glatt, nach hinten zu fein, aber doch merklich gekielt, sie stehen in 21 bis 23 Längs- und nicht sehr schiefen Querreihen. Von den an der Bauchgrenze umgeknickten Bauchschildern sind 214 bis 247, Schwanzschilderpaare 60 bis 86 vorhanden.

Die Färbung und Zeichnung ist sehr verschieden. Die Grundfarbe der Oberseite kann durch alle Farbentöne von Strohgelb, Graugelb, Braungelb, Olivenfarbig, Graugrün, Schwarzgrün bis Schwarz abändern, sie ist nicht über den ganzen Körper gleich, sondern vorn und an den Seiten gewöhnlich heller, Kopf und Hals, auch bei sonst ganz dunklen Stücken, oft strohgelb. Ueber die einzelnen Körperschuppen mehr oder weniger regelmässig verteilt finden sich milchweisse Strichflecken vor, welche namentlich an den Körperseiten am häufigsten sind. Die Lippenschilder sind gelblich oder gelb, häufig auch ein halsbandartiger Fleck an den Halsseiten, hinter den Mundwinkeln, ebenso gefärbt. Zuweilen ziehen sich drei gelbliche Streifen bis zur Schwanzspitze hin, von denen der mittlere am deutlichsten ist, und bilden so gezeichnete Stücke die von Suckow als *Callopeltis romanus* bezeichnete Varietät. Bei der Varietät *Callopeltis flavescens, Gmelin,* ist der ganze Körper vorherrschend gelblich gefärbt, fast ohne die weisse Strichzeichnung der Oberseite. Die Varietät *Callopeltis leprosus, Daudin,* zeichnet sich besonders aus durch ganz graue Färbung, welche mit reichlichen, oft in regelmässigen Längsstreifen stehenden, weissen Flecken auf der Oberseite versehen ist. Die Unterseite ist fast immer ungefleckt, schwefelgelb oder blassgelb, und zieht sich diese Färbung mehr oder weniger nach den Körperseiten hinauf, es kann die Unterseite jedoch auch grau oder schwarz und an den Seiten milchweiss gefleckt sein.

Die Jungen zeigen auf der Oberseite ein helleres oder dunkleres Grau- oder Gelbbraun, welches von vier bis sechs Reihen dunkler Flecken unterbrochen wird, welche am Halse am häufigsten sind. Die Halsbandzeichnung ist bei den Jungen meist gut sichtbar. Die Unterseite ist vorn mehr gelblich, nach hinten mehr grau oder bleigrau, oft bräunlich gefleckt oder gewürfelt.

Die Verbreitung der Aeskulapnatter ist eine sehr ausgedehnte. Als ihre eigentliche Heimat ist Südeuropa zu betrachten, doch ist sie bereits ziemlich weit gegen Norden vorgedrungen, z. B. in Deutschland bis zum Harz, in den Karpatenländern bis zu den Sudeten. Sehr häufig findet sie sich in Italien und Dalmatien, ferner auch in Illyrien, den Alpenländern der südlichen Schweiz, Tirol, durch das Salzburgische nach Oesterreich übertretend, bei Wien, Baden, in Ungarn, Süd- und Mittel-Frankreich und Spanien. In Deutschland findet sie sich im Nassauischen, bei Schlangenbad und Ems, in Thüringen und im Harz. Bei ihrer Verbreitung scheint sie hauptsächlich den Flussthälern gefolgt zu sein; mitunter ist ihr Vorkommen auf kleine, isolierte Gebiete beschränkt.

Zu ihren Standorten bevorzugt sie lichte Wälder, doch findet sie sich auch in mehr offenen sonnigen Gegenden, besonders in steinigen Oertlichkeiten und im Gebirge, wo sie jedoch nicht über 700 m aufsteigen dürfte. Sie hält sich gern auf altem

Gemäuer, Felsstücken, Steinhaufen, einzelnen freistehenden Bäumen, Gesträuchen und dergleichen auf. Ihre Schlupfwinkel wählt sie in hohlen Bäumen, in Felsrissen, unter Steinhaufen, im Wurzelwerk der Bäume etc.

Ihre Nahrung besteht hauptsächlich aus Mäusen, weshalb sie zu den nützlichen Tieren zu zählen ist, doch frisst sie auch Eidechsen, kleinere Schlangen und dürfte auch gelegentlich einen Vogel erbeuten, da Gefangene auch solche annehmen. Mit einer Maus, selbst einer ganz grossen, weiss eine kaum meterlange Schlange recht gut fertig zu werden; blitzschnell umwindet sie ihr Opfer, die Ringe immer enger und enger ziehend und niemals eher loslassend, als bis die Maus kein Lebenszeichen mehr von sich gibt, dann sucht sie gewöhnlich den Kopf derselben und verschlingt sie sehr schnell; auf diese Weise verschlingen mittelgrosse Aeskulapschlangen vier und mehr Mäuse hintereinander, können dann aber auch wieder wochenlang hungern. Ihre Beute erlauert, erjagt oder sucht sie in deren Schlupflöchern auf. Mit einer Eidechse macht sie viel weniger Umstände, als die Schlingnatter, sie erfasst die Echse, wie es der Zufall mit sich bringt und dreht sie dann im Maule, so dass sie deren Kopf zuerst verschlingen kann. Nur kleine Schlangen umschlingen auch eine Eidechse. Sie stellen sowohl Feldeidechsen *(Lacerta agilis)*, Wieseneidechsen *(Lacerta vivipara)*, als auch Smaragdeidechsen *(Lacerta viridis)* nach, ja selbst mittelgrosse Perleidechsen *(Lacerta ocellata)* fallen ihr zum Opfer, wie ich zu meinem Leidwesen habe erfahren müssen. Sperlinge behandelt sie ebenso wie Mäuse, doch zieht sie Mäuse diesen immer vor.

In Deutschland kann man die Aeskulapnatter wohl zu den Tagschlangen zählen, wenn auch ihre Nahrung anscheinend eine nächtliche Lebensweise bedingt, so dürften unsere Sommernächte ihr doch zu kalt sein, als dass sie dieselben ausserhalb ihres Versteckes zubringen sollte, sie weiss sich auch recht gut bei Tage ihre Nahrung zu verschaffen. In den südlichen Ländern ihres Verbreitungsgebietes wird sie jedoch zu den Nacht- oder Dämmerungstieren zu zählen sein, wie denn auch Schreiber diesbezügliches bemerkt, was jedoch auch nur für die südlichsten Gegenden Geltung haben kann.

Ihrer Lebensweise nach ist sie etwas lebhafter als die Schlingnatter, und stimmt betreffs ihrer Beweglichkeit etwa mit der Ringelnatter überein. Sie klettert öfters und ziemlich flink im Gesträuch oder auf Bäumen umher, bis in die höchsten Spitzen hinaufsteigend, um der ihr wohlthuenden Wirkung der Sonnenstrahlen teilhaftig zu werden. Hier lagert sie oft noch, wenn die Sonne so heiss scheint, dass sich andere Kriechtiere längst in schattigere Winkel zurückgezogen haben. Sie ist die geschickteste Kletterin von allen unsern heimischen Schlangen, sie vermag an steilen Mauern mit Leichtigkeit emporzuklettern, desgleichen auch an starken Bäumen, auch wenn sie dielben nicht umschlingen kann. Jede Rauheit, jeden Riss in der Baumrinde benutzt sie, um ihre scharfe Bauchkante einzustemmen und hält sich hier so fest, dass es nicht leicht ist, sie loszubekommen. Ihre Bewegungen sind geschmeidig, elegant, zierlich, sodass sie uns unwillkürlich erfreuen. Sie schwimmt und taucht auch vorzüglich, obwohl sie nicht häufig in das Wasser geht, hin und wieder aber doch darin angetroffen wird, da sie häufig trinkt, wobei sie den Kopf bis etwa zu den Augen in das Wasser hält und man deutlich die kauenden Bewegungen der Kiefer wahrnehmen kann. Bei ihrer Gefangennahme beisst sie, doch ist ihr Biss kaum fühlbar, mitunter begnügt sie sich auch damit, bloss mit ihrer Schnauze nach dem Angreifer zu stossen.

Die Aeskulapnatter zieht sich je nach der Witterung, schon Ende September oder Anfang Oktober, zum Winterschlaf zurück, und verweilt in ihrem Winterquartier bis etwa Ende Mai, worauf sie dann bald zur Paarung schreitet. Sie erzielt nur eine geringe Nachkommenschaft, indem das Weibchen nur drei bis fünf Eier legt, welche von länglich-ovaler Gestalt sind, und wie die der Ringelnatter einer Nachreife von einigen Wochen bedürfen.

Die Gefangenschaft erträgt sie ganz gut und hält, in ihren Lebensbedingungen entsprechenden Terrarien, lange Jahre aus. Obwohl im Anfang etwas bissig, wird sie jedoch bald zahm, und gewöhnt sich auch daran, ihrem Pfleger das Futter aus der Hand abzunehmen. Man füttere sie mit Mäusen, kleinere mit Eidechsen. Sie gehört im Terrarium zu den lebhafteren Schlangen und erfreut ihren Pfleger durch ihre anmuthigen Bewegungen und ihre grosse Kletterfähigkeit.

Zweite Ordnung: Schuppenechsen (Sauria).

Der Körper dieser Tiere ist fast immer gestreckt, meist ziemlich schlank, entweder walzig oder an den Seiten des Rumpfes erweitert, mitunter von oben niedergedrückt und platt, seltener schlangenartig. Füsse sind bei den meisten vorhanden, doch werden diese gewöhnlich nur ruderartig zum Nachschieben des Körpers gebraucht, oder sie dienen zum Klettern und wühlen, seltener tragen sie den Körper wirklich. Zwischen den mit kräftigen, fünfzehigen Füssen versehenen und den ganz fusslosen Echsen finden sich Zwischenstufen, es können die Gliedmassen als kurze Stummelfüsse mit nicht gesonderten Zehen, oder als hintere Fussstummel, oder endlich nur die Vorderfüsse vorhanden sein. An den meist stärkeren Hinterbeinen findet sich öfters an der Unterseite der Hinterschenkel, vom After gegen das Kniee hinziehend, eine Reihe Drüsen, welche Schenkelporen *(pori femorales)* genannt werden (Abb. 17).

Ein wichtiges Unterscheidungsmerkmal der fusslosen Echsen von den Schlangen bildet die Einrichtung der Kieferknochen. Die einzelnen Knochen des Kiefergaumenapparats sind sowohl unter sich als auch mit dem Vorderschädel fest verwachsen, wodurch die Verschiebbarkeit der Kieferknochen, wie sie sich bei den Schlangen findet, fortfällt.

Schultergürtel und Becken finden sich bei allen; das Brustbein ist, mit Ausnahme der Doppelschleichen, wenn auch verkümmert, vorhanden. An den vorderen Halswirbeln, einigen

Lenden- und den Schwanzwirbeln fehlen die Rippen. Bei vollkommen entwickelten Gliedmassen setzt sich die grössere Zahl von Rippen am Brustbein an. Die **Schädelkapsel** ist hinter der Augengegend nur durch häutige Gewebe unvollständig geschlossen. Eine starke Bogenleiste zieht sich meist vom Scheitelbein nach aussen und hinten zum Hinterhaupte hin.

Abb. 17.

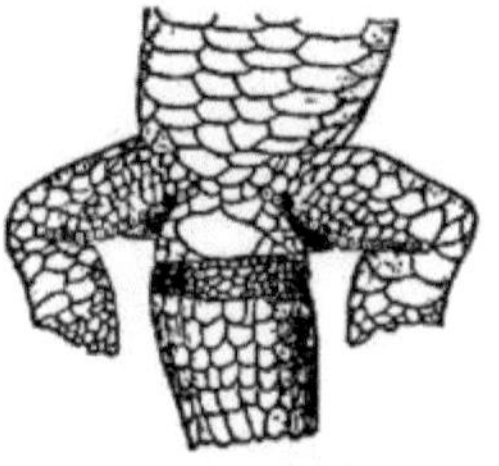

Hinterteil der Zauneidechse *(Lacerta agilis, Linné).*
Schenkelporen *(pori femorales).* (Nach Schreiber.)

Das meist ziemlich weitgespaltene Maul kann niemals erweitert werden, die **Bezahnung** beschränkt sich grösstenteils nur auf die Kiefer, im Gaumen sind entweder keine oder höchstens zwei kleine weit nach hinten gerückte Zahngruppen vorhanden. Die **Zähne** sind fast immer glatt, selten vorn gefurcht *(Heloderma, Wiegmann)*, bald sind sie einfach, kegelförmig, bald mehrzackig, sägeartig, entweder am Rande der Kieferknochen angewachsen *(Pleurodontes)* oder dem Kieferrande aufgesetzt *(Acrodontes)*. Die Gestalt der **Zunge** ist sehr verschieden; sie ist bald dünn, wenig vorstreckbar, vorn tief zweigespalten, oder kurz, an der Spitze mehr oder weniger ausgeschnitten, bald kurz, dick, am Ende abgestumpft, nicht vorstreckbar, oder endlich sehr lang, wurmförmig, weit vorstreckbar. Nach dieser Gestaltung der Zunge teilt man die Echsen in folgende vier Gruppen: 1. **Spaltzüngler** *(Fissilinguia)*; 2. **Kurzzüngler** *(Brevilinguia)*; 3. **Dickzüngler** *(Crassilinguia)*; 4. **Wurmzüngler** *(Vermilinguia)*. Die Gestaltung der Zunge ist demnach für die Systematik wichtig.

Die **Speiseröhre** ist weit, sie mündet ohne inneren Vorsprung in den kegelförmigen Magen. Die hinter der Leibeshöhle liegenden **Nieren** sind länglich, bandförmig. Die **Harnblase** fehlt niemals. Am **Herzen** sind nur die **Vorkammern**, nicht aber die **Herzkammern** getrennt. Die **Atmung** geschieht nur durch **Lungen**, diese reichen aus der Brusthöhle bis in die Bauchhöhle. Die **Begattungswerkzeuge** sind denen der Schlangen ähnlich.

Bei den meisten Echsen finden sich **Augenlider**, welche das Auge von oben und unten her bedecken, nur bei den Doppelschleichen und Geckonen sind keine Augenlider vorhanden. Bei den Sandechsen ist das untere Augenlid durchscheinend, infolgedessen das von demselben bedeckte Auge am Sehen nicht verhindert ist. Bei dem Chamäleon ist ein einfaches ringförmiges Augenlid vorhanden, in dessen Mitte sich eine runde Oeffnung befindet. Eine Paukenhöhle ist meist vorhanden. Die Ohröffnung ist bald frei und deutlich, das Trommelfell dann oft ganz von aussen sichtbar, an der Oberfläche des Kopfes belegen; bald auch von der äusseren Körperhaut überzogen. Nur wenige haben eine eigentliche Stimme, die meisten lassen nur ein Zischen hören.

Von den Sinnen ist der Gesichtssinn am meisten ausgebildet, besser als bei den Schlangen. Obwohl auch bei ihnen sich bewegende Gegenstände eher ihre Aufmerksamkeit erregen, so sind die Echsen doch für kleinere Entfernungen ziemlich scharfsichtig. Gleichfalls gut entwickelt ist das Gehör, da die Echsen Geräusche, als Peitschenknall etc., schon in ziemlicher Entfernung wahrnehmen. Das Gefühl, repräsentirt durch den Tastsinn, ist wie bei den Schlangen, die Echse tastet gleichfalls mit der Zunge nach gerade vor ihr liegenden Gegenständen, welche sie mit den seitlich gestellten Augen nicht sofort wahrnehmen kann. Der Geruch ist verkümmert, es deutet wenigstens nichts darauf hin, dass eine Echse für verschiedene Gerüche empfänglich wäre.

Die Körperhaut der Echsen ist, wie bei den Schlangen, meist in ihrer ganzen Oberfläche mit verschiedenartig gestalteten Schuppen bedeckt, und sind diese Epidermisbildungen viel mannigfaltiger als bei den Schlangen, werden im allgemeinen aber wie bei den letzteren benannt. Eigentliche Schuppen finden sich meist nur auf dem Rücken und dem Schwanze, seltener auf der Bauchseite. Die Schuppen sind in ihrer Grösse, Form und Anheftung sehr verschieden und geben demnach für die Systematik brauchbare Anhaltspunkte. Sie können flach, tafelförmig und ganz angewachsen sein (Abb. 18, a), oder sie sind klein, rundlich, deutlich gewölbt, körnig, und heissen dann Körnerschuppen *(squamae granulosae)* Abb. 18, b. Sind sie grösser, mehr oder weniger stark hervortretend und mehr oder weniger gewölbt, so heissen sie Warzen-, Kegel- oder Dornschuppen *(squamae verrucosae, conicae, mucronatae)* Abb. 18, c, d. Schindelschuppen *(squamae imbricatae)* nennt man solche, die mit ihrem Hinterende auf die benachbarten Schuppen übergreifen, Abb. 18, e, h. Bilden die Schuppen, wie dies am Schwanze der Echsen häufig vorkommt, rund herum laufende Quergürtel, so nennt man diese Anordnung gewirtelt *(squamae verticillatae)*, Abb. 18, f. Ferner können die Schuppen noch glatt *(laeves)* oder gekielt *(carinatae)* sein, und werden je nach ihrer Ausbildung noch in zweiseitige oder dachförmige (Abb. 18, g), aufliegend gekielte (Abb. 18, h), gleichseitige (Abb. 18, g) und ungleichseitige (Abb. 18, f) unterschieden.

Abb. 18.

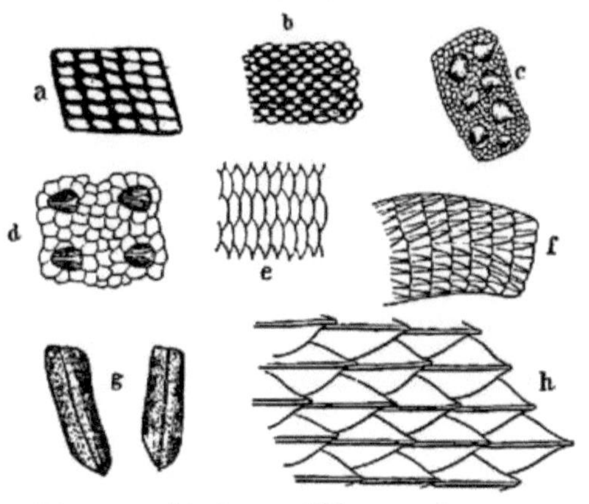

Die verschiedenen Körperschuppen der Echsen.

a. flache, ganz angewachsene Schuppen aus der Rumpfseite der Smaragdeidechse *(Lacerta viridis)*. b. Körnerschuppen aus der Haut der Mauereidechse *(Lacerta muralis)*, c. kegelige Dorn- und Höckerschuppen aus der Schläfengegend der Dornechse *(Stellio vulgaris)*, d. gekielte Warzen- und Höckerschuppen aus dem Rücken des *Gonyodactylus Kotschyi*, e. glatte, quer erweiterte Schindelschuppen der gefleckten Walzenechse *(Gongylus ocellatus)*, f. wirtelförmig geordnete, ungleichseitige Schuppen aus dem Schwanze des gemeinen Sägefingers *(Acanthodactylus vulgaris)*, g. dachförmig gekielte, gleichseitige Schuppen aus dem Schwanze der Smaragdeidechse *(Lacerta viridis)*, h. aufliegend gekielte Schindelschuppen aus dem Rücken der algerischen Kieleidechse *(Tropidosaura algira)*. (Nach Schreiber.)

Die Unterseite des Körpers ist teils mit Schuppen, teils mit Schildern bedeckt, letztere stehen aber nicht wie bei den Schlangen in einer, sondern stets in mehreren Reihen, die gewöhnlich längs- und zugleich quergestellt sind, manchmal sich aber auch in schiefe Reihen ordnen. Den Vorderrand der Afterspalte begrenzt häufig ein grösseres Schild, welches After- oder Analschild *(scutum anale)* genannt wird; mitunter findet sich vor dem After eine Reihe kleiner Drüsenöffnungen, welche Afterporen *(pori anales)* genannt werden.

Sehr wichtig für die systematische Einteilung ist auch die Beschilderung des Echsenkopfes. Die Oberseite ist auch hier wie bei den Schlangen, mit einer Anzahl grösserer Schilder bedeckt, welche gleichfalls in ihrer Gesamtheit mit dem Namen *Pileus* benannt werden (Abb. 19). Die Schilder unterscheiden sich in paarige und unpaarige, von letzteren sind nie mehr als vier vorhanden, die Zahl der ersteren ist jedoch veränderlich. Von unpaaren Schildern finden sich nach Abb. 19, 1. das Schnauzen- oder Internasalschild *(scutum internasale a)*; 2. das Stirn- oder Frontalschild *(scutum frontale, b)*; 3. das Interparietalschild *(scutum interparietale, c)*; 4. das Hinterhauptschild *(scutum occipitale, d)*. Zwischen diesen unpaaren Schildern können sich folgende paarige finden: die obern Nasenschilder *(scuta supranasalia, e)*; die Frontonasalschilder *(scuta frontonasalia, f)*; die Frontoparietalschilder *(scuta frontoparietalia, h)*; die Scheitelschilder *(scuta parietalia, i)*; die obern Augenschilder *(scuta supraocularia, g_1, g_2, g_3, g_4)*; die obern Augenwimperschilder *(scuta supraciliaria, k)*. Von den vier obern Augenschildern (g_1, g_2, g_3, g_4) sind die beiden mittelsten (g_2+g_3) gewöhnlich am grössten, und bilden in ihrer Vereinigung eine länglichrunde Scheibe, welche *discus palpebralis* genannt wird.

Abb. 19.

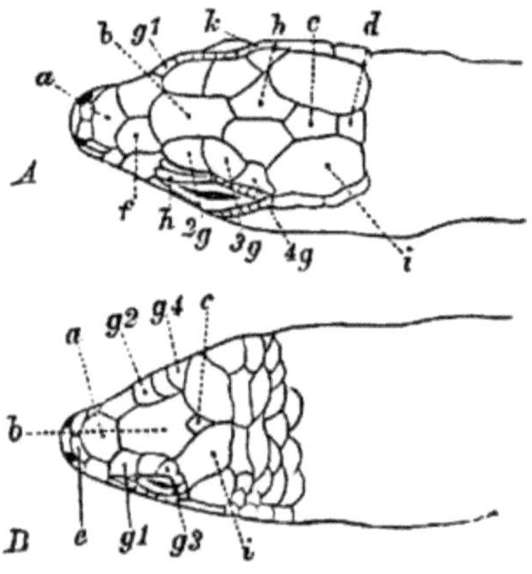

A. Kopf der Smaragd- oder grünen Eidechse *(Lacerta viridis, Gesner)*,
B. Kopf der gefleckten Walzenechse *(Gongylus ocellatus, Forskal)*, beide von oben.

a. Schnauzenschild *(scutum internasale)*, b. Stirnschild *(sc. frontale)*, c. Interparietalschild *(sc. interparietale)*, d. Hinterhauptschild *(sc. occipitale)*, e. Obere Nasenschilder *(sc. supranasalia)*, f. Frontonasalschilder *(sc. frontonasalia)*, g_1 g_2 g_3 g_4 Obere Augenschilder *(sc. supraocularia)*, h. Frontoparietalschilder *(sc. frontoparietalia)*, i. Scheitelschilder *(sc. parietalia)*, k. Obere Augenwimperschilder *(sc. supraciliaria)*. (Nach Schreiber.)

An den Kopfseiten (Abb. 20) finden sich: das unpaare Rüsselschild *(scutum rostrale, a)*; die Oberlippenschilder *(scuta supralabialia, b)*: das kleine Nasalschild *(scutum nasale, c)*; hinter diesem 1 bis 2, selten 3 kleine Nasofrenalschilder *(scuta nasofrenalia, d)*; das Zügelschild *(scutum frenale, e)*; das Frenoocularschild *(scutum freno-oculare, f)*; die vordern Augenschilder *(scuta praeocularia, g)*; manchmal die untern Augenschilder *(scuta subocularia, h)*; die hintern Augenschilder *(scuta postocularia i)* und die untern Augenhöhlenschildchen *(scutella suborbitalia, k)*. Die Schläfengegend ist teils mit Schildern, die Schläfenschilder *(scuta temporalia, l)*, teils mit Schuppen, Schläfenschuppen *(squamae temporales, m)* bedeckt. Zwischen den Schläfenschuppen findet sich häufig ein grösseres Schildchen, welches als *(scutum massetericum. n)* bezeichnet wird, ferner am Oberrande der Ohröffnung gleichfalls ein grösseres, meist längliches oder bogiges Schildchen, welches das **Ohrschild** *(scutum tympanale. o)* genannt wird.

Abb. 20.

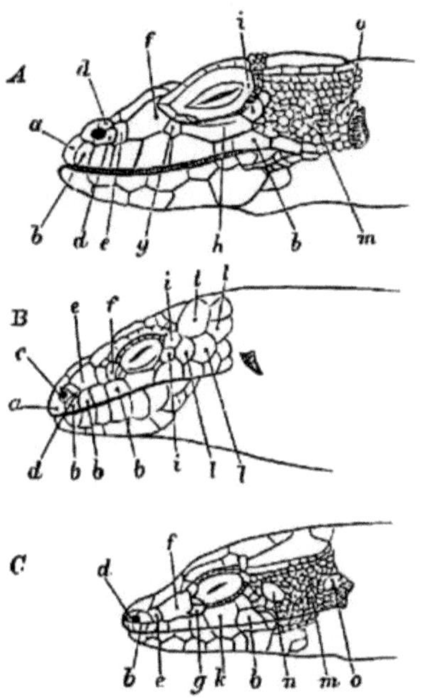

A. **Kopf der veränderlichen Buckelnase** *(Eremias variabilis, Pallas)*:

B. **Kopf der gefleckten Walzenechse** *(Gongylus ocellatus, Forskal)*;

C. **Kopf der Mauereidechse** *(Lacerta muralis, Laurenti)*; alle von der Seite

a. Rüsselschild *(scutum rostrale)*. b. Oberlippenschilder *(scuta supralabialia)*, c. Nasalschild *(scutum nasale)*, d. Nasofrenalschilder *(scuta nasofrenalia)*, e. Zügelschild *(sc. frenale)*, f. Frenoocularschild *(sc. frenoocularia)*, g. Vordere Augenschilder *(sc. praeocularia)*, h. Untere Augenschilder *(sc. subocularia)*, i. Hintere Augenschilder *(sc. postocularia)*, k. Untere Augenhöhlenschilder *(sc. suborbitalia)*, l. Schläfenschilder *(sc. temporalia)*, m. Schläfenschuppen *(squamae temporales)*, n. *sc. massetericum*, o. Ohrschild *(sc. tympanale)*. (Nach Schreiber.)

Auf der Unterseite des Kopfes befindet sich im Kinnwinkel, dem Rüsselschild gegenüberliegend das **Kinnschild** *(scutum mentale*, Abb. 21a). Am Rande des Unterkiefers stehen die der Reihe der Oberlippenschilder entsprechenden **Unterlippenschilder** *(scuta sublabialia. b)* deren vorderstes Paar das **Kinnschild** zwischen sich aufnimmt. An das letztere und dem Aussenrande der Unterlippenschilder schliesst sich eine Reihe grosser, hintereinander liegender Schilder an, welche **Unterkieferschilder** *(scuta submaxillaria. c)* genannt werden. Die übrige Unterseite des Kopfes ist meist mit kleinen Schuppen bedeckt, welche nach hinten zu gewöhnlich grösser werden und da, wo Kopf und Hals sich trennen, eine Querreihe bilden, welche als **Halsband** *(collare)* bezeichnet wird. Die Schuppen des Halsbandes sind nur mit ihrem vorderen Ende angeheftet, während sie mit ihrem hinteren freien Ende über eine feinbeschuppte Hautfalte oder Furche hinwegragen, welche **Kehlfalte** *(plica gularis. d)* oder **Kehlfurche** *(sulcus gularis d)* genannt wird. Das Halsband kann nach Gestalt und Richtung wieder verschieden sein, meist ist es vollkommen frei, entweder ziemlich gerade oder schwach gebogen (Abb. 21, B C), manchmal auch von den Seiten des Halses schief nach innen und nach hinten gerichtet, in der Mitte mitunter angewachsen und verwischt *(obsoletum)* Abb. 21, A. Je nachdem die Schuppen des Halsbandes an ihrem Hinterende gerade abgestutzt, abgerundet oder winkelig verzogen erscheinen, zeigt sich das Halsband als ganzrandig *(integrum)*. Abb. 21, B, gekerbt *(crenulatum)* gezähnt oder gesägt *(serratulum)*, Abb. 21, C. Das Halsband setzt sich gewöhnlich nach aufwärts, vor der Wurzel der Vorderfüsse hinziehend, als Hautfalte fort, welche man Schulterfalte *(plica axillaris)* nennt. (Abb. 22). An verschiedenen Körperstellen finden sich bei manchen Echsen noch herabhängende Hautlappen und Falten, ferner Rücken- und Scheitelkämmme.

Abb. 21.

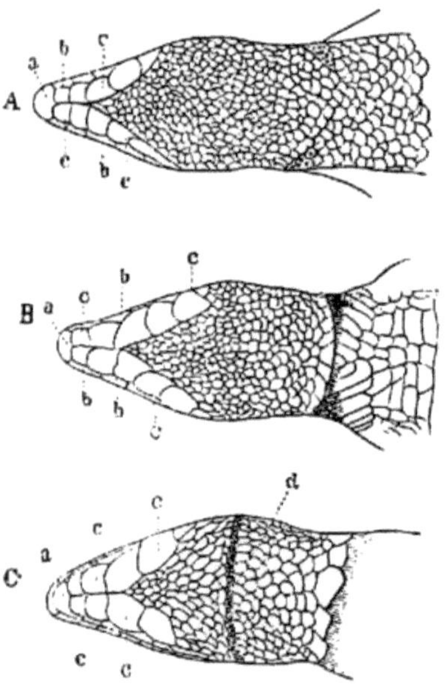

Unterseiten des Halses und Kopfes, A. von Savigny's Sägefinger *(Acanthodactylus Savignyi)*. mit schiefem, in der Mitte angewachsenem und verwischtem Halsband; B. der Mauereidechse *(Lacerta muralis, Laurenti)*. mit schwachbogigem, freiem, ganzrandigem Halsband; C. der Smaragd- oder grünen Eidechse *(Lacerta viridis, Gesner)*, mit geradem, gezähneltem Halsband.

a. Kinnschild *(scutum mentale)*, b. Unterlippenschilder *(scuta sublabialia)*, c. Unterkieferschilder *(scuta submaxillaria)*, d. Kehlfurche *(sulcus gularis)*. (Nach Schreiber.)

Die Färbung der Echsen ist sehr verschieden, und meist ihrem Aufenthalt angepasst, einige sind wirklich farbenprächtig, andere wieder tragen ein düsteres Gewand.

Abb. 22.

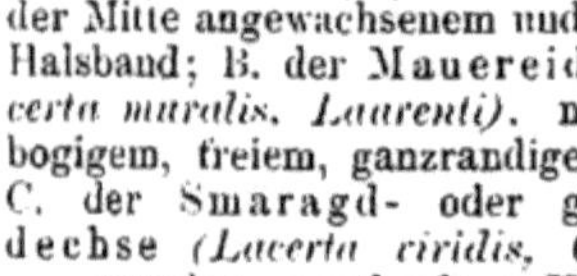

Seitenteil des Vorderkörpers der taurischen Eidechse *(Lacerta taurica, Pallas)*.

a. Schulterfalte *(plica axillaris)*. (Nach Schreiber.)

Ihr Aufenthalt ist hauptsächlich der Boden, teils in grasigen, bebuschten Gegenden oder im Walde, auf freiem ebenen Lande oder auf Felsen, Hügeln etc., seltener am oder im Wasser, oder nur auf Bäumen, teilweise in der Erde. Ihre Verstecke sind Erdlöcher, als Mauselöcher u. dergl., Höhlungen oder Löcher unter Bäumen, Sträuchern etc., Felsrisse, hohle Bäume, in Astlöchern der Bäume oder unter deren Rinde u. a.

In ihren Bewegungen sind die meisten ziemlich flink, nur wenige kriechen langsam und träge dahin; die Bewegungen sind meist ruckweise, huschende, mit mehr oder weniger schlängelnden Biegungen des Körpers, beim Laufen bedienen sich die meisten ihres Schwanzes als Steuer. Sie verteidigen sich durch Beissen, Kratzen oder Schlagen mit ihrem Schwanz, welcher manchmal ziemlich kräftig oder auch dornig ist.

Obwohl ziemlich zählebig, sind sie doch gegen Witterungseinflüsse, Nahrungsmangel, verschiedene Verletzungen etc. empfindlicher als die Schlangen, mitunter heilen aber selbst schwere Verletzungen ziemlich schnell, abgebrochene Schwänze wachsen bei vielen wieder neu, bei einigen verhornt die Bruchstelle; war der Schwanz nur eingebrochen, so wächst häufig an der Bruchstelle ein zweiter Schwanz hervor. Alle Echsen sind sehr wärmebedürftig, einige können an hohen Temperaturgraden Unglaubliches ertragen. Sie ziehen sich meist früher als die Schlangen zum Winterschlaf zurück.

Die Nahrung der Echsen besteht, je nach ihrer Grösse, aus kleinen Säugetieren, Vögeln und deren Eier, Fischen, jungen Krokodilen, Schlangen, Echsen, Lurchen, Würmern, Insekten etc., einige entnehmen ihre Nahrung auch teilweise dem Pflanzenreich. Die Nahrung wird wie bei den Schlangen meist ganz verschlungen, mitunter aber auch zerrissen oder durch Andrücken an einen Stein u. dergl. zerstückelt, so z. B. befreien kleinere Echsen hartschalige Kerfe auf diese Weise von den harten Flügeldecken etc. Alle Echsen trinken; sie löschen ihren Durst bald nach Art der Hunde, bald lecken oder saugen sie Tautropfen auf.

Die Fortpflanzung geschieht meist durch kalkschalige oder häutige Eier, welche einiger Zeit zu ihrer Nachreife bedürfen. Die Jungen entschlüpfen den Eiern völlig ausgebildet, und haben keine Verwandlung durchzumachen. Nur wenige Echsen bringen lebende Junge zur Welt. Die Eier werden in die Erde, in Moos, Mulm, unter Steine, in Ameisenhaufen u. dergl. abgelegt, allenfalls auch verscharrt, worauf sich das Muttertier nicht weiter darum kümmert. Die nach ein bis zwei Monaten ausschlüpfenden Jungen häuten sich noch im selben Jahre. Die Haut geht bei den Echsen stückweis, in Fetzen, nicht wie bei den Schlangen zusammenhängend, ab.

Die Echsen sind grösstenteils nützliche Tiere, das Fleisch einiger ist geniessbar, alle werden durch Wegfangen schädlicher Tiere nützlich, nur einige tropische Arten, welche Hühnereiern nachstellen, können dadurch einigen Schaden verursachen.

Die Zahl der Feinde der Echsen ist so gross wie die der Schlangen, gleich diesen stellen den Echsen eine grosse Zahl katzen- und wieselartiger Raubtiere etc., viele Raub-, Sumpf- und Wasservögel, grössere Reptilien u. a. nach.

Die Gefangenschaft ertragen viele Echsen, in entsprechend eingerichteten Terrarien recht gut und halten bei richtiger Pflege lange Jahre darin aus. Viele werden völlig zahm und gewöhnen sich an ihren Pfleger. Näheres hierüber in meinem Buche „Das Terrarium“ (siehe Umschlag). Viele Echsen pflanzen sich auch in Gefangenschaft fort; die meisten gewinnen sich durch ihr zutrauliches Wesen, ihre hübsche Färbung, ihre Munterkeit etc. bald die Zuneigung jedes Naturfreundes.

Die in Deutschland vorkommenden Echsen gehören zwei Gruppen und zwei Familien an, und verteilen sich wie folgt:

Gruppe:	Familie:	Gattung:	Art:	Der am meisten gebrauchte deutsche Name:
Brevilinguia	Scincoidae	Anguis, Cuvier	fragilis, Linné	**Blindschleiche.**
Fissilinguia	Lacertidae	Lacerta, Linné	agilis, Linné	**Zauneidechse, Wald- oder Feldeidechse.**
"		"	vivipara, Jaquin	**Berg- oder Wiesen-Eidechse.**
"	"	"	viridis, Gesner	**Smaragd- oder grüne Eidechse.**
"	"	"	muralis, Laurenti	**Mauer-Eidechse.**

Erste Gruppe: Brevilinguia. Kurzzüngler.

Die kurze, dicke Zunge ist ohne Scheide, wenig vorstreckbar, am verdünnten Vorderende mehr oder weniger ausgeschnitten. Das Trommelfell häufig von der Körperhaut bedeckt. Augenlider sind gewöhnlich vorhanden.

Erste Familie: Scincoidae. Wühlechsen.

Der Körper ist bald walzig, kurzgedrungen, bald wieder schlangenartig, der Kopf ist mehr oder weniger abgesetzt, meist setzt er sich fast ohne jegliche Andeutung eines Halses dem Rumpfe an. Die kleinen Nasenlöcher stehen seitlich der Schnauzenspitze. Die Augenlider sind entweder deutlich längsgespalten, oder mehr oder weniger verkümmert. Eine äussere Ohröffnung ist bald vorhanden, bald von der Körperhaut bedeckt, und können hierin, selbst bei einer und derselben Art, Verschiedenheiten vorkommen, gleichfalls sind Gaumenzähne bald vorhanden, bald fehlend, der Gaumen ist bald flach, bald von einer Längsfurche durchzogen. Die niemals besonders entwickelten Gliedmaassen sind meist ziemlich kurz und schwach, manchmal nur stummelartig ausgebildet, häufig ein oder beide Paare, äusserlich wenigstens, fehlend. Als eigentliche Bewegungsorgane dienen sie nicht, wenn aber besser, kräftiger entwickelt, zum Wühlen. Schenkelporen, sowie auch das Halsband fehlen stets. Die Körperschuppen sind meist spiegelglatt, seltener finden sich gestreifte Knochenschuppen. Die Grundlage der einzelnen Schuppen bildet ein Knochentäfelchen, welches aus einer teilweisen Verkalkung der Lederhaut hervorgeht, und in welchen sich (nach Boulenger) unregelmässige, verzweigte oder radiale Kanäle befinden. Der Kopf ist mit grösseren Schildern bedeckt. Alle in diese Familie gehörenden Echsen sind vorzügliche Wühler, welche sehr schnell im Boden verschwinden können, namentlich die Wüstenbewohner unter ihnen besitzen hierin eine grosse Fertigkeit. Statt sich wie andere Echsen bei Gefahr zwischen Gesträuch, Geröll, in Felsrissen etc. zu verstecken, ziehen sie es vor, sich mit grosser Geschwindigkeit in den Boden einzuwühlen. In Deutschland wird diese Familie nur durch eine Gattung vertreten.

Gattung: Anguis, Cuvier. Bruchschleichen.

Dem schlangenartigen, langgestreckten, walzigen Körper fehlen die Füsse. Der Kopf ist vom Rumpfe schwach abgesetzt, indem derselbe in der Schläfengegend etwas aufgetrieben ist, nach vorn verengt er sich allmählich, die Schnauzenspitze ist bald mehr bald weniger breit verrundet. Die Oberfläche des Kopfes ist nach vorn zu etwas abwärts gewölbt, die Schnauzenkante verrundet. Die Nasenlöcher liegen in der Mitte des Nasenschildes an den Seiten der Schnauzenspitze. Die Augen sind klein mit deutlichen längsgespaltenen Lidern. Die Ohröffnung ist meist völlig von der Körperhaut überzogen, oder als kleine, von einer Schuppe überdeckte Ritze hinter der Mundspalte bemerkbar, selten aber vollkommen nach aussen geöffnet und gut sichtbar. Der Gaumen ist längsgefurcht und zahnlos. In beiden Kiefern stehen hakenförmige solide Zähne. Die Zunge ist mit zwei kurzen gabelförmigen Spitzen versehen. Der runde, im unverletzten Zustande etwa körperlange Schwanz setzt sich undeutlich vom Rumpfe ab und endigt in eine kegelförmige Spitze. Schultergürtel, Brustbein und Beckengürtel sind verkümmert.

Das kleine, dreieckige, schwach gewölbte Rüsselschild ist von oben wenig oder nicht sichtbar, es wird hinten von drei kleinen Schildchen begrenzt, von welchen das in der Mitte liegende die beiden seitlichen an Grösse übertrifft, letztere stossen an den Vorderrand der Nasenschilder. Die oberen Nasenschilder sind meist in drei bis vier kleine Schildchen aufgelöst, welche sich zwischen den drei schon erwähnten und das vordere Schnauzenschild einschieben, letzteres ist meist breiter als lang, hinten gewöhnlich zweimal ausgebuchtet. Die Frontonasalschilder sind etwa halb so gross als das vorige und stossen in der Mittellinie mehr oder weniger zusammen. Das Stirnschild übertrifft alle übrigen Kopfschilder an Grösse, es ist länger als breit, nach hinten wenig breiter und ziemlich gerade abgestutzt. Das Interparietalschild ist etwas kleiner und vorn wenig schmäler als das vorige, nach hinten stark verengt, dreieckig. Die sehr kleinen Frontoparietalschilder sind etwa viereckig und weit nach aussen gerückt. Das Hinterhauptschild ist etwa dreieckig, die Spitze nach vorn gerichtet, der Hinterrand mehr oder weniger verrundet. Die Scheitelschilder sind gross, länglich-viereckig, etwa doppelt so lang als breit, querliegend, mit ihren inneren Seiten das Interparietalschild und Hinterhauptschild berührend. Von den fünf bis sechs oberen Augenschildern berühren die drei vordersten den Seitenrand des Stirnschildes, die beiden ersten sind an Länge und Breite fast gleich, die hinteren doppelt so breit als lang. Das kleine Nasenschild ist mehr oder weniger ringförmig, es berührt zum grössten Teil das zweite Oberlippenschild und wird vom Rüsselschild durch ein kleines Praenasalschild getrennt, das kreisrunde Nasenloch liegt etwas nach hinten im Nasenschild. Die Zügelgegend ist mit drei bis vier Reihen schuppenartiger Schildchen bedeckt, welche sich, etwas grösser werdend, auch auf die Schläfengegend erstrecken. Die Augenlider sind mit kleinen Schuppen besetzt. Oberlippenschilder sind meist zehn vorhanden. Das Kinnschild ist dreieckig und sehr klein, von den schmalen Unterlippenschildern sich kaum abhebend. Die den Rücken und die Unterseite bedeckenden Schuppen sind quer-sechseckig und grösser als die an den Körperseiten stehenden, welche mehr rhombisch und hinten abgerundet sind. Rund um den Körper herum beträgt die Anzahl der Schuppenreihen meist 25. Diese Gattung enthält nur eine Art.

Die Blindschleiche (Anguis fragilis. Linné).

Die Blindschleiche, Tafel V, auch Bruchschlange, Haselwurm, Hartwurm, Glaschleiche etc. genannt, erreicht eine Länge von 32 bis 47 cm. Die Färbung und Zeichnung ist sehr veränderlich und dürfte es nicht leicht sein, zwei völlig gleichgefärbte und gezeichnete Exemplare zu finden. Die Grundfarbe der Oberseite kann silbergrau, bleigrau, grau, dunkelgrau, isabellfarbig, bronzefarbig, braungrau, braun, kastanienbraun, kupferfarbig, kaffebraun, schwarzbraun bis schwärzlich oder schwarz sein, und sind die hellen Farben mehr den Männchen, die dunklen mehr den Weibchen eigen. Die Seiten sind fast stets dunkler, beim Weibchen nach dem Rücken zu scharf, beim Männchen weniger scharf begrenzt. Die Unterseite ist oft schwärzlich oder schwarz gesprenkelt, doch kann sie auch bleigrau oder selbst weisslich gefärbt sein. Ganz junge Tiere sind metallglänzend, ganz hellgrau, fast weisslich auf der Oberseite, Seiten und Bauch heben sich scharf begrenzt schwärzlich ab.

Am Hinterhaupte findet sich ein dunkler Flecken, von welchem aus sich längs der Rückenmitte bis zur Schwanzspitze ein (selten zwei) schwarzer, welliger, etwa 1 mm breiter Strich hinzieht, welcher jedoch nicht immer deutlich erkennbar bleibt, im Alter gänzlich verschwinden kann. Die dunklen Seiten, selbst auch die Unterseite, können sich in schwarze Längslinien oder Punktstreifen auflösen. Längs der Rückenkante wird häufig eine Längsreihe schwarzer Flecken sichtbar oder es findet sich auf der Oberseite eine hell- oder blassblaue Fleckenzeichnung. Häufig kommt es vor, dass die meisten oder sämtliche Schuppen der Oberseite und der Seiten einen dunklen Strich auf der Mitte zeigen, wodurch dann diese Körperteile mehr oder weniger gesprenkelt oder mit Punktstreifen gezeichnet erscheinen. Sodann kann es noch vorkommen, dass das ganze Tier oben und unten schwarzbraun oder schwarz erscheint. Die ganze Oberseite ist bei allen glatt, glänzend, wie mit Firniss überzogen. Der Oberkopf und die Kiefer sind oft dunkel punktiert, und an der Kehle finden sich zahlreiche schwarze Sprenkel. Augen mit goldiger Iris und dunkler Pupille.

Die Verbreitung der Blindschleiche erstreckt sich von Schweden, Norwegen und England an über fast ganz Europa, sie dürfte nur in den südlicheren Gegenden teilweise fehlen und soll auf Sardinien garnicht vorkommen. Ferner soll sie noch in Nordafrika und Westasien zu finden sein.

Zu ihren Standorten wählt sie vorzugsweise mit Buschwerk bestandene Gegenden, in der Ebene sowohl, als auch im Gebirge, wo sie bis etwa 950 m hinaufgeht. Sie hält sich mit Vorliebe an grasigen, mit Moos oder Heidelbeerkraut, Heide etc. bewachsenen Stellen auf, als an Waldrändern, Gebüschen, Dämmen, Feldrainen, Wiesen, Bergabhängen u. dergl., auf sehr trockenen Boden ist sie seltener zu finden, weil es ihr dort an der nötigen Nahrung mangelt. Ihrer Nahrung wegen findet sie sich auch in Gärten, namentlich Krautgärten, auf Erdbeerbeeten etc. Im Gebirge, in Laub- und Nadelwäldern ist sie namentlich auf mit Heide bewachsenen Waldblössen zu finden. Ihre Verstecke wählt sie in Erdlöchern, unter Baumwurzeln, unter Steinen, Steinhaufen etc., meist sind diese ihre Schlupflöcher so belegen, dass sie niemals völlig trocken ausdörren, sondern noch immer ein wenig feucht bleiben.

TAFEL V.

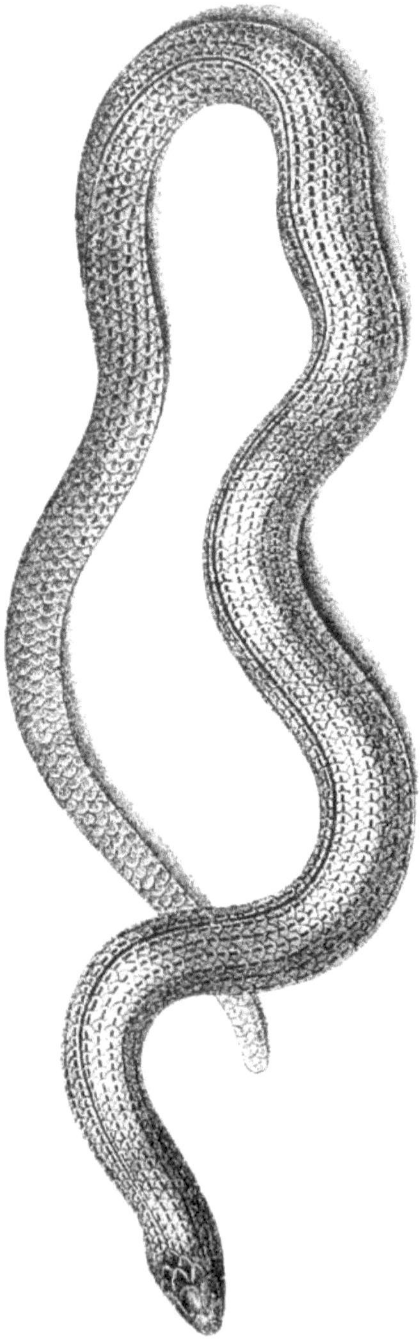

Blindschleiche (*Anguis fragilis*, *Linné*).

Natürliche Grösse.

Sie führt eine ziemlich versteckte Lebensweise. Am Tage kommt sie nicht häufig zum Vorschein, da sie nicht so sehr als Schlangen und ihre vierbeinigen Verwandten, die Eidechsen, nach Sonnenwärme verlangt, sondern sich mehr im Halbschatten hält; gewöhnlich trifft man sie am Tage unter überhängendem Gesträuch, im hohen Grase, Heidelbeerkraut, Moos u. dergl., wo sie nicht direkt von den Sonnenstrahlen getroffen wird. Grosse Hitze und Trockenheit meidet sie, weshalb sie sich an heissen und trockenen Tagen in ihren Löchern verborgen hält, und nur am frühen Morgen und gegen Abend zum Vorschein kommt. An gewitterschwülen warmen Tagen, oder nach einem Regenschauer, Gewitterregen, zeigen sie sich oft massenhaft, oft an Stellen, wo man sonst vergeblich nach ihnen sucht. Dies hat seinen Grund darin, dass sie bei feuchter, warmer Witterung die ihnen zur Nahrung dienenden Tiere leichter und reichlicher erlangen können.

Vergleichen wir die Bewegungen der Blindschleiche mit denen der Schlangen und Eidechsen, so erscheint uns die Blindschleiche ihnen gegenüber im Nachteil, da ihre Bewegung langsamer, steifer, unbeholfener ist, doch bedarf sie zur Erlangung ihrer Nahrung keiner schnelleren, gelenkigeren Bewegung, da die Tiere, von welchen sie sich ernährt, noch langsamer sind. Auf bewachsenem, rauhem Boden weiss sie sich jedoch ziemlich schnell fortzuhelfen, schnell in irgend eine Deckung, einen Erdriss, unter Moos etc. zu verschwinden, und es ist nicht immer leicht sie zu fangen. Sie besitzt eine grosse Muskelkraft, was sich namentlich dann zeigt, wenn sie irgend etwas umschlingt, sich an irgend einen Gegenstand festhält. Eine bis zu halber Körperlänge in ihrem Loche etc. steckende Blindschleiche kann man eher zerreissen als dass man sie aus dem Loche herausziehen könnte. Nimmt man sie in die Hand, so schlingt sie sich um die Finger, oder kriecht dazwischen hindurch, die Finger dabei mit ziemlicher Kraft zusammenpressend. Eine andere Eigentümlichkeit besteht darin, dass sie, sobald sie in die Hand genommen werden, ihre harte Schwanzspitze mit ziemlicher Kraft in die Hand eindrücken, als ob sie die Spitze einbohren wollten. Trotz ihrer Unbeholfenheit weiss sie aber recht gut auf Steinhaufen, Felsblöcke, in Gesträuche hinaufzukommen, und zeigt im Erklimmen solcher grosse Ausdauer. Auch im Wasser weiss sie sich geschickt zu behelfen.

Die Nahrung der Blindschleiche bilden hauptsächlich Regenwürmer, Nacktschnecken, nackte Raupen und dergleichen sich langsam bewegende Tiere. Die Blindschleiche gehört daher zu den nützlichsten Tieren und sollte überall gehegt und geschont werden, umsomehr, da sie völlig harmlos ist und fast niemals beisst, sollte letzteres dennoch einmal geschehen, so ist ihr Biss kaum fühlbar und ohne jede Folgen. Welch enormen Nutzen die still und verborgen wirkende Blindschleiche der Landwirtschaft, Gärtnerei u. a. bringt, kann nur der ermessen, welcher, wie ich, Blindschleichen in Gefangenschaft pflegt und sich daher selbst überzeugt hat, welch enorme Mengen von Regenwürmern, Nacktschnecken und dergleichen der Landwirtschaft und Gärtnerei schädlichen Tiere einige Blindschleichen an einem Tage verzehren. Ein Versuch wird lehren, dass der Landwirt und Gärtner an der Blindschleiche eine treue und ausdauernde Gehülfin in der Vertilgung allerlei schädlichen Ungeziefers hat. Die Blindschleiche geht behufs Erlangung ihrer Beute mit einer gewissen Bedächtigkeit zu Werke. Sie nähert sich langsam dem erspähten Wurm, besieht denselben erst und geht dann langsam zum Angriff über, indem sie das Köpfchen ein wenig erhebt und mit geöffnetem Rachen nicht gerade schnell niederfährt. Dann wird der Wurm oder die Schnecke gegen den Boden gedrückt, um das Opfer fest fassen zu können, nun wartet sie ein wenig, bis die Bewegungen der Beute matter geworden sind, worauf sie dieselbe gemächlich verschlingt. Nachdem dies geschehen, streicht sie sich höchst possierlich, wie es die Schlangen und Eidechsen auch machen, das Maul von beiden Seiten am Boden ab, worauf sie bereits wieder nach neuer Beute ausschaut.

Je nach der Witterung zieht sie sich im Oktober oder später zum Winterschlaf zurück und kommt bei anhaltend warmer Witterung schon Ende März, sonst erst im April wieder zum Vorschein. Im Mai schreiten sie zur Paarung, hierbei bilden die vereinigten Tiere gewissermassen einen Ring, um etwa drei bis vier Stunden in dieser Lage zu verharren. Etwa zwölf Wochen nach erfolgter Begattung bringt das Weibchen fünf bis höchstens fünfzehn lebendige Junge zur Welt. Diese sind bei der Geburt in eine Blase gehüllt, welche sie alsbald durchstossen und munter davonkriechen. Die Jungen zeigen die schon erwähnte Färbung und haben eine Länge von 6 bis 8 cm. Sie ernähren sich zuerst von ganz kleinem Gewürm, ganz kleinen Regenwürmern u. dergl.; bei einiger Geduld und Ausdauer gelingt es meist in Gefangenschaft geborene Junge mit ganz kleinen oder zerschnittenen Regenwürmern, Fliegenmaden, kleinen Mehlwürmern etc. aufzufüttern. Im Durchschnitt beträgt die Zahl der von einem Weibchen geworfenen Jungen 6 bis 8 Stück, das zuerst und das zuletzt geborene Junge ist häufig eine Fehlgeburt, namentlich bei noch jungen Weibchen. Die Geschlechtsreife tritt erst mit dem fünften Jahre ein.

Die Gefangenschaft erträgt die Blindschleiche sehr leicht, geht ohne weiteres an das Futter, hält in einem ihren Lebensbedingungen entsprechend eingerichtetem Terrarium lange Jahre aus und pflanzt sich auch regelmässig darin fort. Sie wird bald sehr zahm, gewöhnt sich leicht an ihren Pfleger und kommt herbei, um ihr Futter aus der Hand in Empfang zu nehmen. Sie ist leicht zu erhalten und macht ihrem Pfleger durch ihr zutrauliches Wesen viel Freude.

Zweite Gruppe: Fissilinguia. Spaltzüngler.

Die Zunge ist lang, dünn, vorstreckbar, in zwei dünne hornige Spitzen auslaufend und kann in eine Scheide zurückgezogen werden. Die Zähne sind angewachsen. Vollkommene Augenlider sind meist vorhanden. Das Trommelfell ist sichtbar. Der Schwanz ist gewöhnlich mit Wirtelschuppen bekleidet. Beine sind stets vorhanden. Die Zehen sind alle bekrallt. Die Oberseite des Kopfes ist mit Schildern bekleidet.

Zweite Familie: Lacertidae. Echte Eidechsen.

Der Körper ist gestreckt, meist ziemlich schlank, bald mehr bald weniger gerundet, manchmal auch von oben niedergedrückt, entweder fast durchweg gleich dick oder in der Mitte bauchig erweitert. Der Kopf ist stets deutlich vom Rumpfe abgesetzt, nach vorn verschmälert, die Oberseite desselben ist flach, gewöhnlich mit 16 grösseren Schildern bedeckt, die Seiten fallen steil ab, und ist die Schnauzenkante fast immer deutlich. Der Kopf ist etwa von viereckig pyramidenförmiger Gestalt. Die

Nasenlöcher sind klein und liegen weit nach vorn zu den Seiten der Schnauzenspitze, mitunter nach oben gerückt. Die **Augenlider** sind längs gespalten, das untere bedeutend grösser als das obere, auf dem unteren findet sich gegenüber der Pupille häufig ein durchscheinender Fleck. Das **Trommelfell** ist immer gut unterscheidbar. Das **Maul** ist bis hinter die Augen gespalten; in beiden Kiefern, aber nicht immer im Gaumen finden sich zweispitzige **Zähne**. Die an der Spitze zweiteilig oder stark ausgerandete, dünne, abgeplattete, mit schuppigen Warzen besetzte **Zunge**, kann in eine Scheide zurückgezogen werden. **Beine** sind stets vier vorhanden, die Hinterbeine kräftiger als die vorderen. Schenkelporen finden sich stets. Der **Schwanz** ist mindestens körperlang, und endigt in eine dünne Spitze.

Bie Beschilderung des Oberkopfes ist ziemlich beständig, es finden sich in den meisten Fällen zwei Nasorostralen, ein Internasale, zwei Frontonasalen, ein Frontale, zwei grosse Supraocularen, welche den *Discus palpebralis* bilden, zwei Frontoparietalen, ein Interparietale, ein Occipitale, welches jedoch manchmal fehlt, und zwei grosse Parietalen. Da der Pileus bei den meisten Gattungen ziemlich übereinstimmt, so sind wir betreffs der systematischen Anhaltspunkte hier namentlich auf die **Kopfseiten** angewiesen, wobei besonders die Form und Stellung der Schilder zu einander in Betracht zu ziehen ist. Ein Nasenschild ist niemals vorhanden, dasselbe verschmilzt meist mit dem Supranasale zu einem Schilde (Abb. 23 A u. B), von welchem das Nasenloch gewöhnlich von vorn und oben begrenzt und welches **Nasorostralschild** (*scutum nasorostrale*, *i*) genannt wird. Hinter dem Nasen-

Abb. 23.

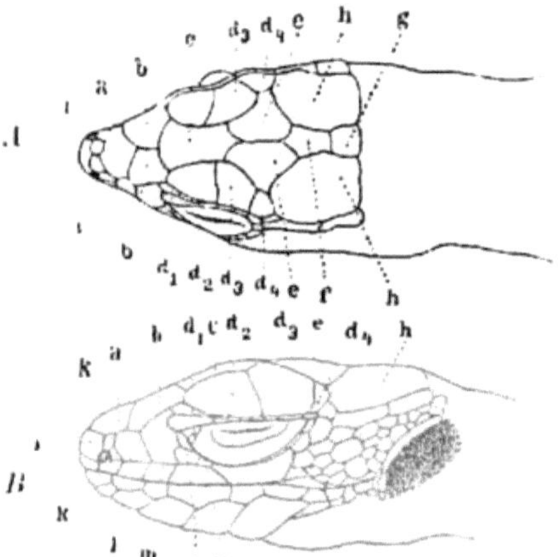

Kopf der Smaragd- oder grünen Eidechse (*Lacerta viridis, Gesner*). A. von oben, B. von der Seite.

a. *Internasale*, b. *Frontonasalia*, c. *Frontale*, d. *Supraocularia*, $d_2 + d_3$ *Discus palpebralis*, e. *Frontoparietalia*, f. *Interparietale*, g. *Occipitale*, h. *Parietalia*, i. *Nasorostrale*, k. *Nasofrenalia*, l. *Frenale*, m. *Frenooculare*, n. *Praeocularia*. (Nach Schreiber.)

loch finden sich meist ein oder zwei Nasofrenalschilder *(scuta nasofrenalia, k)*, dahinter folgt ein Zügelschild *(scutum frenale, l)*, dahinter ein grosses Frenoocularschild *(scutum frenoocularia, m)*, hieran schliessen sich dann noch am unteren Augenrande zwei kleine vordere Augenschilder oder Praeocularschilder *(scuta praeocularia, n)*. Das Auge ist oben stets von einer Reihe kleiner oberer Augenwimperschilder *(scuta supraciliaria)*, unten fast stets von einem Oberlippenschilde begrenzt. Halsband und Schulterfalte sind meist vorhanden. Der Bauch und die Unterseite der Beine sind stets mit Schildern bedeckt, welche am Bauche meist in Längs- und Querreihen stehen, mitunter aber auch schief geordnet sind. Oefters kommt es auch vor, dass die zwei mittleren Reihen der Bauchschilder nach dem Halse zu auseinandergehen und zwischen sich eine etwa dreieckige Partie von Schildern einschliessen, welche dann insgesammt als Brustdreieck *(triangulum pectorale)*, Abb. 24, b, bezeichnet werden. Der Schwanz ist immer mit Wirtelschuppen besetzt.

Abb. 24.

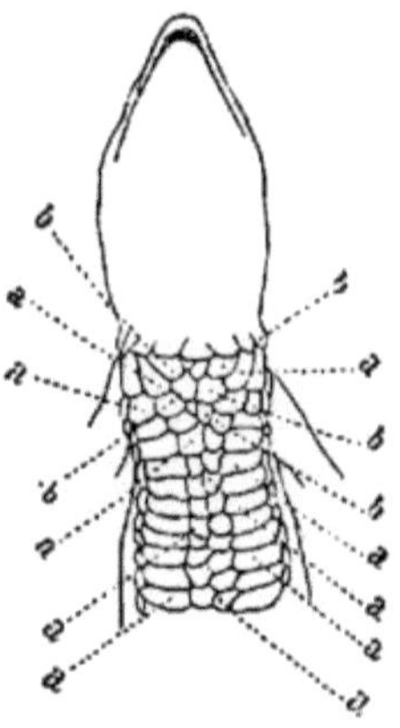

Smaragd- oder grüne Eidechse *(Lacerta viridis, Gesner)*. Vorderer Teil von unten. a, Bauchschilder, b, Brustdreieck. (Nach Schreiber.)

Diese kleinen bis mittelgrossen Eidechsen sind echte Tagtiere und zeigen alle ein grosses Bedürfnis nach Wärme, weshalb sie sich häufig den brennendsten Sonnenstrahlen aussetzen. Ihre Nahrung besteht in kleineren Wirbeltieren, Insekten und Würmern, namentlich in letzteren beiden, weshalb sie zu den nützlichsten Tieren zu rechnen sind. Bei warmem Wetter, im Sonnenschein, sind sie sehr lebhaft und beweglich und tummeln sich munter umher, wobei man so recht ihr oft farbenprächtiges Schuppenkleid, welches nach der etwa allmonatlich, oder in längeren Zwischenpausen, erfolgenden Häutung am schönsten ist, bewundern kann, da durch die verschiedenen Stellungen die verschiedensten Lichtreflexe hervorgerufen werden. Die Vermehrung geschieht fast immer durch Eier, welche teils in selbstgegrabene Höhlen, in Ameisenhaufen, Sand, unter Moos, Steinen und dergl. abgelegt werden. Betreffs ihrer geistigen Fähigkeiten stehen sie über allen Kriechtieren, was schon aus ihrem ganzen Betragen, betreffs ihres geselligen Zusammenhaltens, der Beutegewinnung, wie sie ihren Pfleger kennen lernen, aus ihren Spielen und gegenseitigen Kämpfen hervorgeht. Ein gut Teil Neugierde wohnt fast allen inne, diese geht aber niemals so weit, dass sie die nötige Vorsicht ausser Acht liessen, und häufig muss man List anwenden um ihrer habhaft zu werden.

Von dieser Familie ist in Deutschland nur eine Gattung vertreten.

Gattung: Lacerta, Linné. **Echte Eidechsen.**

Der Körper ist bald schlank, bald gedrungen, der etwa pyramidale Kopf nach vorn mehr oder weniger steil abfallend. Die rundlichen Nasenlöcher liegen unter dem Vorderende der wenig entwickelten Schnauzenkante. Die Augenlider sind längsgespalten. Das Trommelfell ist deutlich. Von den mässig entwickelten Beinen reichen die vorderen höchstens bis zur Schnauzenspitze, die hinteren nur selten über die Achseln. Die seitlich etwas zusammengedrückten Zehen sind weder unten gekielt, noch an den Seiten gefranzt. Die kleinen Körperschuppen liegen nie auf, sie sind körnig oder etwas abgeflacht. Das immer deutliche, vollkommen freie Halsband wird von grösseren Schuppen gebildet.

Diese Gattung wird in Deutschland durch vier Arten vertreten, die durch folgende Merkmale leicht von einander unterschieden werden können.

1. ***L. agilis,*** *Linné.* Das obere Nasorostrale teils auf dem untern, teils auf dem Zügelschild ruhend, wodurch diese drei Schilder etwa ein Dreieck bilden. Der *Discus palpebralis* wird von den obern Augenwimpernschildern durch keine Körnerreihe getrennt. Die Vorderbeine lassen sich nie über das Auge hinausstrecken, die Hinterbeine erreichen die Achseln nicht. Schenkelporen sind meist nur 11—14 vorhanden. Der Schwanz ist etwa $1\frac{1}{2}$ mal so lang als der Körper, dessen Schuppen sind oberseits winklig ausgezogen.
2. ***L. vivipara,*** *Jaquin.* Die Scheitelschilder werden am Aussenrande nicht von grösseren Schildern begrenzt. In

der Zügelgegend finden sich nur drei Schilder. Der *Discus palpebralis* wird von den obern Augenwimpernschildern durch keine Körnerreihe getrennt. Die Bauchschilder sind in sechs bis acht Längsreihen geordnet. Die Vorderbeine reichen selten bis über die Augen hinaus, die Hinterfüsse erreichen niemals die Achseln. Schenkelporen sind 9 bis 12 vorhanden. Der bis zur Mitte ziemlich gleich dicke Schwanz ist nur wenig länger als der Körper und oben mit spitz ausgezogenen Schuppen bedeckt.

3. ***L. viridis***, *Gesner*. Die beiden Nasofrenalschilder stehen genau übereinander. Der *Discus palpebralis* wird bei älteren Tieren von den obern Augenwimpernschildern meist durch eine längere oder kürzere Körnerreihe getrennt. Die Vorderbeine reichen bis zu den Nasenlöchern, die Hinterbeine höchstens bis zu den Achseln. Schenkelporen sind etwa 16 bis 20 vorhanden. Der Schwanz ist doppelt so lang als der Körper, oben mit scharf zugespitzten Schuppen bedeckt.

4. ***L. muralis***, *Laurenti*. In der Mitte der feingekörnten Schläfe findet sich ein mässig entwickeltes Massetericum. Das Halsband ist völlig ganzrandig. Die Bauchschilder ordnen sich in sechs Längsreihen. Die Vorderbeine reichen bis wenigstens gegen die Nasenlöcher, die Hinterbeine bis über die Achseln hinaus. Es sind 15 bis 20 Schenkelporen vorhanden. Der Schwanz ist fast doppelt so lang als der Körper, oben mit sehr stumpf zugespitzten, ungleichseitigen Schuppen bedeckt.

---

1. Die Zauneidechse (*Lacerta agilis, Linné*).

Diese Eidechse, welche auch noch Wald- oder Feldeidechse genannt wird, kann eine Länge bis 22 cm erreichen. Der in der Jugend mehr schlanke Körper wird im Alter kräftig und gedrungen. Der etwas hohe Kopf ist hinter den Augen zu beiden Seiten ein wenig aufgetrieben, nach vorn zu schnell in die stumpf abgestutzte Schnauze verengt. Gaumenzähne sind immer vorhanden. Von den kurzen Beinen reichen die vorderen nie über die Augen, die hinteren wenig über die Mitte des Rumpfes hinaus. Der Schwanz ist etwa anderthalbmal so lang als der Körper und endigt in eine mässig dünne Spitze.

Das Rüsselschild ist ziemlich hoch, nach hinten spitz dreieckig ausgezogen und durch die Nasorostralschilder fast stets vom vorderen Schnauzenschild getrennt. Die Frontonasalschilder sind gewöhnlich etwas breiter als lang. Das kurze und breite Stirnschild wird nach hinten nur wenig enger, meist sind die Seitenränder nach innen schwach geschweift und findet sich bei alten Exemplaren eine Längsfurche vor, welche durch die Mitte des Schildes geht. Das Interparietalschild ist mindestens doppelt so gross als das Hinterhauptschild. Der *Discus palpebralis* ist schmäler als das Stirnschild, am Aussenrande ohne Schuppenreihe, das vierte obere Augenschild ist ziemlich gross. Die grossen Scheitelschilder werden am Aussenrande von zwei länglichen Schildern begrenzt. Die rundlichen, mittelgrossen Nasenlöcher liegen über dem ersten Oberlippenschilde, hinter der Naht des Rüsselschildes. Von den, meist fünf, obern Augenwimperschildern sind die beiden vorderen viel länger als die drei übrigen. Ein *Massetericum* ist zwischen den grossen unregelmässig polygonalen Schläfenschildern nicht erkennbar. Oberlippenschilder sind sieben, Unterlippenschilder meist sechs vorhanden. Von den fünf Paar Submaxillarschildern stossen die drei ersten Paare zusammen und ist das vorletzte Paar das grösste. Die vor der ziemlich undeutlichen Kehlfurche stehenden Schuppen sind länglich rhombisch oder sechseckig, und stehen in schiefe nach aussen auseinandergehende Längsreihen. Die dahinter befindlichen Schuppen sind grösser, quer erweitert und geschindelt. Im Halsband finden sich 9 bis 11 grosse nach innen schindelförmig übergreifende Schuppen. An den Halsseiten bis zur Wurzel der Vorderbeine finden sich rundliche, schwach gekörnte, völlig glatte Schuppen. Die Körperschuppen sind in der Rückenmitte, schmal, länger als breit, dachig gekielt, nach dem Bauch zu werden sie breiter und flach. Das Brustdreieck besteht aus 7 bis 12 Schildern. Die Schilder der Unterseite ordnen sich in acht Längsreihen. Das Afterschild ist gross. Schenkelporen sind 11 bis 14 vorhanden. Die Schwanzschuppen sind länglich, deutlich dachig gekielt, oberseits in eine ziemlich scharfe Spitze ausgezogen.

Die Färbung und Zeichnung ist so verschieden, dass es schwer halten dürfte zwei völlig gleichgefärbte und gezeichnete Exemplare zu finden, obwohl sie im allgemeinen eine gewisse Aehnlichkeit miteinander haben. Ganz junge Tiere sind auf dem Rücken und an den Seiten dunkelgelbgrau, braungrau gefärbt und mit unregelmässigen oder mehr oder weniger in Längsreihen gestellten weissen, schwarz umrandeten Augenflecken gezeichnet. Die Unterseite ist einfarbig weisslich, hell-

Abb. 25.

Zauneidechse (*Lacerta agilis*, *Linné*).

grau, weissgrün oder weissgelblich. Die älteren Männchen sind auf dem Rücken braun, graubraun oder rotbraun, und tritt diese Färbung häufig bandartig auf, sie kann einfarbig, oder schwärzlich gefleckt oder punktiert, auch Augenflecken können vorhanden sein. Die Seiten sind grün mit Augenflecken, oder mehr oder weniger deutlichen schwarzen Flecken und Punkten, zur Paarungszeit werden aber meist alle Zeichnungen von überhandnehmendem Grün verdrängt. Der Bauch ist grünlich, gelbgrün oder bläulich-weiss, mehr oder weniger schwarz gesprenkelt oder gepunktet. Bei älteren Weibchen ist der Rücken und auch die Seiten fahlbraun, hellbraun oder graubraun, mit mehreren Reihen grosser Augenflecken gezeichnet, gewöhnlich sind längs des Rückens eine, längs der Seiten jederseits zwei Reihen vorhanden. Die Unterseite ist weisslich oder gelblich, meist ungefleckt. Die Form der Augenflecken ist an den Seiten gewöhnlich rundlich, auf dem Rücken aber mehr strichartig, indem der weisse oder gelbe Fleck mehr in die Länge gezogen wird und den ihn umgebenden schwarzen Schatten durchschneidet. Die weissen oder gelben wie auch die schwarzen Flecken können der Länge nach zusammengehen und mehr oder weniger deutlich ausgesprochene Längslinien bilden, was hauptsächlich am Rücken vorkommt, während die Seitenflecken öfters der Quere nach zusammengehen, wodurch mehr oder weniger deutliche, bald senkrechte bald schiefe Querbinden gebildet werden, dies findet namentlich bei den schwarzen Randflecken öfters statt. Die Varietät *Lacerta chersonensis, Andrzejowski* zeigt eine graubraune Grundfarbe, ist am Rücken ohne jede Fleckenzeichnung, und mit ganz kleinen Punktflecken an den Körperseiten gezeichnet. Bei der hübschen Varietät *Lacerta erythronotos. Fitzinger*, ist der Rücken schön einfarbig rostbraun, die Körperseiten grün mit schwarzen Punkten gesprenkelt, die Unterseite grünlichweiss und schwarz gepunktet. Eine ausgezeichnete Spielart ist ferner die Varietät *Lacerta agilis var. rubra* (?). Hier ist die ganze Rückenmitte schön rotbraun oder zimmtbraun, die obere Hälfte der Seiten braun mit mehr oder weniger regelmässigen Augenflecken (weiss mit schwarzer Umrandung), die untere Hälfte der Seiten beim Männchen grün, gleichfalls mit Augenflecken, der Bauch des Männchens grün mit schwarzen Punkten. Das Weibchen ist so ziemlich wie das Männchen gefärbt, die untere Seitenhälfte und der Bauch sind jedoch weisslich, oft ins Rötliche neigend. Uebrigens paart sich diese Varietät mit der typischen Form, ist auch nicht auf ein bestimmtes Gebiet beschränkt, sondern kommt zerstreut allerwärts mit der typischen Form vor.

Die Verbreitung der Zauneidechse ist eine ziemlich ausgedehnte, sie bewohnt vom südlichen Schweden an ganz Europa, mit Ausnahme von Italien, Griechenland, Dalmatien, Istrien, Illyrien und Portugal, findet sich aber noch im westlichen Asien. Im Gebirge soll sie nach Gredler bis zu 1200 m aufsteigen.

Ihre Standorte wählt sie an trocknen, sonnigen bebuschten Orten, namentlich findet sie sich in und an lichten Wäldern, dürren Wiesen, auf der Haide, an Hecken, Krüppelholzgebüschen, an den Rändern der die Landstrassen begrenzenden Wassergräben, in und an Steinbrüchen, an Dämmen, Steinhaufen, Holz- und Reisighaufen, in der Nähe von Grenzsteinen, Zäunen, Mauern u. dergl. Sie treten namentlich im Mai und Juni zahlreicher als im Hochsommer auf, welcher Umstand in der in diesen Monaten stattfindenden Paarungszeit seinen Grund haben dürfte, wo sie also häufiger zusammen kommen und sich an freieren Orten zeigen, während sie im Hochsommer sich mehr im Schatten der Gebüsche aufhalten, um sich gegen allzugrosse Hitze zu schützen. Gegen den Herbst hin findet man sie dann wieder an freieren Orten. Zu ihren Verstecken wählen sie Mäuselöcher, Erdrisse, Höhlungen unter Baumstumpfen, unter den Wurzeln der Gesträuche, seltener graben sie sich wohl selbst röhrige Löcher in den Boden, obwohl sie darin sehr geschickt sind.

Ihre Nahrung besteht in allerlei Kerfen und Würmern, Raupen, Kleinschmetterlingen, Heuschreckenlarven, Mücken, Fliegen u. dergl. Doch fressen sie (in Gefangenschaft wenigstens, wie noch andre) auch süsse Beeren, Kirschen etc., eigentlich aber nur nebenbei. Ist ihnen das gefangene Beutetier zu gross, oder sonstwie noch nicht zum Verschlingen geeignet, so suchen sie dasselbe durch Andrücken an einen Stein, Stamm etc. zu zerteilen, oder z. B. einen Maikäfer von den harten Flügeldecken und dem Vorderteil zu befreien, sich mit dem weichen Hinterteil (jedenfalls der fettere Bissen) begnügend.

Unsere Eidechse ist ein echtes Tagtier, sie kommt des Morgens nicht eher zum Vorschein als bis der am Grase etc. haftende Tau fast abgetrocknet ist, und zieht sich noch meist vor Sonnenuntergang in ihr Versteck zurück.

In ihrer Lebensweise, in ihrem Wesen offenbart sich die höhere geistige Befähigung, welche sie wie alle Eidechsen vor den Schlangen voraus hat. Schon bei der Erlangung ihrer Nahrung, in der Art wie sie ihre Beute zu erhaschen sucht, wie sie derselben am besten beikommen kann, zeigt sich eine gewisse Ueberlegung. Sie ist listig und verschlagen, wenn es gilt eine andre Echse zu täuschen, eine erhaschte Beute vor dieser zu verbergen. Ist ihr ein Insekt entwischt, so verfolgt sie dasselbe aufmerksam, bis es sich an einer andern Stelle niedergelassen hat, sie nähert sich dann vorsichtig, um das Insekt nicht nochmals zu verscheuchen. Mitunter fassen zwei an einem Regenwurm und zerren ein Weilchen hin und her, ohne dass der Wurm zerreisst, jetzt drängen sie aber an ein dünnes Stämmchen oder einen scharfkantigen Stein, eine geht herum, und nun zerren beide wieder mit allen Kräften, so dass der Wurm, an dem Stämmchen hin- und hergescheuert, bald zerreisst. Ueberhaupt sucht gern eine der andern die glücklich erhaschte Beute abzujagen, weshalb jede, welche Beute gemacht hat, darauf bedacht ist, diese ihren Genossen nicht zu zeigen. Obwohl die Zauneidechse nicht so flink ist als andre Arten, nicht mit solcher Leichtigkeit wie viele dieser klettern kann, so ist sie doch auch nicht gerade unbeholfen oder schwerfällig. Man findet sie häufig im Gesträuch, auf Steinhaufen u. dergl. umherklettern, und zeigt sie sich hier mindestens nicht träge oder unbeholfen, ja wer sie zu fangen versucht, wird bald gewahr werden, dass dies nicht gerade leicht ist, sie kann dann auch recht flink sein und weiss unter geschickter Benutzung aller Deckungsmittel schnell zu entkommen, so dass man schon List anwenden muss, um ihrer habhaft zu werden. Sie ist kecker und dreister als unsere übrigen Eidechsen, und zeigt sich auch sehr neugierig. Eine überstandene Gefahr vergisst sie sehr schnell, und hat man sie jetzt gejagt und geängstigt, so kann man doch beobachten, dass sie bald darauf wieder aus ihrem Loche hervorkommt und irgend einem Beutetier nachjagt. Gerät sie durch Zufall ins Wasser, so sucht sie durch Schwimmen das Ufer wieder zu erreichen, und wenn sie hierin auch nicht so geschickt als die folgende ist, so dürfte es doch wohl selten vorkommen, dass eine Zauneidechse ertrinkt. Bei hellem Sonnenschein findet man sie häufig an Buschrändern, und verrät sie sich meist selbst durch plötzliches Rascheln, denn sobald man von ihr bemerkt wird, läuft sie ein Stückchen fort ihrem Loche zu, bleibt dann aber plötzlich sitzen und beobachtet neugierig. Sieht sie sich nicht verfolgt, so kehrt sie bald auf ihren vorigen Platz zurück. Ist sie aus Furcht in ihr Loch entwischt, so treibt sie die Neugierde jedoch bald wieder daraus hervor, was man sich behufs ihres Einfangens zu Nutze machen kann, indem man sich dicht beim Loche niederlegt und eine Hand zum Zugreifen bereit oberhalb desselben hält, mit den Fingern der andern aber, in einiger Entfernung vom Loch, allerlei langsame Bewegungen ausführt. Die Neugierde wird dann unsere Echse nach und nach immer weiter hervorlocken, so dass man sie leicht mit der bereit gehaltenen Hand ergreifen kann. Wird sie eingefangen, so sperrt sie das Maul auf, beisst sich auch in einen ihr vorgehaltenen Finger fest, so dass man sie am Finger hängend umhertragen kann. Der Biss ist jedoch kaum zu fühlen. Obwohl sie sich gegenseitig die Beute zu entreissen suchen, so beissen sie sich doch deshalb nicht. Zur Paarungszeit aber kann man öfters miteinander im Kampf befindliche Männchen beobachten, welcher gewöhnlich damit endet, dass einer oder auch beide einen Teil ihres Schwanzes verlieren. Während den Schlangen, sowie der vorigen und der folgenden feuchtwarme Luft, gewitterschwüle Tage, am angenehmsten sind, und sie da am ehesten zum Vorschein kommen, so zieht unsere Eidechse, wie auch die Smaragd- und Mauereidechse, warme trockne Luft, Tage mit Sonnenschein, trüben regnerischen Tagen vor und ertragen sie die Sonnenhitze bis zu einem viel höheren Grade als die Schlangen.

Mit dem Eintritt kälterer Tage zieht sich die Zauneidechse in tiefere Löcher zum W i n t e r s c h l a f zurück, gewöhnlich schon Anfang oder Mitte Oktober. Sie verweilt in diesen Verstecken fast ununterbrochen bis zum Frühjahr, selten, dass sich eine durch etwas wärmere Witterung noch später als im Oktober nochmals hervorlocken lässt. Im Frühjahr kommt sie sehr selten vor Mitte März zum Vorschein, sie h ä u t e n sich bald darauf und zeigen sich nun im Hochzeitskleide, indem sie bald zur P a a r u n g schreiten. Die Beobachtung ihrer Spiele hierbei ist sehr interessant. Die Vereinigung dauert nur etwa fünf Minuten, wiederholt sich aber öfters am selben Tage, und zwar wechseln verschiedene Männchen und Weibchen miteinander ab, ein eigentliches Zusammenhalten eines bestimmten Pärchens findet nicht statt. Der Vorgang ist bei allen von mir beobachteten Echsen gleich, nur jagen sich manche erst längere oder kürzere Zeit umher, das Männchen gibt seinen Willen auf mannigfache Art zu erkennen. Die Eier bedürfen (bei allen eierlegenden Echsen) etwa acht Wochen zu ihrer Ausbildung im Mutterleibe und einer gleichen Zeit zur Nachreife.

Die trächtigen Weibchen graben einige Tage vor dem Ablegen der E i e r ein röhrenartiges Loch zur Aufnahme derselben, das Loch wird unter Steinen, Moos, Laub u. dergl. angelegt. Das Ablegen der Eier geschieht meist des Nachts oder in den frühen Morgenstunden. Das Weibchen der Zauneidechse legt, je nach der Grösse und dem Alter, 5 bis 14 schmutzig-weisse, rundliche, mit pergamentartiger Haut versehene Eier, welche im Finstern manchmal schwach phosphoreszieren. Die Eier sind an Grösse sehr verschieden, je mehr ein Tier legt, je kleiner sind sie, die grössten werden etwa so gross wie ein Sperlingsei. Die Eier sind nicht wie bei den Schlangen von einem Klebstoff überzogen. Die Form der Eier ist bald kugelig, bald länglichoval. Nach dem Legen scharrt das Weibchen das Loch wieder zu, ebnet es etwas und kümmert sich fernerhin nicht mehr um die Eier.

Die Jungen kommen Ende August bis in den September hinein aus den Eiern hervor, sie sind völlig ausgebildete, flinke, muntere Tierchen, welche alsbald die Lebensweise der Alten beginnen. Soeben dem Ei entschlüpfte Tiere sind ca. 5 cm lang, in 4 Wochen etwa 6—7 cm.

Die Gefangenschaft erträgt die Zauneidechse, wie auch noch viele andere, sehr gut, sie wird sehr zahm und zutraulich, gewöhnt sich überraschend schnell an ihren Pfleger, welchem sie durch ihr munteres Wesen, ihre Verträglichkeit gegen ihre Mitgefangenen etc. viel Freude macht. In einem kalten-trockenen, reich mit Pflanzen besetzten Terrarium hält sie lange Jahre aus und pflanzt sich darin auch alljährlich fort. Man muss jedoch die Vorsicht gebrauchen, die Eier bald nach deren Ablegen zu entfernen, denn es kommt bisweilen vor, dass sie ihre Eier und auch die Jungen auffressen, was ja bei den meisten Reptilien und Amphibien beobachtet wird. Die Eier lassen sich dann leicht wie in meinem Buche „Das Terrarium“ angegeben, zeitigen, ebenso leicht ist es bei einiger Geduld, die Jungen aufzuziehen.

---

2. *Die Berg- oder Wieseneidechse*
(Lacerta vivipara, Jaquin).

Diese Eidechse ist die kleinste der in Deutschland vorkommenden. sie erreicht eine Länge von höchstens 12 bis 16 cm. Der Körper ist bald mehr, bald weniger schlank, doch immerhin schmächtiger, als bei der vorigen. Der etwas gestreckte Kopf ist von den Augen an nach vorn allmählich verengt, dessen Seiten ziemlich senkrecht. Von den kurzen Beinen reichen die vorderen gewöhnlich nur bis zum Vorderrande der Augen, die hinteren etwa bis in die Mitte des Rumpfes oder höchstens bis ziemlich gegen die Achseln, nie aber erreichen sie letztere. Die Krallen der Vorderfüsse sind länger als an der Wurzel breit, die der Hinterfüsse meist immer so lang als breit, alle schwärzlich. Der Schwanz ist etwa ein $1/3$ länger, als der Körper, ziemlich kräftig, in der vorderen Hälfte fast gleich dick, dann in eine kurze Spitze ausgehend.

Das hinten in eine scharfe Spitze ausgezogene Rüsselschild ist ziemlich stark auf den Pileus übergebogen. Die Nasorostralschilder sind in der Mitte mehr oder weniger verjüngt, mitunter so stark, dass sie sich nicht berühren und daher das Rüsselschild an das Internasalschild stösst, letzteres ist vorn meist spitzer als hinten. Auch die Frontonasalschilder können mehr oder weniger, mitunter derartig verengt sein, dass sie sich in der Mittellinie nicht berühren und dann das Internasalschild mit dem Stirnschild zusammenstösst; letzteres ist breiter als der *Discus palpebralis*, gross, mit ziemlich gleichen oder wenig nach innen gebogenen Seiten, nach hinten kaum verengt. Die Frontoparietalschilder sind etwa so gross als das Internasale; das Interparietalschild ist meist, mitunter sogar bedeutend, grösser, als das Hinterhauptschild. Der *Discus palpebralis* wird durch keine Körnerreihe von den oberen Augenwimperschildern getrennt; das vierte obere Augenschild ist ziemlich gross. Die Scheitelschilder sind gross, kurz und breit. Das nach oben zu verengte Nasofrenalschild ist schmal, höher als lang. Das schmale Zügelschild ist etwa doppelt so hoch als lang, stets vorgenanntes Schild überragend. Das etwa viereckige Frenoocularschild zeigt am Hinterrande mitunter einen schwachen Vorsprung. Die vier, nach hinten kleiner werdenden oberen Augenwimperschilder sind schmal, länglich. Die Schläfe sind mit unregelmässigen Schildern bedeckt, welche mitunter ein grösseres *Massetericum* einschliessen. Das fünfte Oberlippenschild steht unter dem Auge. Unterlippenschilder sind meist fünf, mitunter auch nur vier vorhanden. Von den sechs Submaxilarschildern sind die beiden vorderen Paare fast doppelt so lang als breit. Die rundlichen Nackenschuppen sind körnig und glatt. Die gekielten Rückenschuppen sind länglich-sechseckig, und werden nach den Seiten zu etwas breiter. Die Kehlschuppen sind schwach gewölbt, die mittleren werden nach hinten zu bedeutend grösser. Das Halsband ist gezähnelt und besteht gewöhnlich aus neun, mitunter aber auch aus acht oder zehn Schuppen. Die Bauchschilder sind fast stets in acht Längsreihen geordnet. Die Aftergegend wird fast ganz durch das grosse Afterschild bedeckt, welches von sechs bis sieben grösseren Schuppen umgeben ist. Schenkelporen sind 9 bis 12 vorhanden. Die Schwanzschuppen sind oben deutlich gekielt und nach hinten spitz ausgezogen, und an der Schwanzwurzel glatt mit rundem Hinterrande, nach hinten zu werden sie aber gekielt und spitz wie die der Oberseite.

Die Färbung und Zeichnung der Bergeidechse ist beständiger als die vieler anderer Arten. Die Grundfarbe der Oberseite kann grau, graubraun, grünlichgrau, rötlichgrau, nuss- oder holzbraun bis schwarz sein; die Rückenmitte ist meist heller.

Abb. 26.

Berg- oder Wieseneidechse (*Lacerta vivipara, Jaquin*).

Häufig, namentlich bei braun gefärbten Stücken macht sich ein mehr oder weniger deutlicher Bronzeglanz bemerkbar. Die Zeichnung der Oberseite besteht in helleren und dunkleren oder schwärzlichen Flecken, die meist in Längsreihen stehen, auch zu Längsbinden zusammengehen können, manchmal auch als Augenflecken erscheinen, und sich meist bis auf die Mitte des Schwanzes erstrecken. Die Unterseite ist beim Männchen dotter-, leder- oder orangegelb, mit schwarzen Punkten gesprenkelt. Beim Weibchen ist die Unterseite meist weissgrau, bläulichgrau, mitunter etwas gelblich, seltener rötlich, ungefleckt. Die Männchen sind im allgemeinen schlanker als die Weibchen, heller gefärbt und machen sich auch durch zwei an der Schwanzwurzel liegende Anschwellungen kenntlich. Bei der Varietät *Lacerta montana. Mikan*, ist die Oberseite meist hellgrünlichbraun, mit zahlreichen schwarzen, gelblichen oder weisslichen Flecken, auch Augenflecken, gezeichnet. Die Unterseite beider Geschlechter ist bläulichweiss. Die Varietät *Lacerta nigra, Wolf.* zeichnet sich durch gänzlich einfarbig schwarze Färbung der Ober- und Unterseite aus. Die sehr kleinen Jungen sind dunkel, fast schwärzlich gefärbt, bronzeartig schillernd, mit zwei Reihen hellerer Punkte oder Flecken, bisweilen Augenflecken, gezeichnet.

Die Verbreitung der Bergeidechse ist eine sehr ausgedehnte, da sie mit Ausnahme von Süd- und Mittelitalien, der Pyrenäischen- und Balkanhalbinsel ganz Europa bewohnt. Im Gebirge steigt sie bis zu 2600 m hinauf.

Ihre Standorte sind hauptsächlich in feuchten, doch gleichfalls sonnigen Gegenden. Sie findet sich auf feuchten Wiesen, in Mooren, an Dämmen, Wassergräben, in feuchten aber lichten Wäldern, im Gebirge, namentlich an Bachrändern und dergleichen Oertlichkeiten. Ihre Verstecke sucht sie unter allerlei Gestrüpp, im Wurzelwerk alter Weidenstümpfe, auch unter der Baumrinde.

Sie führt eine stille verborgene Lebensweise, ist weder neugierig noch rauflustig wie manche andere Arten, sondern verbirgt sich bei Gefahr sofort in ihr Versteck, oder klettert an den Stämmen der Bäume hinauf, wo sie ihres braunen, der Baumrinde ähnlichen Kleides wegen, leicht dem Auge entschwindet. Ist sie in ihr Versteck verscheucht worden, so kommt sie nicht eher wieder zum Vorschein, als bis sie sich völlig sicher wähnt. Sie läuft ruckweise, huscht von einem Grasbüschel zum andern, und muss man gut aufpassen, um sie nicht aus den Augen zu verlieren. Wenn man sie einfängt, sucht sie sich nicht, wie andere, durch beissen zu verteidigen, um sich zu befreien windet sie ihren Körper hin und her, schlägt auch mit dem Schwanze, welcher dabei häufig abbricht. Im hohen Grase, oder wenn der Boden mit faulendem, lockerliegenden Laube bedeckt ist, hält es schwer sie zu fangen, leichter wird man ihrer auf kurz bewachsenem Boden habhaft. Sie weiss sich auch im Wasser sehr gut zu behelfen, und sucht nicht selten durch schwimmen zu entkommen; sie taucht auch gut und verschwindet mitunter plötzlich unter dem Wasserspiegel. Schon früh des Morgens kommt sie zum Vorschein und sucht sich ein sonniges Plätzchen in der Nähe ihres Versteckes aus, um sich hier zu sonnen, oder sie sucht die Umgebung ihres Versteckes nach Beute ab. Während des Tages trifft man sie häufig in geeigneten Oertlichkeiten an von der Sonne beschienenen Plätzen, wird sie aber meist erst dann gewahr, wenn sie sich schon auf der Flucht befindet; die Farbe ihres Körpers ist ihr bester Schutz.

Ihre Nahrung besteht in Würmern, namentlich Regenwürmern, Tausendfüsslern, Insektenlarven u. dergl., welche sie sich bisweilen sogar aus dem Wasser holt; doch verschmäht sie auch fliegende Insekten nicht, wenn sie deren habhaft werden kann.

Betreffs der Witterung verhält sie sich wie die Blindschleiche, auch sie zieht feuchte Luft der trockenen Sonnenhitze vor, ist daher an gewitterschwülen Tagen viel häufiger ausserhalb ihres Versteckes anzutreffen, während sie sich bei trockener Hitze in ihre Schlupflöcher oder tiefer in die Gebüsche zurückzieht.

Sie ziehen sich später als unsere anderen Echsen zum Winterschlaf zurück und kommen schon zeitig im Frühjahr wieder zum Vorschein, sie häuten sich bald darauf und befinden sich nun im prächtigen Sommerkleide. Schon Mitte oder Ende April schreiten sie zur Paarung. Die Bergeidechse ist lebendig gebährend und wirft das Weibchen schon Mitte oder Ende Juli, meist in der Nacht, drei bis neun lebendige Junge, welche gewöhnlich in eine Blase gehüllt zur Welt kommen. Die eben zur Welt gekommenen Jungen sind sehr klein, bedeutend kleiner als die eben dem Ei entschlüpften Jungen der Zauneidechse, sie verkriechen sich alsbald, nachdem sie ihre häutige Blase, in welcher sie geboren wurden, verlassen, unter Steinen,

Laub, feuchtem Moos oder in Erdritzen etc. und verharren hier zusammengerollt, wie leblos, noch mehrere Tage. In etwa acht Tagen haben sie aber bereits die doppelte Grösse erreicht, als sie erst hatten, und vermögen nun schon allerlei kleines Gewürm zu erbeuten.

Für die Gefangenschaft eignet sich diese zierliche Echse nicht so gut als vorige und folgende, da sie eines ziemlich geräumigen Terrariums bedarf. In grossen Terrarien, welche ihren Lebensbedürfnissen entsprechend eingerichtet sind, hält jedoch auch sie längere Zeit aus, namentlich dann, wenn man für reichlichen Pflanzenwuchs, besonders am Boden, sorgt. Man füttert sie mit Regen- und Mehlwürmern, kleinen Nachtschnecken, Tausendfüsslern u. dergl. Sie wird nicht ganz so zahm als unsere anderen Echsen, sondern bleibt stets etwas scheu und furchtsam. Sie klettert zwar auch, doch weniger als die anderen, am liebsten hält sie sich in der Nähe der Wasserbecken auf. Mit andern Echsen verträgt sie sich gut.

---

3. Die Smaragd- oder grüne Eidechse
(Lacerta viridis, Gesner).

Von den in Deutschland vorkommenden Eidechsen ist die Smaragd-Eidechse die grösste, wenn auch die deutschen Stücke nicht so gross werden als ihre das südliche Europa bewohnenden Genossen; sie kann eine Länge von 32 bis 63 cm erreichen. Der ziemlich kräftige Körper ist walzig, der in der Jugend kurze und breite, oben gewölbte Kopf wird im Alter länger, dreieckig, oben und an den Seiten flach, breiter als hoch, etwa doppelt so lang als breit. Der Gaumen ist stets bezahnt. Die Vorderbeine erreichen meist die Nasenlöcher, die Hinterbeine die Achseln. Die Krallen der Vorderzehen sind bis viermal, die der hinteren etwa dreimal so lang als breit, alle Krallen sind braun. Der Schwanz ist von doppelter Körperlänge und in eine dünne Spitze auslaufend.

Das Rüsselschild ist wenig längsgefurcht und nicht viel nach oben übergebogen. Das Internasalschild ist in der Jugend gewöhnlich etwas breiter als lang, bei alten Tieren jedoch so lang oder länger als breit. Die Frontonasalschilder sind bei jungen Tieren fast so breit als lang, im Alter viel länger als breit. Das grosse Stirnschild ist in der Mitte mehr oder weniger verengt, hier bald breiter, bald schmäler als der *Discus palpebralis*, welcher im Alter meist durch eine Körnerreihe von den oberen Augenwimperschildern getrennt ist. Die oberen Augenschilder sind in der Jugend ziemlich gewölbt, im Alter meist flach. Bei jungen Tieren sind die Frontoparietalschilder fast so lang als breit, bei alten länger. Das Interparietalschild ist im Alter schmäler als in der Jugend, das Hinterhauptschild bei alten Tieren länger als bei jungen. Die grossen Scheitelschilder werden am Aussenrande von zwei grösseren länglichen Schildchen begrenzt. Das über der Naht des Rüsselschildes und des ersten Oberlippenschildes belegene Nasenloch wird nach hinten von zwei übereinanderstehenden fast gleich grossen Nasofrenalschildern begrenzt, von welchen das untere das erste Oberlippenschild berührt. Das dem zweiten Oberlippenschilde aufliegende Zügelschild ist etwa so breit wie ein Nasofrenalschild und so hoch wie beide zusammen. Das Frenoocularschild ist gross. Die Schläfen sind von grösseren flachen oder wenig gewölbten Schildern bedeckt, welche gegen die Ohröffnung hin manchmal kleiner werden und ein *Massetericum* nicht erkennen lassen. Oberlippenschilder sind sieben bis acht vorhanden, das fünfte unter dem Auge stehend. Die Kehlschuppen sind länglich-sechseckig, stehen in schiefen Querreihen und sind von den breiteren Halsschuppen durch eine Querfurche getrennt. Das Halsband ist gezähnelt und besteht aus 6 bis 12, gewöhnlich aus neun, grossen auf einander geschindelten Schuppen. Die Körperschuppen sind im Ganzen klein und körnig, auf dem Rücken nach hinten zu undeutlich gekielt. Die Bauchschilder stehen in acht Längsreihen, deren äusserste nur etwa doppelt so gross als die daranstossenden Körperschuppen sind. Das Afterschild ist gross. Schenkelporen sind 11 bis 20, gewöhnlich 15 bis 18 vorhanden. Die schmalen Schwanzschuppen sind gleichseitig, länglich-fünfeckig, hinten spitz ausgezogen, oben und unten scharf gekielt.

Die Färbung und Zeichnung ist nach Geschlecht, Alter und Standort sehr veränderlich. Bei den Männchen ist die Oberseite gewöhnlich schön smaragdgrün, blaugrün oder gelbgrün, bei den Weibchen dunkler, grünbraun, bei beiden bald einfarbig, bald, namentlich bei den Männchen, gelb, weisslich oder schwarz punktiert, gefleckt, manchmal wie mit Pünktchen hell und dunkel übersäet, die Flecken und Punkte können einzeln, zerstreut, oder mehr oder weniger in fortlaufenden oder unterbrochenen Längsreihen stehen, sind oft schwärzlich gesäumt, oder von dunkelgrünen, schwärzlichen Tupfen begrenzt, so dass bisweilen Augenflecken vorkommen können. Kehle und Kopfseiten sind häufig, namentlich beim Männchen, schön türkischblau. Die Unterseite ist bei allen Varietäten stets ungefleckt, beim Männchen hell schwefelgelb, gelbgrünlich, beim Weibchen mehr

Abb. 27.

Smaragd- oder grüne Eidechse *(Lacerta viridis, Gesner)*.

bläulichweiss; die Zunge ist schwärzlich, die Iris blassrötlich, am Oberlid findet sich ein schwarzer Punkt. Ganz junge Tiere sind oben meist einfarbig braungrün, graugrün oder lederbraun, mit zunehmendem Alter treten dann die dunkleren Fleckenzeichnungen auf, die bei den Männchen, je älter sie werden, wieder verschwinden. Bei der Varietät *Lacerta chloronota, Rafinisque*, sind ältere Männchen und Weibchen ganz einfarbig grün. Bei der Varietät *Lacerta nigra, Gachet*, ist die ursprüngliche grüne Grundfarbe ganz, oder bis auf einige kleine Flecken, von der schwarzen Fleckenzeichnung verdrängt. Bei mittelgrossen Männchen der Varietät *Lacerta variolata, Dug.*, ist die grüne Grundfarbe oft mit gelben, braunen, schwarzen, nach dem Kopf zu auch mit blauen, unregelmässigen Flecken, Strichen oder

Schnörkeln gemischt. Bei der Varietät *Lacerta bilineata. Daudin.* (oder *Lacerta Michahellesii. Fitzinger)*, finden sich jederseits des Rückens und an den Seiten, zusammen vier, mehr oder weniger zusammenhängende schwarze Längsstreifen, neben welchen ebenso gestaltete weissliche oder gelbliche Streifen hinlaufen; tritt zu diesen vier Streifen noch einer auf der Mitte des Rückens hinzu, so bilden solche Stücke die Varietät *Lacerta quinque-radiata. Dumeril & Bibron.* Bei der Varietät *Lacerta exigua. Eichw.*. ist die Oberseite tief dunkel olivengrün, kupferbraun oder schwärzlich, hiervon heben sich drei gelbliche Streifen sehr scharf ab; finden sich aber bei gleicher Grundfarbe fünf solcher Längsstreifen, so gehören solche Stücke zur Varietät *Lacerta quinque-vittata. Ménétr.*, bei beiden Varietäten sind die Schenkel häufig mit hellen Flecken gezeichnet; finden sich nun noch zwischen den erwähnten Streifen helle Flecken, so bilden so gezeichnete Stücke die Varietät *Lacerta strigata, Eichw.*

Die Verbreitung der Smaragdeidechse erstreckt sich hauptsächlich über ganz Südeuropa, doch geht sie stellenweise auch ziemlich weit nach Norden. Sie findet sich auf der pyrenäischen Halbinsel, in Frankreich, namentlich im Süden, in der Schweiz, in Italien und dessen Inseln, jedoch nicht auf Sardinien, ferner in Südtyrol, Illyrien, Istrien, Dalmatien, Griechenland, Ungarn, in den Karpathenländern, im Norden des Schwarzen Meeres, bis in den Kaukasus; längs des Oberrheins zieht sie sich bis in die unteren Maingegenden, kommt in Oesterreich (namentlich bei Wien, Baden), Böhmen, Mähren, Bayern, Schlesien, Preussen, Brandenburg (bei Berlin, Rüdersdorfer Kalkberge) vor, und soll auch bei Danzig und auf der Insel Rügen gefunden worden sein.

Ihre Standorte wählt sie meist in mit allerlei Buschwerk bewachsenen sonnigen Gegenden; namentlich findet sie sich auf Steinhaufen an buschigen Wiesen-, Feld- und Waldrändern, in Waldlichtungen, Weingärten, bergige, hüglige Gegenden zieht sie völlig ebenen vor. Ihre Verstecke wählt sie in Erdlöchern unter Steinhaufen, im Wurzelwerk der Gebüsche u. dergl. An dem gewählten Standort hält auch sie beharrlich fest, und eine Echse, welche uns an einem Tage entwischt, wird man andern Tags wieder an derselben Stelle antreffen.

Ihre Nahrung besteht meist in Heuschrecken, Feldgrillen, Käfern, selbst ganz hartschaligen, und sonstigen Kerbtieren, Schnecken, Würmern, Regenwürmer allergrösster Sorte bereiten ihr nicht die geringsten Umstände, und ist der Wurm noch so lang, sie weiss ihn unterzubringen. Nebenbei fällt sie aber auch über kleinere Eidechsen her, auch ein junger Vogel dürfte ihr gelegentlich zum Opfer fallen. Mittelgrosse Mäuse frisst sie sehr gern, ebenso ganz junge Ratten.

In ihrer Lebensweise weicht sie von den vorigen insofern ab, als sie bedeutend flinker, behender als diese ist, auch gern und vorzüglich klettert. Mit grosser Schnelligkeit klettert resp. läuft sie an dicken Baumstämmen empor, oder bewegt sich mit vielem Geschick im Strauchwerk. immer die von der Sonne am meisten getroffenen Aeste aufsuchend und oft stundenlang hier verweilend. Sie liegt dann ruhig, anscheinend schlafend auf einem Ast niedergedrückt, doch entgeht ihrer Aufmerksamkeit nichts; ein in ihre Nähe kommender Käfer etc. wird fast immer sofort bemerkt und erhascht. Liegt sie sich sonnend am Boden, auf einem Stein oder Steinhaufen, so macht sie ihren Körper breit und flach, damit nur ja recht viele Teile ihres Körpers der ihr wohlthuenden Sonnenstrahlen teilhaftig werden. Es ist geradezu erstaunlich, welch grosse Hitzegrade sie ertragen kann, die Steine, auf welchen ich sie sich sonnend liegen sah, waren manchmal so heiss, dass ich dieselben nicht in die Hand nehmen konnte, aber unsere Eidechse gab sich dieser Hitze mit vollem Behagen hin. An sonnenarmen Tagen ist sie weniger lebhaft, hält sich mehr in ihrem Versteck auf, und ist, wenn ausserhalb desselben angetroffen, dann viel leichter zu fangen, als an recht heissen sonnigen Tagen, an solchen sind ihre Bewegungen oft derartig schnell, dass man sie kaum mit den Augen zu folgen vermag. Ihr Laufen, obwohl auch sie stets seitliche schlängelnde Bewegungen ausführt, fördert das sehr rasch, dabei huscht sie bald nach dieser, bald nach jener Seite, und benutzt mit vielem Geschick jeden ihr Deckung bietenden Gegenstand. Kann sie einen dichten Busch erreichen, so ist sie gesichert, da es nur selten gelingt sie wieder herauszujagen. Sie sitzt dann ruhig mitten im Busch ihren Verfolger betrachtend, umgeht man den Busch nach der andern Seite, so dreht sie sich gleichfalls um, ohne jedoch ihren Platz zu verlassen. Es liegt ein gewisser Hohn darin, wie sie die Bemühungen des Fängers beobachtet, sie scheint recht gut zu wissen, dass sie inmitten des Busches gesichert ist, von einer einzelnen Person lässt sie sich schlechterdings daraus nicht hervorjagen. Auch in ihrem sonstigen Wesen zeigt sie sich weniger furchtsam als die vorigen, sie ist sich gewissermassen ihrer Kraft bewusst und beisst ergriffen tapfer zu, der Biss der grösseren ist auch recht gut zu fühlen, ja es ist öfters vorgekommen, dass sie mich blutig gebissen haben. Wird sie ins Wasser gejagt, so weiss sie sich durch Schwimmen zu helfen, ein ziemlich breiter Graben ist noch kein Hinderniss ihrer Flucht, sie durchschwimmt denselben mit grosser Gewandtheit und setzt am andern Ufer ihre Flucht fort, wenn dies noch nötig sein sollte, gewöhnlich ist sie aber durch eine solche Leistung gerettet.

Sie zieht sich, in Deutschland wenigstens, früher als die Zauneidechse zum Winterschlaf zurück, je nach der Witterung schon Ende September oder Anfang Oktober und kommt später als diese wieder zum Vorschein. Selten zeigt sie sich vor Mitte April. Nach einiger Zeit häutet sie sich und erscheint dann im prachtvollen Hochzeitskleide. Bei der Paarung geraten die Männchen häufig in Streit miteinander und gibt es dann harte Kämpfe, bei welchen nicht selten einer oder der andere der Kämpfer einen Teil des Schwanzes einbüsst. Im Juni bis Juli legt das Weibchen 6 bis 8 und mehr längliche, etwa bohnengrosse Eier von grauweisser Farbe, diese werden meist in selbstgegrabene, seltener in vorgefundene Löcher in der Erde, unter Steinhaufen, Wurzeln, Moos u. dergl. abgelegt und bedürfen wie die der Zauneidechse einer längeren Zeit zur Nachreife. Im August gewöhnlich kommen dann die lebhaften hübschen Jungen zum Vorschein.

Von ihren Feinden dürfte sie weniger als die vorigen zu leiden haben, da sie sehr schnell ist und ihren Verfolgern deshalb meist entkommt, gegen schwächere Verfolger, wie manche Schlangen und Vögel, sich aber erfolgreich verteidigt. So gelingt es der Schlingnatter selten eine grössere Smaragdeidechse zu überwältigen, selbst eine grosse Aeskulapnatter wird ihrer nicht immer Herr und auch im Kampfe mit einem Turmfalken bleibt sie manchmal Sieger. Sie ist eben zu gewandt und flink und weiss von ihren kräftigen Kiefern erfolgreich Gebrauch zu machen.

Durch ihre massenhafte Vertilgung allerlei schädlichen Ungeziefers macht sie sich dem Menschen sehr nützlich, und verdient deshalb die weitgehendste Schonung.

An die Gefangenschaft in geräumigen, warmen, sonnig stehenden Terrarien, welche reich mit Pflanzen besetzt sein müssen, gewöhnt sie sich leicht und hält darin lange Jahre zur Freude ihres Pflegers aus. Sie wird sehr bald und ausserordentlich zahm, lernt ihren Pfleger sehr gut von anderen Personen unterscheiden und nimmt ihm in jeder Stellung und Lage das Futter aus der Hand ab. Sie klettert gern auf Arm und Schulter und lässt sich in dieser Stellung füttern und tränken. Einige werden so zahm, dass sie ihrem Pfleger nachlaufen, und, auf die Erde gesetzt, immer wieder an demselben emporklettern. Ihre Erhaltung ist leicht, man füttert sie mit jungen Mäusen, nach welchen grössere sehr lüstern sind, Maikäfern u. dergl., Küchenschaben, Heuschrecken und deren Larven, Regenwürmern, Mehlwürmern und allerlei Insekten etc., bald gewöhnen sie sich auch an rohes Fleisch, in Streifen geschnitten oder geschabt.

---

4. Die Mauereidechse
(Lacerta muralis, Laurenti).

Die Mauereidechse erreicht eine Länge von 15 bis 18 cm, einige südliche Varietäten können aber bis 24 cm lang werden. Der Körper ist meist schlank und gestreckt, von oben etwas abgeplattet. Der nach vorn zugespitzte Kopf ist beim Männchen grösser, länger und mehr niedergedrückt als beim Weibchen. Gaumenzähne fehlen gewöhnlich. Die Vorderbeine reichen bis zu den Nasenlöchern oder bis zur Schnauzenspitze, die Hinterbeine gewöhnlich bis zu den Achseln, manchmal darüber hinaus, oder erreichen auch die Achseln mitunter noch nicht. Der Schwanz ist etwa doppelt so lang als der Körper und endet in eine dünne Spitze.

Das grosse Rüsselschild ist wenig nach oben übergebogen, etwa doppelt so breit als lang. Die Nasorostralschilder stossen in der Mitte der Schnauze fast immer mehr oder weniger zusammen und trennen so das Rüsselschild vom Internasalschild. Das mässig breite Stirnschild ist nach hinten wenig verengt, seine Seiten ein wenig nach innen gebogen, vorn mehr oder weniger verrundet, hinten mit bald spitzerem, bald stumpferem Winkel zwischen die Frontoparietalschilder eingeschoben. Das schmale Interparietalschild ist fünfeckig, reichlich doppelt so lang als das kleine trapezische Hinterhauptschild. Die grossen Scheitelschilder werden am Aussenrande von mehreren länglichen Schildchen gesäumt. Der *Discus palpebralis* ist nach vorn zu spitzig verengt, nach aussen immer durch eine feine Körnerreihe begrenzt, bei jungen Tieren mehr als bei alten gewölbt. Das hinten nur von einem Nasofrenalschild begrenzte Nasenloch liegt über der Vordernaht des ersten Oberlippenschildes. Das Zügelschild ist schmal, oben mehr oder weniger auf den Pileus übergebogen, unten das zweite Oberlippenschild berührend, mitunter durch eine Nath geteilt. Obere Augenwimpernschilder sind meist fünf, selten sechs vorhanden. Zwischen den, die Schläfen bedeckenden, kleinen schuppenartigen Schildchen, findet sich ein ziemlich grosses mehr oder weniger rundliches *Masseterieum* und am Vorderrande der Ohröffnung ein längliches Ohrschild. Die kleinen Schläfenschilder können jedoch bisweilen so an Grösse zunehmen, dass sich das *Masseterieum* nicht mehr unterscheiden lässt. Von den sieben Oberlippenschildern steht das fünfte unter dem Auge. Unterlippen- und Unterkieferschilder sind meist je sechs vorhanden. Die kleinen Rückenschuppen sind rundlich, körnig, ziemlich stark gewölbt und zeigen sich unter der Loupe deutlich gekielt. An der Kehle finden sich flache Schuppen, die deutliche Querfurche ist fein beschuppt. Das ziemlich ganzrandige Halsband wird von 9 bis 11 Schuppen gebildet. Die rautenförmigen Bauchschilder stehen in sechs Längsreihen, bei südlichen Stücken findet sich mitunter jederseits noch eine Reihe kleinerer Schildchen hinzu. Das grosse Afterschild bedeckt fast die ganze Aftergegend. Die Schwanzschuppen sind unten schärfer als oben zugespitzt, auch unten schärfer als oben gekielt. Die Schenkelporen sind beim Männchen deutlicher als beim Weibchen, es sind meist 15 bis 20 vorhanden.

Die Färbung und Zeichnung ist sehr veränderlich und hat zur Aufstellung einer ganzen Reihe von Varietäten Veranlassung gegeben. Die Oberseite kann grau, graubraun, bräunlich, braun, dunkelbraun, schwärzlich oder schwarz, graugrün, braungrün, olivenfarbig, gelbgrün, hell- oder dunkelgrün, hellgrau, graublau, kornblumenblau, azurblau, selbst weisslich sein, bald einfarbig, bald finden sich jederseits des Rückens hell- oder dunkelfarbige glatte Längsstreifen, bald wieder wellige, gepunktete, getupfte Streifen, welche, hell oder dunkel gesäumt, auch Augenflecken bilden können. Die Seiten sind ähnlich, bald heller bald dunkler, mitunter schön blau gefleckt. Die Unterseite kann bleigrau, weisslich, grünlich, bläulich, gelblich, ziegelrot, orange, kupferrot,

Abb. 28.

Mauereidechse (*Lacerta muralis*, *Laurenti*).

bräunlich bis schwarz sein, bald ist sie einfarbig, bald heller oder dunkler gefleckt. Die eigentliche Stammform (*Lacerta muralis*) zeigt, nach de Bedriaga: eine graue oder bräunliche Grundfarbe, und eine aus einzelnen Flecken gebildete Seitenbinde; die Bauchseiten sind bläulich gefleckt; die Unterseite bleigrau, gelblich oder ziegelrot. Es würde zu weit führen, hier alle vorkommenden Varietäten (einige zwanzig) zu beschreiben, und auch keinen

Zweck haben, da dieselben meist dem Süden angehören, ja mitunter nur auf bestimmte, engbegrenzte Gebiete beschränkt sind. Die in Deutschland vorkommenden Stücke zeigen meist grosse Aehnlichkeit mit der Bergeidechse. Die Grundfarbe ist gewöhnlich graubraun, bräunlich oder graugrün, und zieht sich, vermischt mit feinen, maschenartigen Zeichnungen, als helles Band vom Hinterkopf bis zur Schwanzspitze, jederseits davon findet sich eine Reihe mehr oder weniger regelmässiger, viereckiger, dunkelbrauner oder schwärzlicher Flecke, welche sich gleichfalls bis auf den Schwanz hinziehen, und auch zu Längsstreifen zusammengehen können. An den Bauchseiten finden sich öfters bläuliche, grünliche, in einer Reihe stehende Flecke. Die Farbe des Bauches ist gelblich, weisslich, rötlich oder bläulichweiss, bald einfarbig, bald dunkler gefleckt, gesprenkelt oder gepunktet. Demnach würden also die in Deutschland vorkommenden Stücke fast alle zur Stammform gehören, oder der Varietät *Lacerta muralis. var. fusca, de Bedriaga.* zuneigen.

Die Mauereidechse bewohnt hauptsächlich den Süden Europas und ist in den Mittelmeerländern besonders häufig, kommt aber auch in der Schweiz, in Frankreich und Belgien vor; von den letzteren drei Ländern aus hat sie sich sodann über Deutschland verbreitet, sie findet sich namentlich im Rheingebiet, in Württemberg, Baden, Hessen, im Nassauischen und in der bayerischen Pfalz.

Die Aufenthaltsorte der Mauereidechse sind sehr verschiedenartig, sie weiss sich jeder Oertlichkeit anzupassen und findet sich in dürren öden Gegenden sowohl, als in Gärten, Weinbergen, Gehöften, an Mauern, Steinhaufen, Ruinen, Hecken, Zäunen, an und auf Bäumen u. dergl., immer aber an der, der Sonne zugekehrten Seite; obwohl sie felsigen Boden bevorzugt, trifft man sie doch in den Thälern, auf Triften, Wiesen, an Wald- und Buschrändern, Holz- und Reisighaufen etc. An den Rändern der Chausseegräben, auf Meilensteinen etc. findet sie sich ebenso häufig als auf den Stroh- und Ziegeldächern der Gebäude.

Ihre Nahrung besteht vorwiegend in allerlei Insekten und Würmern, fliegende, hüpfende oder kriechende Kleintiere aller Art fallen ihr zur Beute, nur sehr selten vergreift sie sich an junge oder schwächliche Tiere ihrer Art, häufiger kommt es noch vor, dass sie sich bei ihren Zänkereien untereinander, namentlich zur Paarungszeit, die Schwänze abreissen und diese dann auffressen.

Sie ist noch lebhafter, flinker, klettergewandter als die Smaragdeidechse, dabei ist sie neugierig, zutraulich, zeigt wenig Furcht vor Menschen, ja lebt häufig in deren unmittelbarster Nähe, in Dörfern, Gehöften, sogar in Städten, was nur daher kommt, dass diese sehr nützliche Eidechse wohl nirgend verfolgt wird. Sehen sie sich aber verfolgt, so ändert sich ihr Benehmen sofort, sie werden scheu und furchtsam, erschrecken beim Anblick eines Menschen und suchen sich mit grosser Schnelligkeit zu verbergen. Ihre Bewegungen sind so schnelle, hastige, so schattenhaft huschende, dass man nicht einmal genau bemerkt, nach welcher Richtung hin unsere Echse entflohen ist; trotz dieser Schnelligkeit sind ihre Bewegungen doch zierlich und anmutig. Beim Laufen bewegt sie ihren Körper zwar wie alle in schlängelnden Biegungen, doch wird man dies bei der Schnelligkeit kaum gewahr. So schnell wie auf ebenem Boden, klettert sie auch senkrecht an Mauern, Zäunen etc. auf- und abwärts, da die geringsten Unebenheiten ihr zum Festhalten genügen. Auch sind sie imstande plötzlich ihre Richtung zu ändern und vermögen auch kurze Sprünge auszuführen. Untereinander gibt es fast fortwährend Zänkereien, meist des Futters wegen, eine sucht der anderen die gemachte Beute abzujagen und häufig genug fallen gleich mehrere über eine Echse, welche Beute gemacht hat, her, jede ist dann bemüht die Beute für sich zu erobern, und nicht selten kommt es vor, dass während dieser Händel das Opfer wieder entwischt und alle das Nachsehen haben.

Im Süden ihres Verbreitungsgebietes dürfte die Mauereidechse wohl kaum Winterschlaf halten, in Süddeutschland jedoch zieht sie sich je nach der Witterung im Oktober oder auch erst im November in ihre Winterherberge zurück und kommt bei günstiger Witterung oft ziemlich zeitig im Frühjahr wieder zum Vorschein. Sobald es dann anhaltend warm wird, schreiten sie zur Paarung. Ende Juni oder Anfang Juli legt das Weibchen 5 bis 8 bläulichweisse Eier in Erdritzen, unter Moos oder Steinhaufen, oder auch in selbstgegrabene Löcher, meist werden die Eier immer sehr sorgfältig versteckt und an solchen Orten abgelegt, wo das Gelege keiner Störung ausgesetzt ist, namentlich scheint die Echse darauf bedacht zu sein, dass nicht andere Tiere die Eier ausgraben, um sie zu verzehren. Die Eier sind etwa $1/3$ kleiner, als die der Zauneidechse, und bedürfen gleichfalls einiger Zeit zur Nachreife. Die kleinen, zierlichen und schon sehr flinken **Jungen** kommen gewöhnlich im August zum Vorschein, doch kann schlechte Witterung das Auskriechen auch bis spät in den September hinein verzögern.

Für die **Gefangenschaft** in recht geräumigen, warmen, sonnigstehenden Terrarien, welche reich mit Pflanzen besetzt sind, eignet sich die Mauereidechse vorzüglich. Sie gehört entschieden zu den unterhaltendsten Terrarienbewohnern, ist sehr aufmerksam, lebhaft, fast in steter Bewegung. Dabei wird sie sehr zahm und zutraulich, gewöhnt sich schnell und leicht an ihren Pfleger und lernt das Futter aus der Hand abnehmen. Mit ihresgleichen sowohl, als auch mit andern, selbst grösseren Echsen, neckt sie sich gern; im muntern Spiel jagen sie im Terrarium umher, an den Pflanzen, Grotten hinauf und hinab, immer hurtig, flink, und hat man hier so recht Gelegenheit, ihre Geschicklichkeit im Klettern zu bewundern. Auch ihre Farbenpracht nimmt für sie ein, und ein mit verschiedenen Varietäten der Mauereidechse besetztes Terrarium, gehört gewiss zu den schönsten Zimmerzierden und bietet des Interessanten und Belehrenden die Fülle. Ihre Fütterung bereitet keine Schwierigkeit, sie ist im Sommer mit allerlei Insekten und Gewürm leicht zu erhalten, im Winter gebe man Mehlwürmer, Küchenschaben, Fliegen u. dergl., so gefüttert gelingt ihre Ueberwinterung fast immer. Haben sie sich erst einmal an die Gefangenschaft gewöhnt, entspricht das Terrarium ihren Lebensbedingungen, so pflanzen sie sich auch darin fort. Ueber Näheres gibt mein Buch „Das Terrarium“ Auskunft.

Dritte Ordnung: Schildkröten (Chelonia).

Der Körper ist breit, kurz, scheibenförmig, von einem Kapselpanzer umgeben, welcher knöchern, knorpelig oder lederartig sein kann und nur vorn und hinten eine Oeffnung zum Durchlass des Kopfes, der vier Beine und des Schwanzes freilässt. Die Schildkröte ist mittels ihrer Rippen und dem Brustbein mit dieser Panzerkapsel (Abb. 29) verwachsen und kann den Panzer ebensowenig verlassen wie die Schnecke ihr Haus. Sie bringt diese Panzerkapsel mit zur Welt und trägt sie während ihres ganzen Lebens mit sich herum. Der Panzer ist ihr Schutz gegen Gefahr, indem sie ihren Kopf, ihre Beine und den Schwanz mehr oder

Abb. 29.

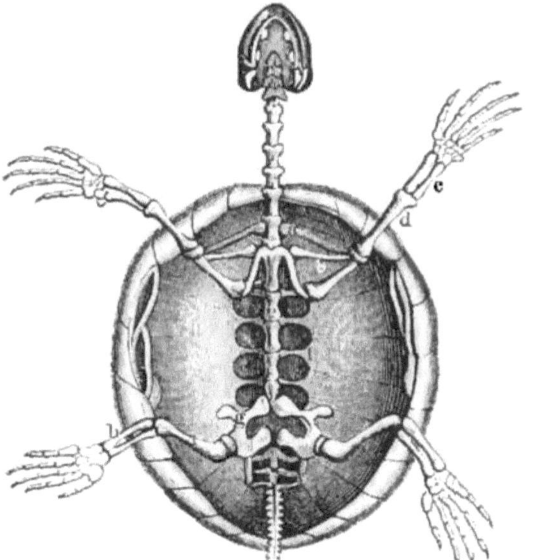

Skelett einer Schildkröte.

a. Schulterblatt, b. Schlüsselbein, c. Unterarm, d. Oberarm, e. Rückenwirbel, f. Rippen, g. Becken, h. Unterschenkel, i. Oberschenkel.

weniger vollständig unter denselben zurückziehen kann. Die äussere Bedeckung des Panzers wird aus Verhornung der Epidermis gebildet (Schildpatt).

Der Hals weist gewöhnlich acht rippenlose Wirbel, der meist sehr bewegliche Schwanz deren gegen fünfundzwanzig auf.

Der Kopf ist meist kurz und plump, hinten am breitesten, nach vorn mehr oder weniger zugespitzt. Die Kiefer sind scharf und schneidig, mit einem hornigen Ueberzug bedeckt, dieser ist entweder ganzrandig, gekerbt oder gesägt, mitunter mit zahnartigen Ausbuchtungen versehen. Der Gaumen ist niemals bezahnt. Die verhältnissmässig kleinen Nasenlöcher stehen an der Schnauzenspitze dicht zusammen. Die Augen liegen in geschlossenen Augenhöhlen und sind mit längs- oder quergespaltenen Lidern versehen. Das Ohr ist teils sichtbar, teils von der Körperhaut überzogen. Die Zunge ist am Grunde der Mundhöhle angewachsen und nicht vorstreckbar. Der immer gut ausgebildete Hals ist bald kurz, bald lang oder sehr lang, kann mehr oder weniger weit vorgestreckt werden, und wird von einer schlaffen Haut bedeckt, welche Querfalten bildet, worin der Kopf wie unter eine Kapuze zurückgezogen werden kann. An den vier Gliedmassen sind die Zehen niemals frei, sondern entweder vollständig bis zu den Krallen verwachsen oder durch Spannhäute mit einander verbunden. Man unterscheidet vier Formen, welche Klump-, Ruder-, Flossen- oder Schwimmfüsse genannt werden. Nur bei den letzteren können die Zehen als solche unterschieden werden und sind auch, obwohl durch die Spannhäute bis zu den Krallen verbunden, mehr oder weniger bewegungsfähig. Bei den andern Füssen lassen sich die Zehen als solche nicht mehr unterscheiden. Der mässig lange Klumpfuss ist mit ziemlich gut entwickelten Krallen versehen; der Ruderfuss ist plattgedrückt und sehr verlängert; der Flossenfuss ist flach, kurz, sehr verbreitert, schaufelförmig. Ruderfüsse kommen nur an den vorderen, Flossenfüsse nur an den hinteren Gliedmassen vor. Der sehr verschieden lange Schwanz ist in manchen Fällen an seiner Spitze mit einem hornigen Endnagel versehen. Die Haut der freien Körperteile ist derb, mit schuppen-, tafelförmigen oder körnigen Gebilden versehen, welche am Kopfe mehr oder weniger regelmässige Schilder bilden, die im allgemeinen wie bei den Echsen und Schlangen benannt werden, jedoch für die Systematik nur wenig von Bedeutung sind, da sie sehr unbeständig, unregelmässig sind und im Alter durch Verschmelzung oft ganz verwischt werden.

Wichtiger für die Systematik ist der Bau der Panzerkapsel oder der Schale *(testa)* des Schildkrötenkörpers, da Form und Stellung der einzelnen Schilder der Rücken- oder Oberschale *(testa dorsalis, thorax)* und der Brust- oder Bauchschale *(testa ventralis, sternum)* eine gute Handhabe für die systematische Bestimmung bieten. Die Rückenschale ist stets grösser als die Bauchschale, immer mehr oder weniger gewölbt. Die Bauchschale ist stets flach, oder, namentlich bei den Männchen, schwach eingedrückt. Beide Schalen können wieder aus einzelnen Teilen zusammengesetzt sein, die durch Knorpel- oder Hautnähte mit einander verbunden, bisweilen teilweise beweglich sind; letzteres ist jedoch mehr bei der Bauchschale, weniger bei der Rückenschale der Fall, und ist die Beweglichkeit meist nur eine geringe.

Abb. 30.

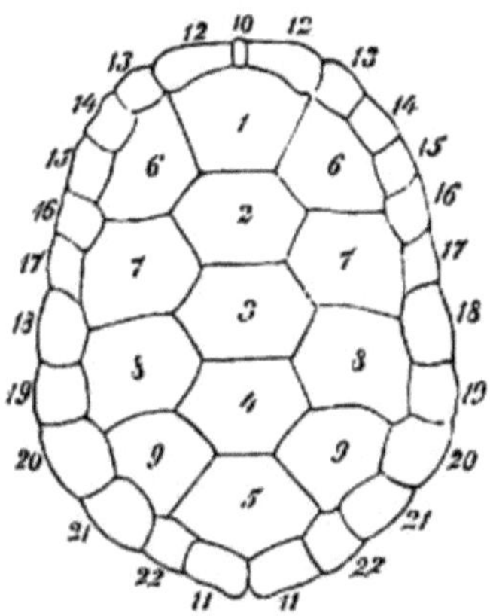

Rückenschale der europäischen Sumpfschildkröte *(Cistudo lutaria, Gesner)*. **(Nach Schreiber).**

1—9 Scheibe *(discus)*, **10—22 Rand** *(margo)*, **1—5 Wirbelschilder** *(scuta vertebralia)*, **6—9 Rippenschilder** *(sc. costalia)*, **10 Nackenschild** *(scutum nuchale)*, **11 Schwanzschilder** *(scuta supracaudalia)*, **12 Halsrandschilder** *(sc. margino-collaria)*, **13, 14 Armrandschilder** *(sc. margino-brachialia)*, **15—19 Seitenrandschilder** *(sc. margino-lateralia)*, **20—22 Schenkelrandschilder** *(sc. margino-femoralia)*.

Die Oberfläche des Panzers ist nur selten von einer zusammenhängenden Hautschicht bedeckt, gewöhnlich mit leicht ablösbaren Horntafeln oder Schildern *(scuta)*, welche das sogenannte Schildpatt bilden. Die meisten Schilder haben in ihrer Mitte eine Stelle, welche glatt oder erhaben ist und von welcher das Wachsthum der Schilder ausgeht; diese von konzentrischen Streifen oder Furchen, den Anwachsstreifen, umgebene Stelle heisst das Mittelfeld *(areola)*. Mitunter sind die einzelnen Schilder auch von einem mehr oder weniger deutlichen Längskiel *(carina)* durchzogen. Die den äusseren Rand des Rückenpanzers umsäumenden kleineren Platten heissen Rand- oder Marginalschilder *(scuta marginalia*, Abb. 30, 10—22), die von ihnen eingeschlossenen Platten (1—9) werden die Scheiben- oder Discoidalschilder (*discus*) genannt, welche wieder in Wirbel- oder Vertebralschilder (*scuta vertebralia*, 1—5) und Rippen- oder Costalschilder (*scuta costalia* 6—9) unterschieden werden. Die einzelnen Randschilder werden nach ihrer Stellung zu den Körperteilen benannt und unterscheidet man ein Nackenschild (*scutum nuchale*. 10), die beiderseits daranstossenden heissen Halsrandschilder (*scuta margino-collaria*. 12), Armrandschilder (*scuta margino-brachialia*, 13, 14), Seitenrandschilder (*scuta margino-lateralia*. 15—19), Schenkelrandschilder (*scuta margino-femoralia*. 20—22) und Schwanzschilder (*scuta supracaudalia*, 11).

Abb. 31.

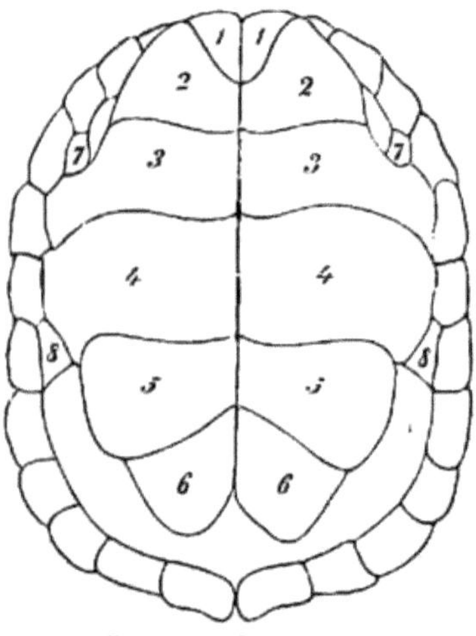

Bauchschale der kaspischen Wasserschildkröte (*Emys caspica, Gmelin*). (Nach Schreiber).

1 Kehlschilder (*scuta gularia*), 2 Armschilder (*sc. brachialia*), 3 Brustschilder (*sc. pectoralia*), 4 Bauchschilder (*sc. abdominalia*), 5 Schenkelschilder (*sc. femoralia*), 6 Afterschilder (*sc. analia*), 7 Achselschilder (*sc. axillaria*), 8 Leistenschilder (*sc. inguinalia*).

Die den Brustpanzer oder Sternum bedeckenden Brust- oder Sternalschilder zerfallen in Kehlschilder (*scuta gularia*, Abb. 31 und 32 1), Armschilder (*scuta brachialia*. 2), Brustschilder (*scuta pectoralia*. 3), Bauchschilder (*scuta abdominalia*, 4), Schenkelschilder (*scuta femoralia*. 5) und Afterschilder (*scuta analia*. 6). Mitunter stossen Brust- und Rückenschale nicht unmittelbar aufeinander, sondern es finden sich zwischen beiden Schalen kleinere Schilder eingeschoben, welche man nach ihrer Stellung in Achselschilder (*scuta axillaria*, 7), Leistenschilder (*scuta inguinalia*. 8) und Brustrandschilder (*scuta sterno-lateralia*. 9—13) unterscheidet. Zwischen den beiden Kehlschildern (1) schiebt sich manchmal noch ein, meist dreieckiges Schildchen ein, welches dann das Zwischenkehlschild (*scutum intergulare*. 14) genannt wird.

Die Schildkröten leben teils auf dem Lande, teils nur im Wasser, einige in den Meeren, teils abwechselnd bald im Wasser (Sumpf), bald auf dem Lande. Es sind meist langsame träge

Tiere, welche ihre Nahrung teils aus dem Tier- teils aus dem Pflanzenreiche entnehmen. Die Fortpflanzung geschieht durch ovale kalkschalige oder pergamenthäutige Eier, welche die Weibchen in selbstgegrabene Löcher in die Erde, unter Laub, Moos etc. unterbringen, die Höhlung scharren sie nach der Ablage der Eier wieder zu und drücken die Erde mittels ihres Brustpanzers fest, dann die Eier ihrem Schicksal überlassend. Die Schildkröten besitzen eine ausserordentliche Lebenszähigkeit und ertragen die schwersten Verstümmelungen scheinbar gleichmütig längere Zeit, die stärksten Gifte versagen an ihnen ihre Wirkung. Gegen Kälte jedoch sind sie sehr empfindlich und fallen ihr in kürzester Zeit zum Opfer; weshalb es das beste Mittel ist, um sie schnell und ohne Quälerei zu töten, dass man sie der Kälte aussetzt. Gegen den Winter vergraben sic sich tief in die Erde oder in den Schlamm und halten Winterschlaf; die in den heissen Ländern lebenden vergraben sich im Sommer um die heisseste Jahreszeit zu verschlafen. Manche lassen in der Erregung ein ziemlich lautes Zischen oder Pfeifen vernehmen, namentlich die Männchen zur Paarungszeit. Manche Arten werden dem Menschen durch ihr Fleisch, ihre Eier und das Schildpatt nützlich.

Abb. 32.

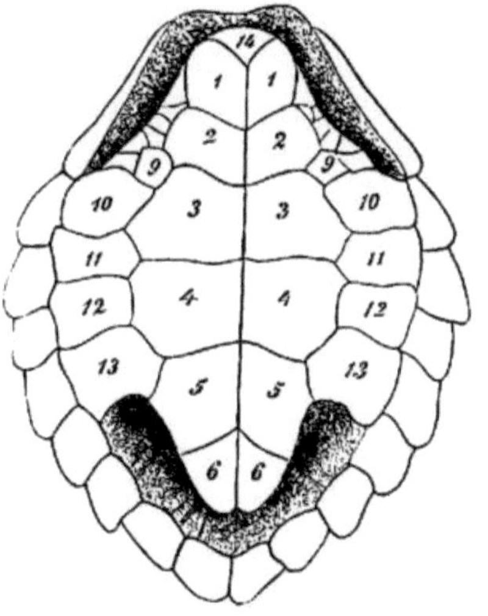

Bauchschale der Cauana
(Thalassochelys corticata, Rondellet).
(Nach Schreiber).
9—13 Brustrandschilder *(scuta sternolateralia)*, 14 Zwischenkehlschild *(scutum intergulare)*, die übrigen Ziffern wie bei Abb. 31.

Die Schildkröten finden sich in Deutschland nur durch eine Familie vertreten, und zwar:

Familie:	Gattung:	Art:	Der am meisten gebrauchte deutsche Name:
Emydae	Cistudo, Flemming	lutaria, Gesner	**Europäische Sumpfschildkröte.**

Familie: Emydae. Sumpfschildkröten.

Der Rückenpanzer ist elliptisch oder eiförmig, schwach gewölbt, am Halse meist nicht oder wenig ausgerandet, nach hinten gewöhnlich etwas breiter, er besteht stets nur aus einem Stück; es sind 13 Scheiben- und 23 bis 25 Randschilder vorhanden. Die Anwachsstreifen fehlen oder sind nur wenig entwickelt, öfters aber die einzelnen Schilder gekielt. Der Brustpanzer ist meist kürzer als der Rückenpanzer, breiteiförmig, flach oder beim Männchen längs der Mitte schwach vertieft, entweder einfach oder aus zwei oder mehreren Querstücken gebildet. Rücken- und Bauchschale können miteinander unbeweglich, oder durch eine häutige Naht beweglich verbunden sein. Der Kopf ist selten mit deutlichen Schildern bekleidet; die Augen stehen bald seitlich bald schief nach oben gerichtet; das stets deutlich sichtbare Trommelfell ist ei- oder kreisförmig. Der Hals ist ziemlich lang. Die schwach zusammengedrückten Beine sind ziemlich gleichlang; vorn gewöhnlich mit fünf, hinten mit vier Zehen, welche gut von einander unterschieden, freibeweglich, durch eine derbe Schwimmhaut verbunden und mit langen, krummen, spitzen Krallen versehen sind. Die Sumpfschildkröten treten mit der ganzen Sohle auf. Der ziemlich lange Schwanz ist spitz und dünn.

Die Sumpfschildkröten sind kleine oder mittelgrosse Tiere, sie leben meist in Sümpfen, Teichen, Seen und langsam fliessenden Gewässern. In ihren Bewegungen sind sie flinker, gelenkiger als irgendwelche dieser Ordnung, sie schwimmen und tauchen vorzüglich, kriechen auch am Ufer ziemlich schnell und wissen sich, auf den Rücken geworfen, leicht wieder umzudrehen. Sie sind echte Räuber und entnehmen ihre Nahrung fast ausschliesslich dem Tierreiche, allen möglichen kleineren, selbst grösseren Wassertieren nachstellend. Am meisten werden sie Fischen, Fröschen, Molchen und deren Larven, Krebsen, Würmern, Schnecken, dem Fisch- und Froschlaich gefährlich, gelegentlich fallen ihnen auch sich in der Nähe des Wassers aufhaltende kleine Schlangen, Eidechsen, Mäuse, Sumpfvögel zum Opfer, ja sie plündern auch die Nester der Sumpfvögel und fallen selbst über grosse Fische und Wasservögel her, solchen mit ihren scharfen Kiefern Stücke Fleisch vom Leibe reissend. Nur nebenbei dürften sie auch Pflanzen verzehren. Betreffs ihrer geistigen Fähigkeiten sind sie den Landschildkröten überlegen, sie werden in Gefangenschaft zahm und zutraulich und gewöhnen sich bald an ihre neue Umgebung und den Menschen. Die Wärme lieben sie sehr und vergraben sich mit Eintritt kälterer Tage tief in die Erde um Winterschlaf zu halten, in den Aequatorial-Gegenden vergraben sie sich ebenso während der heissen, dürren Jahreszeit zum Sommerschlaf. Ihres Fleisches wegen werden grössere häufig gefangen. Ihre 6—8 Eier vergraben sie in die Erde oder in den Sand und füllen die Grube, nachdem die Eier abgelegt, wieder mit demselben Material aus.

Von dieser Familie beherbergt Deutschland nur eine Gattung mit einer Art.

Gattung: Cistudo, Flemming. Pfuhlschildkröten.

Die Unterschale ist gegliedert, sie besteht aus zwei hintereinanderliegenden ungleichen Querstücken, welche in der gemeinschaftlichen Naht der Brust- und Bauchschilder, durch eine weiche Knorpelmasse beweglich mit einander verbunden sind, so dass der kleinere, vordere Teil, gegen die Rückenschale zu bewegt werden kann; die Unterschale ist aus zwölf Schildern zusammengesetzt und mit der Oberschale durch eine Knorpelmasse beweglich verbunden. Achsel- und Leistenschilder sind nicht vorhanden. Der Rand der Rückenschale besteht aus 25 Randschildern (Abb. 30). Der Kopf ist unbeschildert, doch mitunter von Furchen derartig durchzogen, dass schilderartige Bildungen entstehen.

Europäische Sumpfschildkröte (Cistudo lutaria, Gesner).

Die europäische Sumpfschildkröte, gemeine Sumpf-, Pfuhl- oder Teichschildkröte erreicht eine Schalenlänge von 21 bis 26 cm, die Körperlänge von der Schnauzen- bis zur Schwanzspitze beträgt etwa 32—40 cm bei ausgewachsenen Exemplaren. Die bei eben ausgekrochenen Tieren etwa thalergrosse, runde Rückenschale ist weich und lederartig, wenig gewölbt, wird aber, je älter das Tier wird, härter, stärker gewölbt und gestreckter, so dass sie schliesslich eine elliptisch-eiförmige Gestalt erhält (Abb. 30). Die Seitenränder sind nur wenig oder garnicht leistenartig abgesetzt. Der aus 25 Schildern bestehende Schalenrand (Abb. 30) ist schmal, glatt, die Nackenplatte klein, länglich-viereckig. Die Wirbelschilder sind bei jungen Tieren längs gekielt, im Alter verschwinden diese Kiele jedoch mehr und mehr, so dass sie höchstens noch in der hinteren Schalenhälfte wenig sichtbar bleiben. Alle Scheibenschilder jüngerer Tiere weisen feinkörnige Mittelfelder von Gestalt der betreffenden Schilder auf, welche bei den Wirbelschildern an der Mitte vor dem Hinterrande stehen, bei den Rippenschildern mehr nach vorn und oben gerückt sind; auch sind bei jungen Tieren die Anwachsstreifen ziemlich gut sichtbar. Je älter nun die Tiere werden, je mehr verschwinden diese Bildungen und bei alten Tieren sind dann alle Schilder völlig glatt.

Die Bauchschale (Abb. 33) ist mehr oder weniger länglich-oval, vorn wenig, hinten aber merklich kürzer als die Rückenschale und wenig ausgerandet. Beim Weibchen ist sie ziemlich flach, beim Männchen jedoch längs der Mitte deutlich vertieft. Die Form der einzelnen Schilder ergiebt sich aus der Abb. 33 für die Bauchschale, aus Abb. 30 für die Rückenschale.

Abb. 33.

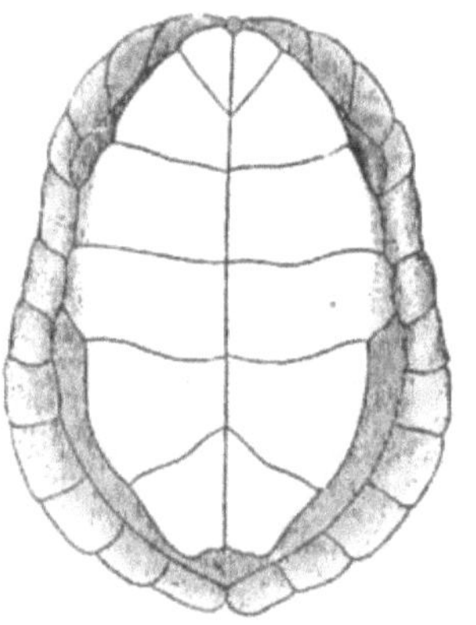

Bauchschale der europäischen Sumpfschildkröte *(Cistudo lutaria, Gesner)*. (Nach Schreiber).

Der etwa vierseitig-pyramidenförmige Kopf ist dicker als der Hals, breiter als hoch, mit kurz zugespitzter, vorn etwas abgestutzter Schnauze. Die Kieferränder sind glatt, scharf, die oberen über die unteren übergreifend. Der unbeschilderte Oberkopf zeigt hinten mitunter unregelmässige Furchen, welche infolge ihrer Lage schilderartige Bildungen hervorbringen, was mitunter auch an den Kopfseiten der Fall ist. Die Haut des Halses ist schlaff, mit flachen rundlichen, schuppen- oder schilderartigen Bildungen bedeckt. Die vorderen Gliedmassen decken flachgeschindelte, tafelartige Schuppen, welche in ziemlich deutlichen Querreihen stehen, die hinteren sind mit unregelmässigen rundlichen Schuppen bekleidet. Die Zehen sind bis zu den Krallen durch eine

Schwimmhaut verbunden, die Krallen sind nicht sehr lang und schwach gekrümmt. Der Schwanz ist etwa so lang wie die halbe Bauchschale, nach seinem Ende zu stark kegelförmig dünner werdend, ohne Endnagel, mit unregelmässig-viereckigen Tafelschuppen besetzt; in der ersten Hälfte findet sich auf der Unterseite eine Längsfurche.

Die Färbung und Zeichnung ist veränderlich. Die Rückenschale ist meist schwärzlich oder bräunlich, bei jungen Tieren schmutzig olivengrün, mit von den Mittelpunkten der Schilder ausgehenden, gegen den Rand derselben fächerförmig auseinandergehenden, gelben Strichen oder Punkten gezeichnet. Bald ist die eine, bald die andere Farbe vorherrschend, meist jedoch tritt die dunkle als Grundfarbe, die helle als Zeichnung auf. Die Brustschale ist ebenfalls schwärzlich gefärbt, bräunlich oder gelblich gezeichnet, und sind diese Farben entweder untereinander vermischt und bilden eine Marmelzeichnung, oder die eine Farbe wird von der andern bisweilen fast völlig verdrängt, sodass die Unterseite mehr einfarbig erscheint. Die Grundfarbe der unbedeckten Körperteile ist meist schwärzlich oder bräunlich, mit gelben Flecken und Strichen gezeichnet, jedoch unbeständig. Oefters finden sich auf der Vorderseite der Arme zwei gelbliche Längsbänder; die Haut der Schulter- und Weichengegend ist gelblich, bald mehr, bald weniger dicht mit bräunlichen Flecken

Abb. 34.

Europäische Sumpfschildkröte
(Cistudo lutaria, Gesner).

bedeckt. Die gelben Zeichnungen treten übrigens erst bei älteren Tieren häufiger auf, während junge Tiere wenig davon aufweisen. Es kommen zahlreiche Varietäten vor, die aber fast alle dem Süden angehören, daher hier füglich übergangen werden können.

Das Verbreitungsgebiet dieser Schildkröte ist sehr ausgedehnt, sie bewohnt mit wenigen Ausnahmen fast ganz Europa, am häufigsten ist sie im südlichen und südöstlichen Europa. Sie soll in Mecklenburg, Brandenburg, Posen, Schlesien, Sachsen, Böhmen und Bayern vorkommen, findet sich häufiger in Oesterreich, Italien und dessen Inseln. Ungarn, Dalmatien, Griechenland, der Schweiz, Frankreich, Spanien. Portugal und Algier, soll auch noch in Persien gefunden werden.

Zu ihrem Aufenthalt wählt sie Teiche, Seen, Sümpfe und langsam fliessende Gewässer, namentlich mit schlammigem Grunde.

Sie führt eine sehr versteckte Lebensweise, ist sehr scheu und vorsichtig. Bei Tage hält sie sich gewöhnlich im Wasser auf und geht meist nur des Abends oder Nachts an das Land, doch findet man sie auch hin und wieder während der heissen Mittagszeit ausserhalb des Wassers, am Ufer, auf Steinen oder sandigen Stellen sich sonnend liegen. bei einem Geräusch oder Gefahr verschwindet sie sofort wieder im Wasser. Sie schwimmt und taucht vorzüglich. Bald liegt sie ruhig, anscheinend schlafend auf dem Wasserspiegel, dann wieder, durch irgend etwas aufgeschreckt, taucht sie plötzlich unter, mit den Füssen rudernd, den Kopf nach unten geneigt, erreicht sie den Grund des Gewässers und bewegt sich hier mit grosser Behendigkeit vorwärts oder wühlt sich, sobald sie verfolgt wird, schnell in den Schlamm ein; beim Untertauchen stösst sie jedesmal einige Luftblasen aus, wodurch es ihr ermöglicht wird, schneller unterzusinken. Bei der Erlangung und Verfolgung ihrer Beute im Wasser ist sie flink und behend. am Lande bewegt sie sich geschickt und ziemlich schnell. Auf den Rücken geworfen, wird es ihr leicht, sich mit Hilfe ihres Schwanzes und durch Aufstemmen des Kopfes wieder umzuwenden. Auch beim Ersteigen von Felsen, oder steiler Ufer, zeigt sie sich nicht ungeschickt und recht beharrlich, selbst wenn sie öfters herabfällt, versucht sie immer wieder emporzuklimmen.

Die Nahrung ist vorwiegend animalisch, sie besteht in allerlei Wasserinsekten, Kerfen, Schnecken, Fröschen, Molchen,

Fischen, Fisch- und Froschlaich. Sehr geschickt wissen sie ihre Beute zu erhaschen und selbst grössere Fische fallen ihnen zum Opfer, indem sie einen solchen plötzlich am Bauche erfassen und ein Stück Fleisch herausreissen; der verendete Fisch wird dann in die Tiefe gezogen und hier bis auf die Gräten verzehrt, wobei nicht selten die Blase des Fisches unverletzt bleibt und emporsteigt. Einem auf dem Wasser liegenden und nach Beute ausspähenden Frosch ergeht es nicht besser, er wird plötzlich, gewöhnlich an einem Hinterfuss, erfasst und in das Wasser hinabgezogen, worauf der Fuss trotz allen Sträubens ruckweise verschlungen wird. Hierauf trennt die Schildkröte den Fuss mit ihren scharfen Krallen der Vorderfüsse vom Körper, welch letzteren sie dann in derselben Weise nach und nach bis auf die Knochen verschlingt, indem sie das Fleisch mit ihren Vorderfüssen von den Knochen losreisst. Regenwürmer weiss sie geschickt, ohne dass sie abreissen, aus ihren Löchern hervorzuziehen, meist aber findet sie diese des Nachts völlig freiliegend vor; mit der gemachten Beute eilt sie schnell dem Wasser zu, da sie ausserhalb desselben nichts verschlingen kann. Mit Molchen macht sie wenig Umstände, sondern verschlingt solche mit den Knochen. Gelegentlich frisst sie von den Wasserpflanzen, selbst auch dann, wenn sie genügend andere Nahrung hat; es scheint demnach, dass sie hin und wieder vegetabilische Nahrung zur Beförderung ihrer Verdauung zu sich nimmt, dass solche gewissermassen ihre Beikost ist, sonst würde sie doch nicht ohne Noth von den Pflanzen fressen.

Empfindlich gegen niedrige Temperatur, ziehen sie sich schon zeitig zum Winterschlaf zurück, indem sie sich tief im Schlamm oder im Boden einwühlen. Selten kommen sie vor Anfang Mai wieder zum Vorschein, worauf sie bald zur Paarung, welche im Wasser stattfindet, schreiten. Bald darauf sucht das Weibchen in warmen Mainächten sich eine trockne, aber nicht steinige, Stelle in der Nähe des Ufers auf, befeuchtet diese reichlich mit Urin, und bohrt mittels ihres steifen Schwanzes, dessen Muskeln hierbei besonders straff angespannt werden, ein Loch, welches sie dann mit den Hinterfüssen auf etwa 5 cm erweitert, und so tief aushöhlt als sie mit den Füssen langen kann. In dieses Loch legt sie dann etwa zehn Eier, welche erst weich sind aber sehr bald erhärten. Jedes einzelne Ei fängt sie abwechselnd bald mit dem rechten, bald mit dem linken Hinterfusse auf und lässt es behutsam in die Grube gleiten, nach der Beendigung dieses Geschäftes, welches etwa eine halbe Stunde dauert, ruht sie ermattet ein wenig, scharrt dann vorsichtig die ausgeworfene Erde über die Eier in die Grube zurück, und stampft schliesslich die Oberfläche unter rascher Bewegung mit ihrem Brustpanzer fest. Nach etwa drei Monaten schlüpfen die kleinen allerliebsten Jungen aus. Ihre Schale ist noch weich, biegsam; die jungen Tierchen sind sehr empfindlich gegen ungünstige Witterung etc. Sie suchen alsbald das Wasser auf und führen die Lebensweise der Alten.

Für die Gefangenschaft in geeignet eingerichteten Terra-Aquarien (siehe diese in meinem Buche „Das Terrarium") ist sie zu empfehlen, da sie ohne besonders schwierige Pflege lange darin aushält, sehr zahm und zutraulich wird, ihren Pfleger kennen lernt und schliesslich auf einen gewissen Ruf herbeikommt, um ihr Futter, welches sie jedoch, wie schon erwähnt, nur im Wasser verschlingen kann, in Empfang zu nehmen. Mit Fischen und Lurchen darf man sie aber nicht zusammenhalten, da sie solche fressen oder verstümmeln würde.

AMPHIBIEN.

Lurche (Amphibien).

Die Lurche oder Amphibien sind gleichfalls „kaltblütige" Wirbeltiere, d. h. sie haben wie die Reptilien wechselwarmes rotes Blut; sie atmen in der Jugend durch Kiemen, im Alter durch Lungen, einige aber gleichzeitig durch Lungen und Kiemen; der Blutkreislauf ist ein unvollständig doppelter. Das Herz besteht aus einer Kammer und zwei unvollständig von einander geschiedenen Vorhöfen. Die dem Ei entschlüpften Tiere haben, ehe sie die Gestalt der Eltern erreichen, eine Verwandlung durchzumachen.

Der Gestalt des Körpers nach lassen sich zwei Grundformen unterscheiden, eine gestreckte, walzige oder zusammengedrückte, eidechsenartige, welche meist mit einem wohlausgebildeten Ruderschwanz versehen ist, und eine kurzgedrungene scheibenförmige, im ausgebildeten Zustand schwanzlose. Bei der ersten sind die Füsse schwach entwickelt, und als eigentliche Körperstützen nur von untergeordneter Bedeutung, bei der zweiten hingegen sind die Füsse kräftig, zum Gehen, Klettern und Springen tauglich. Der Kopf ist vom Rumpf wenig oder garnicht abgesetzt, ein eigentlicher Hals fehlt. Man teilt nach diesen Unterschieden in der Körpergestalt die Lurche in Schwanzlurche (*Caudata*) und schwanzlose Froschlurche (*Ecaudata*) ein; eine dritte Hauptgruppe, die Blindwühlen (*Gymnophiona*), denen die Gliedmassen fehlen, und die an die Doppelschleichen erinnern, kommen hier nicht in Betracht.

Hinsichtlich ihres *Skelettbaues* stehen die *Lurche* den Fischen näher als den Kriechtieren. Am *Schädel* bemerken wir zwei seitliche Gelenkköpfe am Hinterhaupt, welche von dem stets verknöcherten seitlichen Hinterhauptsbein gebildet werden, und die in zwei Vertiefungen des ersten Halswirbels passen; sodann fällt uns die meist sehr grosse *Augenhöhle* auf. Je zwei *Scheitel-*, *Stirn-* und *Nasenbeine* bilden die *Schädeldecke*, das *Siebbein* ist bei den Froschlurchen auf der Schädeloberfläche nicht sichtbar. Das *Keilbein* der Schädelunterfläche ist eine breite, kreuzförmige, nach oben mit Knorpeln bedeckte

Abb. 35.

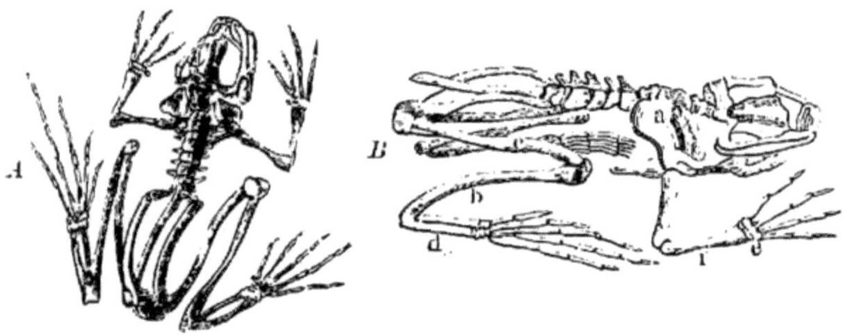

Skelett eines Froschlurches.
A. Von oben, B. von der Seite.
a. Schulterblatt, b. Unterschenkel, c. Oberschenkel, d. Mittelfuss, e. Handwurzel, f. Unterarm.

Platte. Der wenigstens aus zwei Stücken zusammengesetzte *Unterkiefer* hängt auf einen knorpeligen aus dem *Quadrat-* und *Trommelbein* gebildeten Tragbogen. Bei den Froschlurchen sind nur sieben bis neun *Rückenwirbel*, aber ein langes, durch einen säbelförmigen Knochen verbundenes *Kreuzbein* vorhanden. Bei den langgestreckten Schwanzlurchen sind viele Wirbel vorhanden. Bei den beständig durch Kiemen atmenden Lurchen gleichen die Wirbel denen der Fische, bei den andern sind sie mit Gelenkkopf und Pfanne versehen. Völlig ausgebildete *Rippen* fehlen gänzlich, doch oft sind die Querfortsätze der Wirbel lang, rippenartig. Das stielartige *Schulterblatt* und breite *Schlüsselbein* bilden den *Schultergürtel*, der an den Seiten des Halswirbels befestigt, bei den Schwanzlurchen nur unvollkommen verknöchert ist, bei den Froschlurchen einen breiten *Brustkorb* bildet. Die beiden Vorderarmknochen an den Füssen sind mitunter verschmolzen, die Handwurzel häufig knorpelig. Das weniger entwickelte Becken der Schwanzlurche ist meist knorpelig, bei den Froschlurchen aber kräftig entwickelt. Die Beine sind an Gestalt und Länge sehr verschieden. Bald sind vier gleich- oder fast gleichlange, manchmal sehr kurze Beine vorhanden, oder die Hinterbeine sind länger, bald ist nur ein vorderes Beinpaar vorhanden. Die Zahl der Zehen ist verschieden, es können vier oder fünf, manchmal aber auch nur zwei verkümmerte vorhanden sein. Eigentliche Nägel fehlen, doch kommen zur Fortpflanzungszeit bei den Männchen einiger exotischer Arten nagelartige, hornige Bildungen an den Zehenspitzen vor. Bei einigen finden sich an den Enden der Zehen scheibenförmige Verdickungen, Saugscheiben (Abb. 36).

Abb. 36.

Laubfrosch *(Hyla arborea, Linné)* mit Saugscheiben an den Zehen.

Die Haut ist fast immer nackt, weich, feucht, bald glatt, bald uneben, häufig mit Drüsen versehen, die entweder einfache Poren, oder starke Anschwellungen bilden, oder auch als körnige Warzen hervortreten. Von letzteren sind namentlich die in der Ohrgegend belegenen Ohrdrüsen (*Parotiden*) (Abb. 37) für die Systematik erwähnenswert.

Abb. 37.

Erdsalamander *(Salamandra maculata, Koch)* mit deutlichen Ohrdrüsen.

Bei manchen zeigen die Männchen während der Paarungszeit eigentümliche Hautgebilde, als Rückenkämme, Schwanzsäume (Abb. 38), Schwielen und dergl., wodurch sie dann ein ganz verändertes Aussehen erhalten.

Wie bei vielen Echsen, so findet auch bei vielen Froschlurchen ein Farbenwechsel statt. Sie sind gleich den Echsen imstande die Färbung ihrer Haut der ihrer Umgebung anzupassen, um so ihren Feinden zu entgehen und ihre Beute leichter erhaschen zu können. Sie können ihre Färbung mehr oder weniger rasch verändern und ist dieser Farbenwechsel ihr bester Schutz, weshalb dann diese Färbungen auch Schutzfarben genannt werden. Dieser Farbenwechsel wird durch die in der Haut verteilten verästelten Pigmentzellen hervorgerufen, welche sich infolge verschiedener Reize zusammenziehen oder ausbreiten können. Bei der völlig aus Zellen gebildeten Epidermis der Froschhaut, enthält deren innerste Lage cylindrische Zellen, die Lederhaut ist faserig, enthält Nerven, Drüsenhöhlen und Farbpigmentzellen. Diese Zellen enthalten, je nach der betreffenden Körperstelle verschiedenfarbige Pigmente, als grüne, gelbe, rote, braune oder schwarze. Durch das gegenseitige Verschieben der Zellen, sowie dadurch, dass sie sich ausdehnen oder zusammenziehen, wird jeweilig eine andere Färbung der betreffenden Körperteile oder des ganzen Tieres hervorgerufen. Abb. 39 zeigt uns einen Durchschnitt durch die Froschhaut, welcher die Lage der verschiedenen Zellen veranschaulicht, während uns Abb. 40 die verschiedenen Formen der Zellen im zusammengezogenen oder ausgedehnten Zustande zeigt.

Abb. 38.

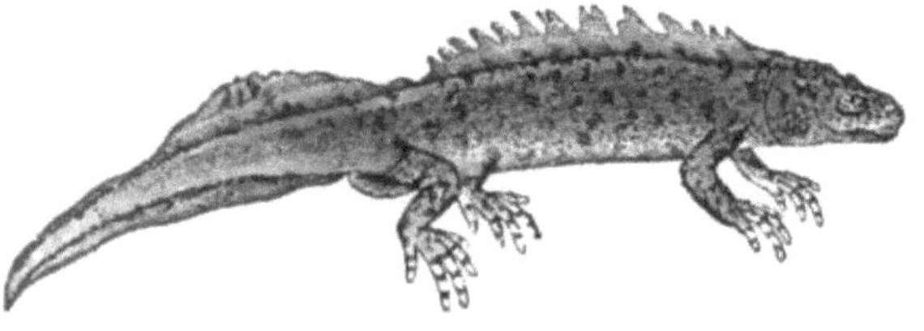

Kammmolch *(Triton cristatus, Laurenti).*
Hautsäume am Rücken und Schwanz zur Paarungszeit.

Abb. 39.

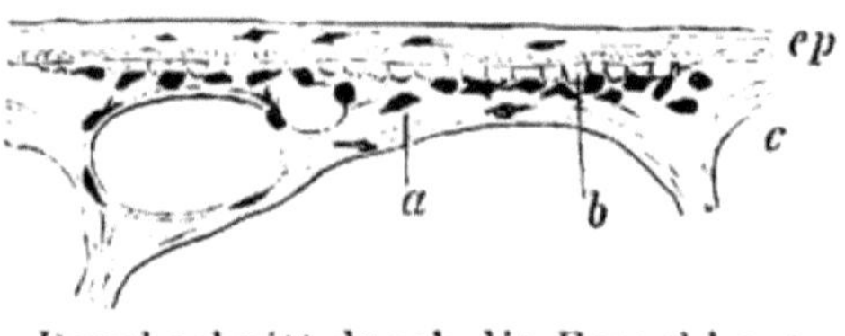

Durchschnitt durch die Froschhaut.
ep. Epidermis mit fünf Pigmentzellen, c. Lederhaut mit schwarzen sternförmigen tiefer liegenden Zellen a. und einer dichten einfachen Lage gelber Pigmentzellen b. dicht unter der Epidermis.

Auch bei den Lurchen findet ein öfterer Hautwechsel im Laufe des Jahres statt, wo dann die Haut entweder in Fetzen oder im Zusammenhange abgestreift wird. Bei den im Wasser befindlichen geht dies sehr leicht von statten, etwas schwerer bei den am Lande lebenden Lurchen, doch immer noch leichter als bei den Reptilien.

Das Gehirn ist klein. Betreffs der Sinnesorgane stehen die Lurche hinter den Reptilien zurück. Am besten ausgebildet ist noch das Gesicht, doch werden auch nur in den meisten Fällen sich bewegende Gegenstände wahrgenommen, die Augen sind mehr oder weniger hervorstehend, bisweilen verkümmert, seltener von der Haut bedeckt. Das Gehör ist, trotz der nur mittelmässig ausgebildeten diesbezüglichen Organe, nicht schlecht, das Trommelfell teils sichtbar, teils unter der Haut verborgen. Der Geruch ist bald mehr, bald weniger entwickelt. Vom Geschmack wird nicht viel bemerkbar, die selten fehlende Zunge ist meist an ihrem vorderen Ende angewachsen und mit Geschmackswarzen bedeckt, doch dient sie mehr als Fang- denn Geschmacksorgan. Das Tastgefühl ist meist über die ganze Körperhaut verteilt. Zähne finden sich grösstenteils in beiden Kiefern und im Gaumen, manchmal auch nur im letzteren und einem Kiefer oder sie fehlen gänzlich. Die nach hinten gekrümmten Zähne sind klein, spitz und dienen zum Festhalten der Beute.

Abb. 40.

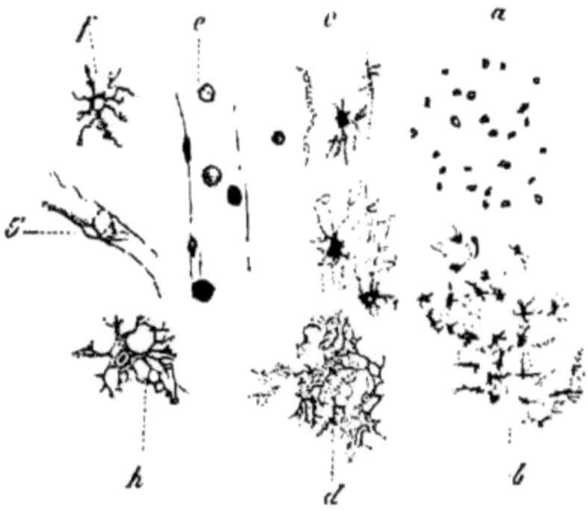

Pigmentzellen in der Froschhaut.

a. ganz zusammengezogen, b. und c. halb ausgebreitet, d. ganz ausgebreitet, e. ganz zusammengezogen (an einem Haargefäss hängend), f. g. h. ausgebreitet.

Die Atmungsorgane sind dem Doppelleben der Lurche, im Wasser und am Lande angepasst. Zwei einfache oder in zellige Räume geschiedene Lungensäcke sind stets vorhanden. Es finden sich aber noch, entweder zeitlebens oder nur in der Jugend, drei bis vier Kiemenpaare vor, welche verästelt oder gefiedert (Abb. 41), bald äusserlich sichtbar sind oder sich nach aussen nur durch eine Kiemenspalte öffnen. Die

Abb. 41.

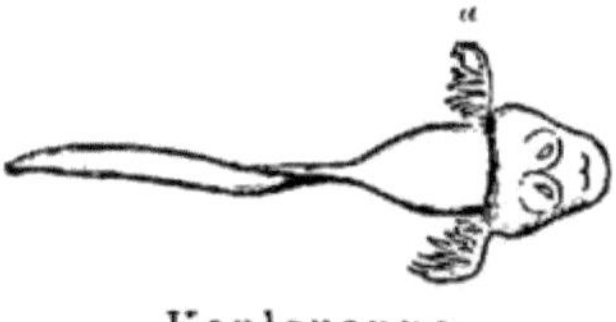

Kaulquappe
mit äussern Kiemen (a).

Haut der Lurche besitzt ein grosses Aufsaugungsvermögen, ist von zahlreichen Haargefässen durchzogen, wodurch dem Blut Sauerstoff von aussen zugeführt wird, also auch gewissermassen eine Atmung durch die Haut stattfindet.

Bei vielen Froschlurchen ist eine eigentliche Stimme vorhanden, welche bei manchen kräftig, weitschallend ist, und durch als Resonanzhöhlen wirkende Schallblasen noch verstärkt wird, während andere nur schwache, bald quiekende, knurrende, mucksende, schnarrende oder flötende Laute ausstossen, ein Teil wieder der Stimme gänzlich zu entbehren scheint. Die Stimme ist nur den Männchen eigen, welche von derselben während der Paarungszeit den unermüdlichsten Gebrauch machen.

Die Fortpflanzung geschieht bei den meisten durch Eier, selten bringen sie lebendige Junge zur Welt (Erdsalamander), und wird im letzteren Falle die Verwandlung mitunter im Mutterleibe schon vollendet. Bei fast allen findet eine äussere Befruchtung statt (Froschlurche), seltener bei einigen eine innere (Schwanzlurche). Die Paarung wird bei dem grössten Teil der Lurche im Wasser vollzogen. Die Eier werden von den meisten im Wasser abgelegt, und zwar von den Fröschen in Klumpen, den Kröten in Schüren, die Molche befestigen die Eier einzeln an den Blättern der Wasserpflanzen; mitunter werden die Eier von den Eltern in Zellen oder Vertiefungen des Rückens (Pipa) oder um die Hinterbeine geschlungen, herumgetragen, oder sie wühlen sich mit der Eierlast in die Erde ein (Geburtshelferkröte), meist unterziehen sich die Männchen diesem Geschäft. Selten werden die lebendig geborenen Larven in fliessende Gewässer (Erdsalamander), noch seltener völlig ausgebildete Junge an feuchten Orten (Alpensalamander) abgesetzt. Die den Eiern (Laich) entschlüpfenden Jungen sind der Gestalt nach von den Eltern sehr verschieden, indem sie erst mehr Fischen ähnlich sehen und von Beinen noch keine Spur vorhanden ist, in dieser Form atmen sie durch Kiemenbüschel oder Kiemenspalten (Abb. 41). Sie haben nun eine Verwandlung durchzumachen, im Verlaufe derselben entwickeln sich die Beine, die Kiemen schrumpfen nach und nach ein, manche behalten dieselben aber auch zeitlebens, der mit flossenartigem Saum versehene Schwanz verschwindet (Froschlurche) oder bleibt (Schwanzlurche); das Tier nimmt dann mehr und mehr die Gestalt der Eltern an, verlässt nach überstandener Verwandlung das Wasser, oder verbleibt in demselben.

Die Verbreitung der Lurche erstreckt sich, mit Ausnahme der nördlichsten Gebiete über alle Zonen. In warmen, feuchten Gebieten treten sie am häufigsten auf und finden sich in den tropischen Sumpfländern die Lurche in grosser Zahl vertreten, sie zeigen hier die sonderbarsten Formen und oft prächtige Farben. Je weiter nach Norden zu wird die Zahl der Arten und der Individuen immer geringer, Formen und Farben werden einfacher, blasser.

Der Aufenthalt der Lurche ist sehr verschieden. Einige leben beständig im stehenden oder langsam fliessenden Wasser, andre wieder abwechselnd, in der Nähe von Gewässern, wieder andre leben nach der Verwandlung in feuchten Wäldern, auf feuchten Wiesen und in allen möglichen Verstecken, wie sie solche in Erdlöchern, unter Baumstümpfen, Wurzeln, Steinhaufen, in Baumlöchern u. dergl. finden. Einige wohnen auf Bäumen und Gesträuchen, andere graben sich in die Erde, wohnen hier in selbstgegrabene Löcher oder Gänge, selbst in völlig und beständig finsteren, unterirdischen Höhlen finden wir einen Lurch (Olm).

Alle Lurche sind im ausgewachsenen Zustande Raubtiere, ihre Nahrung besteht je nach ihrer Grösse in Insekten, Würmern, Weichtieren, kleineren Lurchen, Reptilien, Fischen, kleinen Vögeln und Säugetieren. Alle sind sehr gefrässig und vertilgen oft erstaunliche Mengen von allerlei schädlichem Gewürm, weshalb die Lurche fast durchweg zu den nützlichen Tieren zu rechnen sind.

Die Lurche sind meist Nacht- oder Dämmerungstiere, nur wenige sind den Tagtieren zuzuzählen, die meisten lieben gedämpftes, zerstreutes Licht, selten findet man einen Lurch an von der Sonne direkt beschienenen Stellen, sonnt sich wirklich ein Lurch, so geschieht dies doch im, am oder über dem Wasser, da kein Lurch der Feuchtigkeit entbehren kann, bei absoluter Trockenheit zu Grunde geht. Dennoch ist ihnen gleich den Reptilien Wärme, aber feuchte Wärme, ein Bedürfniss, sie ziehen sich daher ebenfalls mit dem Eintritt kalter Witterung zum Winterschlaf zurück, oder verkriechen sich, wenn ihre Wohngewässer austrocknen, tief in den Schlamm, um im Sommerhalbschlaf den Eintritt des Regens zu erwarten, der ihre

Wohngewässer wieder füllt und sie zu neuem Leben hervorruft. Aus diesem Grunde findet man in Wasserlöchern, welche vordem ausgetrocknet waren, und in welchen kein Lurch zu sehen war, nach einem anhaltenden Regen, welcher das Loch wieder mit Wasser füllte, plötzlich deren in Menge vor.

Die **Bewegungen** der Lurche sind sehr verschieden. Im Wasser bewegen sich alle ziemlich schnell, Frösche und Molche sowohl als auch Kröten. Den Schwanzlurchen dient im Wasser ihr Ruderschwanz zur Fortbewegung und legen sie die Beine dann meist seitwärts an den Körper, oder stecken sie gerade herab, wenn sie sich auf den Grund der Gewässer niederlassen oder unbeweglich auf dem Wasserspiegel liegen. Die Frösche bedienen sich ihrer kräftig entwickelten, mit Schwimmhäuten (Abb. 42) versehenen Hinterfüsse und können sehr schnelle Bewegungen ausführen. Am Lande sind die Schwanzlurche und Kröten schwerfälliger und kriechen nur langsam dahin; die Frösche jedoch können weite Sprünge ausführen, einige klettern mit Hilfe ihrer Saugscheiben an den Zehen an Bäumen, Felswänden u. dergl. gewandt empor.

Abb. 42.

Wasserfrosch
(Rana esculenta, Linné).
Schwimmhäute an den Hinterfüssen. An den Vorderfüssen sind solche nicht vorhanden.

Verteidigungsmittel besitzen die Lurche fast garnicht, nur einige sondern aus ihren Hautdrüsen Säfte ab, wodurch sie sich gegen Nachstellungen seitens anderer Tiere schützen, nur wenige versuchen zu beissen oder sich sonstwie zur Wehre zu setzen, die meisten suchen ihr Heil in der Flucht, oder führen eine derartig versteckte Lebensweise, dass sie wenig Nachstellungen ausgesetzt sind. Bis zu einem gewissen Grade besitzen alle eine grosse **Lebenszähigkeit**, sie können z. B. lange ohne Nahrung aushalten, manche ertragen auch einige Kältegrade. Einige besitzen eine grosse **Reproduktionskraft** (Molche), verlorene Beine, Schwänze etc. ersetzen sich wieder, während bei andern ganz geringe Verwundungen schon deren Tod herbeiführen. Das **Wachstum**, nach vollendeter Verwandlung, verläuft sehr langsam und tritt die Fortpflanzungsfähigkeit erst nach mehreren Jahren ein. Bei ihrer trägen Lebensweise dürften die Lurche daher wohl ein hohes Alter erreichen.

Wie schon erwähnt gehören die in Deutschland vorkommenden Lurche in zwei Ordnungen, die sich kurz durch folgende Merkmale scharf unterscheiden lassen:

Erste Ordnung: Schwanzlurche (*Urodela [Caudata]*). Der Körper ist gestreckt, eidechsenartig, der Schwanz stets gut entwickelt, die Beine ziemlich gleichlang. Stets sind beide Kiefer und der Gaumen bezahnt.

Zweite Ordnung: Froschlurche (*Anura [Ecaudata]*). Der Körper ist kurz, scheibenförmig, der Schwanz fehlt vollkommen, die Hinterbeine sind stets länger als die Vorderbeine. Der Unterkiefer ohne Zähne.

Erste Ordnung: Schwanzlurche (Urodela).

Der Körper ist verlängert, eidechsenartig, mit stets gut entwickeltem Schwanz. Der Kopf ist breit, flach, mehr oder weniger verlängert mit verrundeter, abgestutzter oder hechtartiger (Olm) Schnauze. Die Nasenlöcher stehen weit nach vorn. Die Augen sind entweder gross, mit oder ohne Augenlider, oder klein, verkümmert, manchmal von der Körperhaut überzogen (Olm). Das Trommelfell ist niemals sichtbar. Die Zunge ist gewöhnlich mit Warzen bedeckt, fleischig, kurz, betreffs ihrer Gestalt und Befestigung verschieden, unten meist angewachsen, an den Seiten frei. Zähne sind auf beiden Kiefern und im Gaumen vorhanden, häufig sehr kurz, spitz, hakenförmig. Die Beine sind nicht sehr kräftig, ziemlich gleichlang, die hintern manchmal fehlend. Die Zehen sind stumpf, ziemlich gleichlang, stets nagellos, der Zahl nach wechselnd. Der Schwanz ist meist körperlang, selten länger, bei den Landbewohnern gerundet, bei den im Wasser lebenden seitlich zusammengedrückt. Der After ist stets längsgespalten, mit wulstigen Lippen, am Ende des Rumpfes an der Schwanzwurzel belegen. Die Haut ist glatt oder warzig, nackt, stets ohne Schuppen. Die Atmung geschieht durch sackförmige Lungen, durch äussere Kiemen und Kiemenspalten.

Die den Eiern entschlüpften Schwanzlurche haben eine Verwandlung durchzumachen, doch ähneln die Larven schon so ziemlich den Eltern. Die Eier werden einzeln an oder unter die Blätter der Wasserpflanzen geheftet; das betreffende Blatt wird nach unten gebogen, gewissermassen zusammengerollt und das Ei darin mittels eines ihm anhaftenden Klebstoffs festgeklebt. Bei der Durchsichtigkeit der Eier lässt sich die Entwicklung leicht verfolgen, und sind die verschiedenen Entwicklungsstufen im Ei aus Abbildung 43, a—d ersichtlich. Die den Eiern entschlüpfenden Larven haben noch keine Füsse und nur wenig verästelte Kiemen (e), dann entwickeln sich erst die Vorderbeine (f), und, während die Kiemen immer ästiger, gefranster werden, zuletzt die Hinterbeine (g). Schliesslich fallen die äusseren Kiemenbüschel ab, die Landbewohner verlassen das Wasser (Erdsalamander) oder, die Wasserbewohner verbleiben im Wasser (Tritonen) um sich erst beim Herannahen der kälteren Jahreszeit unter Moos, Steinen, Wurzeln, Baumrinde etc., behufs Abhaltung des W i n t e r s c h l a f e s zu verkriechen. Eine innere B e f r u c h t u n g dürfte nur bei den Landbewohnern (Salamander) stattfinden, bei den Wasserbewohnern (Tritonen) ist dieselbe eine äusserliche.

Abb. 43.

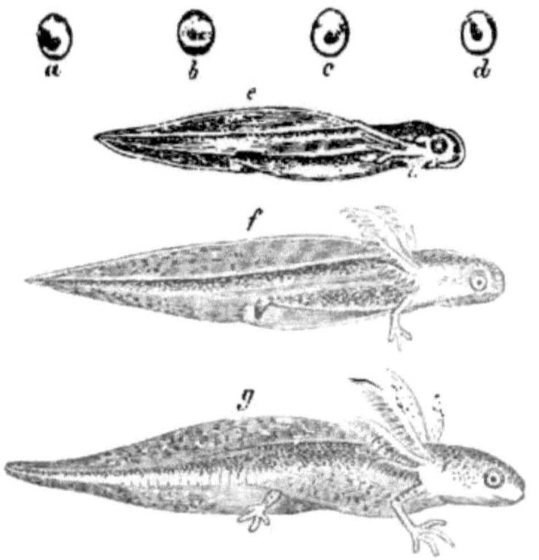

Entwicklungsstufen der Eier und Larven der Schwanzlurche.

a—d. Entwickelung des Tieres im Ei, e. Larve ohne Füsse und mit schwach verästelten Kiemen, f. Larve mit Vorderfüssen, g. Larve mit allen Füssen und stark gefransten Kiemen.

Die Schwanzlurche sind zum grössten Teil Wasserbewohner, die meisten wählen zum A u f e n t h a l t stehende Gewässer, doch trifft man einige auch in langsam fliessenden Gewässern an. Während der heissen Jahreszeit suchen viele kühle, dunkle Verstecke auf; die in kühlen tiefen Brunnen lebenden verlassen das Wasser jedoch nur zur Abhaltung des Winterschlafs; ich habe aber auch den ganzen Winter hindurch Tritonen (Alpenmolch) in Brunnen angetroffen. Im Wasser sind alle sehr beweglich, am Lande langsam, schwerfällig. Ihre V e r b r e i t u n g erstreckt sich, mit Ausnahme des Nordens, über alle Zonen. Sie e r n ä h r e n sich von animalischen Stoffen und sind meist sehr gefrässig, so dass sie sich häufig untereinander auffressen. Auch die Larven fressen sich gegenseitig die Kiemenbüschel ab, was stets den Tod der so beschädigten Tiere zur Folge hat. Durch massenhafte Vertilgung schädlicher Insekten, Würmer etc. werden alle dem Menschen sehr nützlich. Einige sondern scharfe Säfte ab, durch welche sie sich vor Nachstellungen seitens andrer Tiere sichern. Dem Menschen können die Ausscheidungen der Drüsen aber nicht gefährlich werden, höchstens rufen diese Säfte, wenn sie auf die Schleimhäute gebracht werden, leichte Entzündungen hervor.

Die in Deutschland vorkommenden Schwanzlurche gehören einer Gruppe und einer Familie an, und verteilen sich wie folgt:

Gruppe:	Familie:	Gattung:	Art:	Der am meisten gebrauchte deutsche Name:
Salamandrina	Salamandridae	Salamandra, Laurenti	maculata, Koch	**Feuer-salamander.**
"	"	Triton, Laurenti	cristatus, Laurenti	**Grosser Kammmolch.**
"	"	"	alpestris, Laurenti	**Alpenmolch.**
"	"	"	taeniatus, Schneid.	**Kleiner Teichmolch.**
"	"	"	helveticus, Razoumovsky	**Leistenmolch.**

Gruppe: Salamandrina. Molche.

Die in diese Gruppe gehörigen Schwanzlurche haben im ausgebildeten Zustande weder Kiemen noch Kiemenlöcher.

Familie: Salamandridae. Molche.

Der Körper ist bald schlank, bald wieder gedrungen, plump. Der grosse Kopf ist ziemlich breit und flach. Die gut ausgebildeten Augen sind gross, ragen häufig stark hervor, und sind immer mit deutlichen längsgespaltenen Lidern versehen. Die Nasenlöcher sind klein und stehen meist an der Spitze der

Schnauze. Der Kopf wird an der Unterseite öfters durch eine Kehlfalte vom Halse geschieden. Die Zunge ist meist ziemlich gross, mitunter aber auch sehr klein, zusammengeschrumpft, sie ist bald kreisförmig, bald länglich-oval oder abgerundet-rhombisch. An den Rändern ist die Zunge gewöhnlich bald mehr bald weniger frei, meist längs der Unterseite mit einem bald schmäleren bald breiteren Längsbande, manchmal auch an einen dünnen langen Stiel befestigt, oder mit der ganzen Unterseite angewachsen. Der Ober- und Unterkiefer ist stets bezahnt, die Gaumenzähne*) stehen meist in zwei Längsreihen, welche nach hinten gerade oder geschweift auseinandergehen. Am Keilbein finden sich niemals Zähne *(Mecodonta)*. Die bald schwachen bald kräftigen Beine sind ziemlich gleichlang, an den Vorderfüssen finden sich vier, an den Hinterfüssen meist fünf Zehen, ohne Schwimmhäute oder mit schwachen Hautsäumen. Der stets kräftig entwickelte Schwanz ist bei ausgebildeten Tieren entweder seitlich zusammengedrückt oder drehrund. Die weiche Haut ist entweder glatt oder körnig, bildet an den Körperseiten öfters Querfalten oder Runzeln und finden sich häufig stellenweise Drüsenöffnungen vor. Bei allen in Deutschland vorkommenden sind die Wirbel hinten ausgehöhlt, weshalb sie zur Unterfamilie *Salamandrinae* gehören.

Erste Gattung: Salamandra, Laurenti. Landmolche.

Der Körper ist plump, durch mehr oder weniger deutliche Querwülste fast geringelt. Der Kopf ist dick, flach. Die Ohrdrüsen treten als Längswülste deutlich hervor. Die Augen sind gross, hervorquellend, mit dunkler Iris. Die grosse Zunge ist mittels eines ziemlich breiten Mittelstreifens am Boden der Mundhöhle angewachsen, ihre Seitenränder sind frei. Die Gaumenzähne stehen in zwei langen Reihen, welche S-förmig gekrümmt

*) Die Gaumenzähne sind meist sehr klein, doch dadurch, dass sie auf erhabene Knochenleisten stehen noch immer gut sichtbar. Deutlicher treten sie hervor wenn man das Tier etwa zwei Stunden im Trocknen liegen lässt. Betupft man die betreffenden Stellen mittels eines in Aetzkalilösung getauchten Pinsels, so gelingt die Bloslegung der Zähne noch schneller. Da die Gaumenzähne für die Systematik der Lurche von Wichtigkeit sind, so muss man sich schon auf die eine oder die andere Weise zu helfen suchen.

sind. Die Beine sind kräftig, vorn mit vier, hinten mit fünf Zehen versehen. Der Schwanz ist stumpf zugespitzt, etwa rumpflang, seitlich wenig zusammengedrückt, fast rund. Die Haut ist weich, porös, glänzend, mit vielen Drüsenöffnungen, besonders längs der Rückenmitte und an den Körperseiten. Die Arten dieser Gattung sind lebendig gebärend.

Diese Gattung ist in Deutschland durch folgende Art vertreten.

Der Feuersalamander (Salamandra maculata, Koch).

Der Feuer- oder Erdsalamander, oder Feuermolch erreicht eine Länge von 15 bis 22 cm. Seine Körperform ist plump, gedrungen, der Rumpf in der Mitte etwas dicker, breiter als hoch. Der Kopf ist gross, wenig länger als breit, mit grossen nierenförmigen, nach hinten erweiterten Ohrdrüsen. Die Augen sind gross, froschartig hervorquellend. Das Maul ist weit gespalten. Die dicke Zunge ist gross, kreisförmig. Die Gaumenzähne stehen in zwei stark S-förmig geschwungenen Reihen, die sich hinten bisweilen sehr nähern und die innern Nasenlöcher nach vorn zu stark überragen. Der etwa rumpflange Schwanz ist an seiner Unterseite häufig von einer nicht sehr tiefen Längsfurche durchzogen.

Die Grundfarbe ist tiefschwarz, glänzend, mit hochgelben oder orangegelben Flecken gezeichnet. Bald tritt das Schwarz der Grundfarbe, bald das Gelb der Zeichnung mehr hervor, und kann es vorkommen, dass die Grundfarbe von der gelben Zeichnung fast ganz verdrängt wird, und das Tier dann vorherrschend gelb aussieht, andererseits kann aber auch das Gelb wieder mehr und mehr verschwinden, wodurch die schwarze Farbe zur vorherrschenden wird. Obwohl die Zeichnung sehr unbeständig ist, so findet sich doch bei typischen Stücken stets ein gelber Fleck über den Augen, auf den Ohrdrüsen, je einer am Oberschenkel und Oberarm. Die Flecken längs des Rückens und der Seiten gehen mitunter zu teilweise zusammenhängenden oder unregelmässig unterbrochenen Längsreihen zusammen, was noch am ersten bei den Reihen längs des Rückens vorkommt; manchmal gehen die Flecken nur auf der einen Seite mehr zusammen und die der andern stehen zerstreut, Stücke mit vier fast ganz zusammenhängenden Reihen dürften wohl sehr selten vorkommen. Die **Unterseite** ist gewöhnlich schwarz, doch nicht so intensiv als die Oberseite, entweder einfarbig oder gelbgefleckt oder gesprenkelt. Bei Stücken wo das Gelb auf dem Rücken die Hauptfarbe ist, ist auch die Unterseite vorherrschend gelb. Bei den

Abb. 44.

Feuersalamander *(Salamandra maculata. Koch).*

Jungen ist die Grundfarbe heller oder dunkler braun mit verschiedenen Flecken marmorirt, an den Körperseiten stehen oft goldige Flecke, welche Farbe sich nach und nach immer mehr und mehr ausdehnt bis dann endlich die charakterischen Zeichnungen auftreten.

Die **Verbreitung** des Feuersalamanders erstreckt sich über Mittel-, Süd- und West-Europa, Nordafrika und Südwest-Asien; in Osten Europas tritt er seltener auf und scheint schon auf der Balkanhalbinsel nicht mehr vorzukommen; auch auf Sardinien ist er bisher noch nicht gefunden worden.

Die **Aufenthaltsorte** unseres Salamanders sind, als echtes Landtier, der dunkle feuchte Wald und Busch; besonders häufig ist er im Gebirge und im Hügellande, seltener im Flachlande. Hier verkriecht er sich unter Steine, Baumwurzeln, modernde Baumstümpfe, in Erdlöcher, unter Moos u. dergl. und kommt nur selten am Tage zum Vorschein, da er ein **Nacht-** oder **Dämmerungstier** ist.

Die Nahrung besteht in allerlei Gewürm, namentlich Regenwürmern und ähnlicher sich langsam bewegender Tiere; doch auch Nacktschnecken sind ihm höchst willkommen, wie er denn überhaupt von allem derartigen Getier nichts verschmäht was er erlangen und überwältigen kann, denn er ist sehr gefrässig. Einen entdeckten Regenwurm betrachtet er mit gesenktem Kopfe, wobei seine Augen noch mehr hervorquellen, und fährt dann plötzlich, aber nicht besonders schnell, darauf los, erfasst und verschlingt ihn; selbst ganz grosse Regenwürmer bereiten ihm keine Schwierigkeiten.

Er führt, wie schon erwähnt, eine sehr versteckte Lebensweise, nur selten bekommt man ihn während des Tages zu Gesicht. Durchstöbert man aber an den von ihm bewohnten Orten hohle Baumstümpfe, oder wälzt grössere Steine um, so wird man oft mehrere beisammen finden, grosse und mittelgrosse durcheinander. Ganz kleine findet man jedoch seltener. Des Morgens findet man ihn hin und wieder, am Abend aber häufiger und nach einem warmen Gewitterregen trifft man ihn oft massenhaft ausserhalb seines Versteckes. Langsam und täppisch kriecht er dann am Boden dahin. aufmerksam nach allen Seiten hin um Beute ausspähend. In das Wasser geht er selten, weiss sich aber, durch Zufall hineingelangt, ganz gut durch schwimmen zu helfen. Bei der Verfolgung einer Beute, oder wenn er zur Flucht gezwungen wird zeigt er sich jedoch nicht so unbeholfen, seine Bewegungen sind dann verhältnissmässig schnell.

Im Spätherbst ziehen sich die Feuersalamander in tiefere Verstecke zum Winterschlaf zurück, daraus etwa Mitte April wieder zum Vorschein kommend.

Unser Tier scheint nicht an eine bestimmte Fortpflanzungszeit gebunden zu sein, da man junge Salamander zu allen Jahreszeiten in Waldbächen findet, wie man denn auch an Gefangene beobachtet hat, dass sie zu verschiedenen Jahreszeiten Junge zur Welt bringen, was übrigens auch bei andern Molchen bisweilen vorkommt. Der Salamander bringt lebende Junge zur Welt; diese befinden sich aber noch im Larvenstadium und sind meist von der Eihülle umgeben. Die Larven, 30 bis gegen 100, verlassen sofort die Eihülle und sind lebensfähig, bisweilen werden aber auch die Larven schon ohne Eihülle geboren. Letztere werden in Waldbäche abgesetzt und sind sehr gefrässig, versteckt zwischen allerlei Gestein der Bäche, namentlich Gebirgsbäche, stellen sie allerlei Würmern und Wasserinsekten nach. Den eigentlichen Begattungsakt hat man bisher noch nicht beobachtet, man nimmt eine innerliche Befruchtung, eine wirkliche Begattung an. Immer müsste jedoch eine einmalige Befruchtung für längere Zeit wirksam bleiben, da beim Weibchen zu jeder Jahreszeit fruchtreife Eier und in der Kloake auch Samenfäden oder -Tierchen gefunden werden. In der Gefangenschaft bringen Weibchen öfters Junge zur Welt, auch mehrmals im Jahre, ohne mit einem Männchen in der Zwischenzeit vereinigt gewesen zu sein; oft gebären sie gleichzeitig lebendige Larven und fruchtreife Eier, in welchen die Larven leben und die Eihüllen bald sprengen. So häufig der Feuersalamander in manchen Gegenden auch ist, so ist die Ergründung seiner Fortpflanzungsweise noch immer ein ungelöstes Problem, welches bei der versteckten Lebensweise unseres Tieres nicht gerade leicht zu lösen ist.

Der Feuersalamander ist zu den nützlichsten Tieren zu zählen. Durch die aus seinen Drüsen abgesonderten Säfte hält er sich etwaige Verfolger aus der Tierwelt vom Leibe. Man schreibt diesen Säften giftige Eigenschaften zu, es ist dabei aber viel übertrieben worden. Richtig ist, dass dieser Saft, wenn er kleineren Tieren, als Eidechsen, Fröschen u. dergl. eingeimpft wird, diesen gefährlich werden kann, grösseren Tieren aber, als Hunden, Hühnern etc. nichts schadet. Auch auf die Schleimhäute gebracht ruft der Saft Entzündungen hervor. Man muss aber bedenken, dass der Salamander nur in der Todesangst diesen Saft absondert, und ist, vergleichsweise, der von der Zunge eines gequälten Hundes abgesonderte Schleim dann giftiger als der von der Haut abgesonderte Schleim eines Lurches.

Die Gefangenschaft erträgt der Feuersalamander in feuchten, kalten Terrarien, die seinen Lebensgewohnheiten entsprechend ausgestattet sind, recht gut und hält jahrelang darin aus. Nicht selten setzen Weibchen ihre Larven in die aufgestellten Wasserbecken ab. Er wird schliesslich sehr zahm, kommt aus seinem Schlupfwinkel hervor, um seinem Pfleger das Futter aus der Hand abzunehmen. Betreffs des Futters ist er nicht wählerisch, da er allerlei Gewürm, Nacktschnecken u. dergl. annimmt. Am besten erhält man ihn mit Regenwürmern, von welchen er grosse Mengen vertilgt. Schliesslich gewöhnt er sich auch rohes Fleisch anzunehmen. Man muss dieses in regenwurmstarke Streifen schneiden und diese ihm vorhalten, indem man sie leicht bewegt.

Der Alpensalamander, schwarze oder Mohrensalamander *(Salamandra atra, Laurenti)* erreicht eine Länge von 10—16 cm. Vom vorigen unterscheidet er sich dadurch, dass die Gaumenzahnreihen weniger geschwungen sind, überall ziemlich gleich weit von einander abstehen und dass sie die innern Nasenlöcher wenig oder nicht überragen. Der Körper ist etwas schlanker gebaut als bei *maculata*, die Färbung ist einfarbig schwarz. Seine Heimat sind die Alpenländer. Nach Schulz *(Fauna marchica*, pag. 477) soll diese Art öfters bei Berlin gefunden sein, auch wird er noch anderweitig als in Deutschland vorkommend, doch ohne nähere Angabe der Fundorte, erwähnt, weshalb ich hier Notiz davon nehme. Sichere Fundorte, wo er beständig vorkommt, sind in Deutschland noch nicht nachgewiesen und an dem vereinzelt angegebenen Fundort kann er durch Verschleppung gelangt sein.

Zweite Gattung: Triton, Laurenti. Tritonen, Wassermolche.

Der Körper ist schlank, gestreckt, glatt oder warzig. Der Kopf ist mittelgross mit zugespitzter oder verrundeter Schnauze. Die ziemlich grossen Augen zeigen eine goldig schimmernde Iris. Die Ohrdrüsen sind nur wenig oder garnicht sichtbar. Die nicht sehr grosse Zunge ist fleischig, rundlich oder oval, entweder mit ihrer ganzen Unterseite oder nur durch einen breiteren oder schmäleren Längsstreifen in der Mitte am Boden der Mundhöhle angewachsen, an den Seiten meist etwas frei. Die Gaumenzähne stehen in zwei ziemlich geraden Längsreihen, die etwa bei den innern Nasenlöchern beginnen und nach hinten bald mehr, bald weniger auseinandergehen. Die Kehlfalte ist bald ziemlich deutlich, bald fehlend. An den Vorderfüssen finden sich vier, an den Hinterfüssen fünf Zehen. Der etwa körperlange Schwanz ist seitlich zusammengedrückt, am Ende spitz, gesäumt, nachdem die Tiere das Wasser verlassen jedoch mehr rundlich.

Zur Paarungszeit entwickelt sich bei den meisten Arten auf dem Rücken der Männchen ein schon zwischen den Augen beginnender Hautkamm, der sich längs der Rückenmitte meist bis zur Schwanzspitze hinzieht, an der Schwanzwurzel jedoch

TAFEL VI.

1a

1c

1b

2

3

1. Kammmolch *(Triton cristatus, Laurenti),*

a. Männchen im Hochzeitskleide mit Kamm, b. Weibchen, c. Junges.

2. Kleiner Teichmolch *(Triton taeniatus, Schneider).*

3. Alpenmolch *(Triton alpestris, Laurenti).*

manchmal unterbrochen ist. Der Kamm ist bald höher, bald niedriger, leistenartig, glatt, gewellt oder gezackt, nach der Paarungszeit verschwindet er wieder. Die Weibchen haben keinen Kamm auf dem Rücken, sondern eine bald tiefere, bald seichtere Längsfurche oder eine niedrige Hautfalte. Beim Männchen finden sich während der Paarungszeit an den Hinterfüssen Hautsäume oder Schwimmhäute vor.

Diese Gattung findet sich in Deutschland durch vier Arten vertreten.

1. Der grosse Kammmolch (Triton cristatus, Laurenti).

Der grosse Kammmolch (Tafel VI, 1a—c) erreicht eine Länge von 12 bis 16 cm. Der gerundete Körper dieses grössten der deutschen Tritonen ist gestreckt und ziemlich kräftig, in der Mitte, namentlich beim Weibchen, etwas aufgetrieben. Der wenig vom Rumpfe abgesetzte Kopf ist flach, breit, die Kehlfalte ist deutlich. Die Kopfporen sind wenig sichtbar. Die Gaumenzähne stehen in zwei Reihen, welche vorn wenig zusammengehen, dann fast parallel laufen und erst hinten nach aussen zu auseinandergehen. Die Zunge ist rund.

Die Haut ist porös, schwammig, bei älteren Tieren warzig, rauh, gekörnt.

Der Rückenkamm ist zur Paarungszeit beim Männchen sehr entwickelt (Abb. 38) und gibt dann dem Tiere ein ganz anderes Aussehen. Der Kamm beginnt vor den Augen, erhöht sich auf dem Rücken bedeutend, ist hier unregelmässig ausgezackt, über dem After unterbrochen erreicht er auf dem Schwanz wieder eine bedeutende Höhe und endigt an der Spitze des Schwanzes. An der Unterseite des Schwanzes findet sich ein ungezähnter Hautsaum. Der After ist wulstig verdickt. Das Weibchen hat keinen Rückenkamm, sondern an Stelle dessen eine vertiefte Längsfurche, die oft heller gefärbt erscheint.

Die Oberseite ist heller oder dunkler aschgrau, blaugrau, grüngrau, braungrau bis schwarz gefärbt, mit grossen schwarzen, zerstreut stehenden Flecken oder Tupfen gezeichnet, die sich bisweilen ziemlich scharf, beim Männchen schärfer als beim Weibchen, abheben; ausserdem erscheint der Körper mit weissen Pünktchen wie übersät, die namentlich an den Körperseiten, am

Munde und an der Kehle sehr hervortreten. Der etwas hellere Kopf ist schwärzlich marmoriert. Die Unterseite ist lebhaft gelb oder orange gefärbt mit grossen schwarzen unregelmässigen Flecken gezeichnet. Die Zehen sind schwarz und gelb geringelt. Der Schwanz zeigt beim Männchen zur Paarungszeit jederseits in der Mitte einen silber- oder perlmutterartig glänzenden Längsstreifen, welcher häufig, wenn auch weniger scharf, auch noch lange nach der Paarungszeit, bei manchen immer, vorhanden ist; die untere Schneide des Schwanzes ist gegen den After hin gelblich.

Die Larven sind anfangs gelbgrün, später schwärzlich gefleckt, gebändert oder genetzt, letzteres namentlich am Schwanz, dessen erst schmaler weisslicher Saum immer breiter wird, wodurch dann der Schwanz lanzettförmig und an der Spitze fein fadenförmig ausgezogen erscheint. Die Unterseite ist gelblich, erst gegen das Ende der Verwandlung treten hier vereinzelte dunkle Flecken auf. Nach der Verwandlung sind die Jungen dann ausser Wasser einfarbig schwarz, im Wasser dunkel olivenbraun oder schwarzgrau, undeutlich mit dunkleren Flecken gezeichnet. Längs der Rückenmitte zieht sich eine mehr oder weniger intensiv gelbe Linie. Die Unterseite ist blassgelb, gelb oder orange, bald einfarbig oder mit wenigen schwarzen Flecken gezeichnet, welche die Bauchmitte jedoch meist frei lassen.

Die Verbreitung dieses hübschen Tritons erstreckt sich über Nord- und Mitteleuropa. Von England und dem südlichen Schweden ab zieht er sich südlich bis nach Portugal, wo er jedoch schon sehr vereinzelt vorkommt. In Italien findet er sich nur im Norden. Seiner Verbreitung nach Osten hin scheint der Dnjepr ein Ziel zu setzen, da sich über eine weitere Verbreitung keine Angaben finden. In Deutschland findet er sich allerwärts, stellenweise recht häufig, manchmal aber auch nur sehr vereinzelt.

Der Kammmolch wählt stehende Gewässer zu seinem Aufenthalt, als kleinere Seen, Teiche, Sümpfe, Tümpel, Thonlöcher der Ziegeleien, aber auch stagnierende Gräben, ferner fand ich ihn auch in Brunnen, mit bald mehr bald weniger hohen Rändern, auch traf ich ihn in langsam fliessenden Gräben mit schlammigem Grunde an. Schlammigen Grund scheint er festem steinigen vorzuziehen, in Tümpeln mit Schlammgrund, oder weichem Lehmgrund, Löcher, aus welchen Lehm oder Thon ausgeschachtet worden, fand ich ihn oft in grosser Zahl, dagegen in dicht dabeiliegenden Löchern, mit festerem Boden nicht, oder doch nur hin und wieder. Bevorzugt werden solche Wassertümpel, in deren Nähe sich Gebüsch oder Wald befindet, noch häufiger findet er sich in mitten im Walde oder in Gebüschen belegenen Wasserlöchern, Teichen etc., deren Grund mit abgefallenem Laube bedeckt ist; hier häufig mit dem kleinen Teichmolch zusammen, in Brunnen oder Löchern mit lehmigem oder sandigem Boden findet man ihn in Gesellschaft des Alpenmolchs und des Teichmolchs. Der Alpenmolch ist dann, in bergigen Gegenden wenigstens, meist häufiger in solchen Gewässern als der Kammmolch und Teichmolch, so dass ich unter 10 Tieren 8 Alpenmolche, 1 Kammmolch und 1 Teichmolch fand, doch habe ich auch schon bei etwa 20 Alpenmolchen erst einen Kammmolch und keinen Teichmolch gefunden, was mich zu der Annahme veranlasst, dass die Jungen des kleinen Teichmolchs von den beiden andern Arten regelmässig aufgefressen wurden, auch ferner selbst grössere Teichmolche den räuberischen Kammmolchen zum Opfer fielen, so dass die kleinere Art denn nach und nach aus diesen Gewässern von den grösseren beiden Arten ausgerottet worden, oder dass der vielleicht verbleibende Rest der alten Tiere, sich nach dieser Erfahrung ein anderes, seiner Entwicklung günstigeres Gewässer aufgesucht; sich namentlich in Wiesengräben einquartiert hat, wo der Teichmolch wenig oder nicht vom Kammmolch und Alpenmolch belästigt wird. Nur so kann ich mir das allmähliche Verschwinden des Teichmolchs, und das immer häufigere Auftreten der beiden andern Arten, in Gewässern, in denen erst der Teichmolch sehr häufig war, erklären, und glaube auch, dass andere Beobachter, die nicht ihr Wissen einzig und allein aus Büchern schöpfen, sondern auch, wie ich, Naturstudien machen, zu demselben Resultat gelangen werden.

Die Nahrung des Kammmolchs besteht in allerlei Insekten, Würmern, Mollusken, Kerbtierlarven und seinen kleineren Verwandten. So leicht wie er einen selbst ganz grossen Regenwurm überwältigt, so leicht wird er auch mit der Larve des grossen Wasserkäfers und mit einem Teich- selbst Alpenmolch fertig. Vor seiner Gefrässigkeit ist eben kein Tier sicher, welches kleiner als er ist, weshalb ihm auch junge Frösche zum Opfer fallen. Einen Regenwurm erfasst er gewöhnlich an einem

Ende, mitunter auch in der Mitte und schlingt ihn dann zusammengeklappt hinunter. Die Larve des grossen Wasserkäfers erfasst er immer beim Kopf, wenigstens habe ich es nie anders gesehen; kleinere Tiere ergreift er wie es eben kommt, da er solche sehr leicht überwältigt.

Der Kammmolch, wie auch unsere andern Tritonen, für welche das hier gesagte gleichfalls gilt, führen eine nicht so verborgene Lebensweise wie der Erdsalamander. Im zeitigen Frühjahr schon suchen sie das Wasser auf, ich fand bereits im Februar Teichmolche und Kammmolche im Wasser, um in demselben dem Fortpflanzungsgeschäft obzuliegen. Im Wasser sind sie lebhaft, beweglich, aufmerksam auf alles was um sie her vorgeht, kein Futtertier entgeht ihrer Aufmerksamkeit, sofort verschwinden sie bei Gefahr in die Tiefe, sich am Boden im Schlamm, zwischen Gestein oder Wasserpflanzen und dergleichen verkriechend, und gehört dann schon besondere Erfahrung und ein geübtes Auge dazu sie hier wieder aufzufinden, da sie von ihrer Umgebung oft fast nicht zu unterscheiden sind. Alle schwimmen und tauchen vorzüglich. Wenn sie schnell dahinschwimmen, so sind die Füsse meist an den Körper angelegt und sie bedienen sich nur ihres kräftigen Ruderschwanzes, schwimmen

Abb. 45.

Grosser Kammmolch (*Triton cristatus, Laurenti*).
Auf dem Wasserspiegel ruhend.

sie langsam, bedächtig nach Nahrung suchend umher, so nehmen sie jedoch auch ihre Füsse zu Hilfe, liegen sie ruhend auf dem Wasser, sich von den durch den Wind leise bewegten Wellen treiben lassend, so hängen die Füsse meist unthätig ins Wasser hinab (Abb. 45); lassen sie sich zu Boden sinken oder schwimmen in schräger Richtung demselben zu, so haben sie gleichfalls, ehe sie am Boden anlangen, die Füsse von sich nach abwärts gestreckt. Langsam wie auf dem Lande kriechen sie auch am Boden der Gewässer dahin, nur im Schwimmen sind sie flink und gewandt; jedoch schwimmen sie meist nur ruckweise. Während der Zeit wo sie sich hauptsächlich im Wasser aufhalten, verlassen sie dieses jedoch auch um sich in der Umgebung ihres Wohngewässers nach Nahrung umzusehen, und zwar meist des Morgens oder Abends, jedoch auch nicht regelmässig, sondern je nachdem ihnen ihr Wohngewässer reichlich Nahrung bietet oder nicht. Während der Paarungszeit bedürfen sie ausserordentlich vieler Nahrung und nimmt es deshalb garnicht Wunder, wenn sie über kleinere ihrer eigenen oder verwandter Art herfallen. Die Männchen bemühen sich sehr eifrig um die Weibchen, verfolgen diese sich bald vor, bald seitwärts von dem Weibchen haltend, dabei schlagen sie ihren Schwanz nach den Körperseiten herum und führen mit demselben wellige, spielende Bewegungen aus. Untereinander befehden sich die Männchen eines Weibchens wegen sehr häufig. Während des Eierlegens schwimmen die Weibchen zwischen Wasserpflanzen umher sich geeignete Blätter aussuchend, an welchen sie ihre Eier absetzen können. Ein passend befundenes Blatt wird mit den Hinterfüssen erfasst, zusammengebogen und in diese Blatthülse dann das Ei hineingeschoben, der das Ei umhüllende Klebstoff hält dann das Blatt in der zusammengebogenen Lage fest, so dass sich jedes Ei in einer Hülse befindet. Es kann aber auch geschehen, dass die Eier in kurzen dicken Schnüren abgelegt werden, was hauptsächlich dann vorkommt, wenn dem Tiere keine Wasserpflanzen zur Verfügung stehen. Die Entwicklung der Eier und Larven zieht sich bis gegen den Herbst hin, häufig überwintern die jungen Tiere im Larvenzustande im Wasser und besitzen noch im nächsten Frühjahr die Kiemen. In der ersten Hälfte des Sommers verlassen die alten Tritonen gewöhnlich das Wasser, um während der heissen Jahreszeit Zuflucht an kühlen Orten zu suchen. Man findet sie dann in Gebüschen, in der Nähe der von ihnen sonst bewohnten Gewässer, unter Moos, Steinen, Baumwurzeln, modernden Baumstümpfen und dergleichen, die Fugen in den Umfassungsmauern der von ihnen bewohnten Brunnen werden gleichfalls gern zum Sommeraufenthalt aufgesucht. Hier führen sie nun ein recht beschauliches Leben, kommen nur an kühlen regnerischen Tagen häufiger zum Vorschein, sonst meist nur des Nachts; sie halten sich jetzt immer an schattigen Orten auf. Die prächtige Färbung und Zeichnung ist verschwunden, düster wie ihre jetzige Umgebung erscheint nun das Aussehen unserer Tritonen. Die prächtigen Rückenkämme u. dergl. sind eingeschrumpft, und die im Wasser so lebhaften Tiere kriechen träge nach Art der Salamander dahin. Kommt dann der Spätherbst heran, so verkriechen sich die Tritonen tiefer in die Erde; hohle, tief bis in das Wurzelwerk hinein vermoderte Baumstümpfe werden gern aufgesucht, um hier den Winterschlaf abzuhalten; aber auch in die Keller, in Treibhäuser etc. dringen sie um diese Zeit ein, um hier Schutz zu suchen.

Im Frühjahr häuten sich die Tritonen in kurzen Zwischenpausen, etwa alle drei Tage, später jedoch seltener. Die Haut wird völlig ganz wie bei den Schlangen abgestreift, die innere Seite kommt also nach aussen, während sich aber bei den Schlangenhäuten dort wo die Augen sitzen uhrglasartige Kapseln finden, so sehen wir hier Löcher; sonst ist die Haut jedoch völlig unversehrt, selbst die dünnen Zehen und die äusserste Schwanzspitze sind vorhanden. Häufig wird die dünne Haut von den Tieren gefressen, da sie aber nicht verdaut werden kann, so wird sie mitunter noch unverletzt durch den After wieder ausgeworfen und hängt hier bisweilen tagelang fest; ja bei der Gefrässigkeit der Tiere kommt es nicht selten vor, dass eine solche einem Triton zur Kloake heraushängende Haut von einem andern nochmals verschlungen wird.

Für die Gefangenschaft eignen sich alle Tritonen vorzüglich, sie halten lange Jahre aus und pflanzen sich regelmässig fort, namentlich dann wenn man sie in verständig eingerichteten Terra-Aquarien hält. Im Wasser sowohl als auch ausserhalb desselben nehmen alle Nahrung an, ja die im Wasser befindlichen gewöhnen sich auch leicht an tote Nahrung z. B. an Ameisenpuppen und rohes Fleisch. Einige verlassen das Wasser garnicht, z. B. halte ich schon seit Jahren Alpenmolche, von welchen einige noch nie Anstalt machten, das Wasser zu verlassen, trotzdem ich ihnen dies so bequem als möglich mache. Andre wieder verweilen nur kurze Zeit im Wasser und suchen sich dann in irgend einem Winkel ein Versteck. Es kommt auch vor, dass Molche, welche das Wasser schon längere Zeit verlassen, dasselbe wieder aufsuchen, um nochmals längere oder kürzere Zeit darin zu verweilen. Mit Regenwürmern gefüttert lassen sich alle unschwer lange erhalten.

---

2. Der Alpenmolch (*Triton alpestris, Laurenti*).

Der Alpenmolch, Bergmolch, Alpentriton (Tafel VI, 3) erreicht eine Länge von 7 bis 10 cm. Der Körper ist ziemlich gedrungen, der breite, flache, mehr krötenartige Kopf setzt sich einem dicken Halse an. Die Gaumenzähne stehen in zwei nach hinten stark auseinandergehenden Reihen. Die mittelgrosse, rundliche, vorn ziemlich dicke Zunge sitzt hinten an einem kurzen Stiel, welcher in einer scheidenartigen Hautfalte gebettet ist. Der über dem After gerundete Schwanz ist weiter hinten stark zusammengedrückt, lanzettförmig. Die Haut ist entweder völlig glatt oder, besonders beim Weibchen, fein gekörnt.

Die Grundfarbe der Oberseite ist bläulich-aschgrau, schiefergrau, eisengrau, braungrau, heller oder dunkler braun bis schwarz, mit dunkleren, bräunlichen oder schwärzlichen, unregelmässig zerstreut, oder netzartig stehenden Flecken gezeichnet. Die Seiten sind, namentlich zur Paarungszeit, heller, bläulich, perlmutterartig glänzend, mit mehreren Reihen kleineren dunklen Punkten besetzt. Die Unterseite und Kehle sind schön safrangelb, orange- oder ziegelrot und ungefleckt.

Zur Paarungszeit findet sich beim Männchen ein niedriger Rückenkamm, welcher gleichmässig hoch, hinter dem Kopfe beginnend, sich ohne Unterbrechung bis auf den Schwanz hinzieht, und sich hier in den oft unregelmässig gewellten Flossensaum verliert. Dieser Rückenkamm ist abwechselnd gelb und schwarz gefärbt, und sieht einer Schnur schwarzer und gelber Perlen ähnlich. An den Lippenrändern finden sich schwarze Punkte, welche sich auch auf die Halsseiten hinziehen, die Vorder- und Hinterfüsse, sowie die Kloake zeigen gleichfalls kleine dunkle Punkte. Die Unterseite des Schwanzes zeigt in der Aftergegend eine gelbliche Färbung. Die Weibchen sind heller gefärbt als die Männchen, gewöhnlich mehr bräunlich, die dunklen Punkte und Flecke treten schwächer hervor, auch fehlt ihnen der helle Seitenstreifen; an der Kehle zeigen sich öfters feine Punkte. Längs des Rückens zieht sich eine wenig tiefe Furche hin, der Schwanz ist schmäler als beim Männchen. Es kommen auch fast weisse, oder doch sehr hell blassgelbe Exemplare vor, von welchen ich gegenwärtig einige lebend besitze. Die Zeichnung ist bei diesen sehr hellbraun, blassbraun oder blassgelb; die Unterseite blassgelb, fast weisslich.

Die Grundfarbe des Körpers der Jungen ist gewöhnlich hellbraun, die Rückenseiten sind dunkler begrenzt. Die Larven zeigen erst eine bräunliche Färbung, auf dem Rücken zwei dunkle Längsstreifen, nach kurzer Zeit werden sie olivenbraun, der Schwanz erscheint genetzt oder marmoriert. Später zeigen sich an den Seiten weisse Flecken, die sich nach und nach immer weiter ausdehnen, und schliesslich den hellen Seitenstreifen bilden. Im weiteren Verlaufe der Verwandlung erscheint dann auf dem Rücken ein gelblicher Streifen, die Grundfarbe wird nun hellbraun, am Schwanz schrumpft der Flossensaum nach und nach ein, die Zehen werden kräftiger, an den Seiten erscheinen kleine schwarze Flecken und das Tier erhält schliesslich die Farbe und Gestalt der Eltern.

Die Verbreitung dieser zur Paarungszeit prachtvollen Art erstreckt sich über ganz Mitteleuropa, kommt aber meist nur in bergigen Gegenden häufiger vor. Der Alpenmolch findet sich in Belgien, Frankreich, im nördlichen Spanien, in der Schweiz, im Schwarzwald, Taunus, Rhöngebirge, Erzgebirge, Riesengebirge, in den Sudeten und Karparthen. Aus der Umgebung von Freiburg in Baden habe ich ihn in grosser Anzahl erhalten und in Schlesien, in der Umgebung von Bunzlau, Goldberg, Jauer und an anderen Orten sehr häufig gefunden. Hier in der Umgebung von Bunzlau ist er der am zahlreichsten vorkommende Molch, er ist mindestens ebenso stark vertreten als der kleine Teichmolch und bedeutend häufiger als der Kammmolch. Letzterer ist hier seltener, obwohl er nicht gänzlich fehlt. Das Vorkommen des Alpenmolchs in Schlesien wird von einigen Autoren nicht erwähnt oder bezweifelt, nach Kaluza (Systematische Beschreibung der schlesischen Amphibien und Fische, 1855) fehlt er in Schlesien, nach meinen eigenen Erfahrungen dürfte er sich jedoch mindestens in den gebirgigen und hügeligen Teilen von ganz Schlesien finden, da ich ihn an geeigneten

Oertlichkeiten sehr zahlreich angetroffen habe, und diese Art stark zur Ausbreitung nach allen Richtungen hin neigt.

Die Oertlichkeiten, welche er zum Aufenthalt wählt, sind sehr verschieden. Wasserlöcher mit steinigem Grund scheint er zu bevorzugen, auch findet er sich oft in Steinbrüchen, in offenen, im Bergwald belegenen Brunnen, und oft habe ich ihn in Thon- und Lehmlöcher, Regenpfützen, welche bisweilen ganz trübes Wasser enthielten, in grosser Zahl gefunden, ebenso auch in langsamfliessenden Gräben, Bächen und in Teichen. Ausserhalb des Wassers fand ich ihn in nicht zu trocknen Büschen, Laubwaldungen, u. a., unter Moos, Baumwurzeln, moderndem Laube und dergleichen versteckt, oder an solchen Orten langsam am Boden hinkriechend.

Von allen unsern Molchen laicht er am frühesten; in günstigen Jahren fand ich ihn schon im Februar im Wasser im vollen Hochzeitskleid vor, das Wasser war mitunter noch von einer Eisdecke bedeckt. Betreffs seiner Lebensweise, Nahrung, Gefangenhaltung etc. verweise ich auf das beim Kammmolch gesagte. Er hält sich nach der Paarungszeit noch länger als unsere andere Tritonen im Wasser auf, und steht an Gefrässigkeit dem Kammmolch wenig nach.

Er hat, wie auch die folgenden, viele Feinde, Fische aller Art, Wasserfrösche, grosse Wasserkäfer, Wassernattern, Wasserratten, diverse Vogelarten und selbst der Pferdeegel stellen ihm nach. So fand ich im Frühjahr 1888, als ich ein nicht sehr tiefes Wasserloch nach Tritonen absuchte, einen mittelgrossen Pferdeegel im Netze vor, welcher im Begriff war, einen Alpenmolch zu verschlingen. Selbst als ich den Egel aufs Trockne brachte, liess er sich nicht stören, sondern würgte in kurzer Zeit seine Beute vollends hinunter.

---

3. *Der kleine Teichmolch (Triton taeniatus, Schneider).*

Der kleine Teichmolch, Gartenmolch, Streifenmolch, Punktmolch, kleiner Wassermolch *(T. punctatus. Dumeril).* Tafel VI, 2, erreicht eine Länge von $6^1/_2$ bis $7^1/_2$ cm. Der Körper ist schlanker, schmächtiger als beim vorigen, der Kopf ist länger als breit, nicht so flach und stumpf, mehr froschartig, jederseits sind zwei Reihen Drüsen oder Poren sichtbar. Die

Gaumenzähne stehen in zwei Längsreihen, welche nach hinten nur wenig auseinandergehen. Die kleine Zunge ist dick, gewölbt, von rundlicher Gestalt, hinten gleichfalls mit einem stielartigen Anhang versehen. Der Schwanz endigt allmählich in eine feine Spitze. Die Haut ist meist völlig glatt.

Die Färbung und Zeichnung ist veränderlich. Die Grundfarbe der Oberseite wechselt zwischen bräunlich, olivengrün, gelblich oder hellgrau, an den Seiten heller, weissgelb, bisweilen perlmutterglänzend, beim Männchen mit schwarzen, regelmässig oder zerstreut stehenden Flecken und Punkten, beim Weibchen mit Längsbändern und Wellenlinien gezeichnet. Die Unterseite ist gelblich, die Bauchmitte zeigt einen orangefarbenen Längsstreifen, welcher bald breiter, bald schmäler ist und die Unterseite mehr oder weniger orange färbt. Auch bei dieser Art kommen sehr helle, fast weisse Exemplare vor.

Zur Paarungszeit findet sich beim Männchen ein in der Nackengegend beginnender Hautkamm, welcher gezackt oder rundlich gekerbt ist und sich ohne Unterbrechung, nach und nach höher werdend, auf den Schwanz fortsetzt. Die Hinterzehen sind namentlich nach aussen hin mit Hautlappen umsäumt und stellenweise mit Büscheln feiner, blasiger Borsten versehen. Alle Farben und Zeichnungen werden lebhafter, kräftiger, der Kopf zeigt sich gestrichelt, und gehen diese aus feinen Punkten zusammengesetzten Striche bisweilen bindenartig zusammen. Der sehr breit werdende Schwanz ist an der unteren Schneide lebhaft orange gefärbt, darüber befindet sich zu beiden Seiten ein schön blauer Streifen, welcher weiter nach der Schwanzmitte zu in eine weissliche, silber- oder perlmutterglänzende Binde übergeht. Am Hautkamm und auf der Schwanzbinde finden sich schwarze Punkte.

Das Weibchen hat zur Paarungszeit längs der Rückenmitte an Stelle des Hautkammes eine niedrige Hautleiste, der Schwanz ist schmäler als beim Männchen und nur schmal gesäumt. Hautlappen sind an den Hinterzehen nicht vorhanden. Die Färbung ist heller. Längs der helleren Rückenmitte laufen seitlich zwei dunkle wellige oder gezackte Längsbinden hin. Die Unterseite ist blasser. Die das Männchen so auszeichnenden schwarzen Flecken fehlen fast gänzlich.

Die Jungen sind an der Oberseite rötlich oder ockergelb, auf beiden Seiten des Rückens findet sich eine dunkle Wellenlinie. Die Kopfbinden sind bald mehr bald weniger deutlich; die Oberseite ist beim Männchen zerstreut mit dunklen Flecken oder Punkten besetzt. Die Unterseite ist gelblich in der Mitte mehr oder weniger lebhaft orange, fast stets mit dunklen Punkten besetzt. Die zarten schlanken Larven zeigen eine helloliven-braune Färbung, der Schwanz ist fein gepunktet. An den Körperseiten bemerkt man eine gelbliche Längslinie, welche sich auch noch auf den Schwanz fortsetzt.

Die Verbreitung dieser Art erstreckt sich von England und Schweden ab über fast ganz Europa, Kleinasien bis nach Constantinopel hin. Nur im äussersten Süden Europas scheint dieser sonst allerwärts gemeine Triton zu fehlen. Er bewohnt mit Vorliebe stehende Gewässer, Teiche, Sümpfe, Thonlöcher, Brunnen, Bassins der Wasserleitungen und dergleichen, findet sich aber auch in Gräben, wenn diese nicht gerade schnellfliessend sind.

Die Laichzeit fällt gewöhnlich in den Mai, bisweilen aber trifft man ihn schon im Februar im Wasser in voller Farbenpracht an, doch selbst noch im Juni kann man trächtige Weibchen finden. Er verlässt eher als die andern das Wasser, die Larven entwickeln sich schneller, wenige nur überwintern im Larvenzustand. Die Lebensweise, Nahrung etc. dieses kleinsten unserer Tritonen stimmt mit dem schon beim Kammmolch gesagten überein.

---

4. Der Leistenmolch (*Triton helveticus, Razoumovsky*).

Der Leistenmolch, Schweizermolch, Schweizertriton erreicht eine Länge von $7\frac{1}{2}$ bis 9 cm. Der Körper ist ziemlich schlank, schmächtig, der Kopf schmäler als bei *T. alpestris*, die Schnauze mehr spitz froschartig, im Ganzen dem kleinen Teichmolch sehr ähnlich, mit welchem er auch ausser der Paarungszeit häufig verwechselt wird. Am Schädel findet sich ein Knochenbogen, welcher vom Stirnbein zum Quadratbein verläuft. Bei *T. alpestris* und *T. taeniatus* besteht dieser Bogen nur aus sehniger Masse und bei *T. cristatus* fehlt er gänzlich. Die kleine Zunge hat eine abgerundet rautenförmige Gestalt. Die Gaumenzähne stehen in zwei nach hinten zu stark auseinandergehenden Längsreihen (Abb. 46). Jederseits des Rückens findet sich eine kantig hervortretende leistenartige Längslinie. Das Schwanzende ist gerundet, abgestutzt, mitunter herzförmig ausgeschnitten, mit einem fadenartigen Anhang (Abb. 46 a) versehen, der bald kürzer, bald länger ist und bald gerade, bald nach oben gekrümmt erscheint; dieser Anhang ist beim Männchen gewöhnlich länger als beim Weibchen und in der Paarungszeit am längsten. Die Haut des Körpers ist glatt.

Abb. 46.

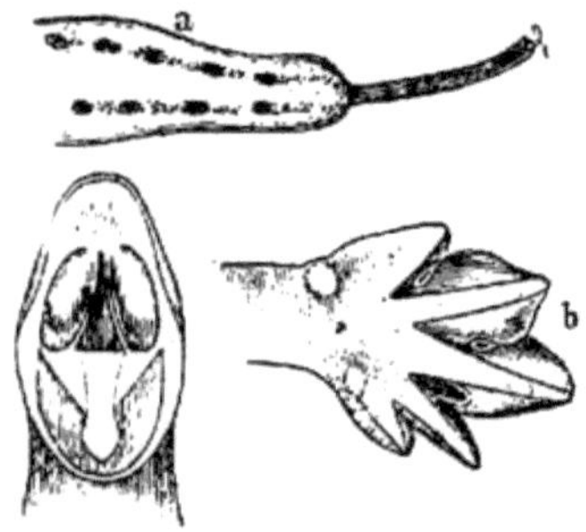

Leistenmolch
(*Triton helveticus. Razoum.*).
(Nach Schreiber.)
Gaumenzähne, Schwanzspitze (a) und Hinterfuss (b) des Männchens zur Paarungszeit.

Die Färbung der Oberseite ist gewöhnlich gelblich oder olivenbraun, öfters goldig schimmernd, die sich bald mehr, bald weniger scharf abhebende Zeichnung besteht aus dunklen Flecken, Strichen und Punkten. Die Unterseite ist gelblich oder blassorange und in der Mitte meist fleckenlos. Der Flossensaum des Schwanzes ist heller als bei unsern andern Tritonen, der fadenförmige Anhang schwärzlich.

Zur Paarungszeit erhält das Männchen an Stelle des Rückenkammes eine niedrige Hautleiste, welche ununterbrochen auf den Schwanz übergeht, sich hier flossenartig erhebt, hell und durchscheinend ist. Zwischen den Zehen der Hinterfüsse finden sich tief ausgeschnittene Schwimmhäute (Abb. 46 b). Die Hinterfüsse und die grosse warzige Kloakenwulst erscheinen fast schwarz, wie denn auch Färbung und Zeichnung des ganzen Körpers etwas dunkler wird. Die Kopfbinden, jedoch nicht der Augenstreif, erscheinen verwischter als bei *T. taeniatus*, ebenso alle Punkte und Flecken kleiner als bei diesen. Der Bauch und die Kehle sind ganz oder in der Mitte ungefleckt. Dem Weibchen fehlen die Schwimmhäute, es findet sich hier aber am Fussballen nach aussen zu ein warziger Höcker, welcher dem Männchen fehlt; der Schwanz ist niedriger als beim Männchen, der Kopf ist plumper, grösser, der Leib länger und dicker. Die Färbung erscheint an der Oberseite heller, die Unterseite jedoch, namentlich nach hinten zu dunkler, lebhafter orange als beim Männchen.

Die Oberseite der Larven und Jungen ist hell lederbraun gefärbt und mit einem dunklen Streifen längs der Rückenmitte gezeichnet. Je älter die Tiere werden, je deutlicher treten bei den Männchen die Seitenkanten und der fadenförmige Anhang am Schwanz hervor. Längs der Seitenkante zieht sich ein Streifen feiner Silberflecken hin, welcher sich bis an das Schwanzende verfolgen lässt, noch häufiger finden sich derartige Flecken an der unteren Seite des Rumpfes. Die Unterseite ist gelblich, schön goldig glänzend, die untere Kante des Schwanzes orange.

Das Verbreitungsgebiet dieses Molches dürfte hauptsächlich der Westen Europas sein; die bestimmten Grenzen seiner Ausbreitung nach Osten hin sind noch nicht festgestellt. Als seine eigentliche Heimat ist Frankreich anzusehen wo er allerwärts vorkommen dürfte. Sodann findet er sich in England, Belgien, in der Schweiz, in Baden (Freiburg), Württemberg, der Provinz Sachsen (z. B. nach W. Wolterstorff bei Wippra, Gernrode, im Selkethal, bei Lauterberg, Wernigerode am Harz). Ferner kommt diese Art in Deutschland noch bei Bremen vor. Nach Süden hin erstreckt sich die Verbreitung in Spanien und Portugal bis etwa zum vierzigsten Breitegrade. Die dort vorkommenden Stücke sollen viel dunkler sein als die, welche in Deutschland gefunden werden. Er bewohnt mit *T. alpestris* und *T. taeniatus* zusammen Teiche, Gräben, Sümpfe, Pfützen, weicht also betreffs seiner Lebensweise nicht von den anderen Tritonen ab. Er laicht etwas später als *T. taeniatus*. Seinem Zusammenleben mit der letzterwähnten Art ist es wohl zumeist zuzuschreiben, dass er bisher nur wenig beobachtet wurde.

Zweite Ordnung: Froschlurche (Anura).

Der Körper ist ungeschwänzt, breit, kurz, scheibenförmig, mehr oder weniger gewölbt oder niedergedrückt. Der jetzigen Einteilung der Froschlurche liegt die Beschaffenheit des Skeletts zu Grunde, jedoch unter Berücksichtigung der äusseren Formen und Merkmale. Vor allem kommt am Schädel die sehr verschiedene Bezahnung in Betracht, da sich bald in beiden Kiefern, bald nur im Oberkiefer, sowie auch auf den Gaumen- und Pflugscharbeinen Zähne verschiedener Art vorfinden. Der Schädel ist abgeplattet. Die grossen Augenhöhlen liegen fast wagerecht. Die gedrungene Wirbelsäule besteht aus nur zehn Wirbeln, nämlich den ersten Wirbel oder Atlas, sieben Rückenwirbeln, welche entweder vorn oder hinten ausgehöhlt sind; dem Kreuzbeinwirbel, welcher hinten ein oder zwei gewölbte Gelenkflächen besitzt, in welche das Schwanzbein, ein längerer stabförmiger Knochen eingelenkt ist, er ist aus den verwachsenen Wirbeln der Larven entstanden und meist beweglich. Selbst bei alten Tieren ist das Verwachsen der Wirbel des Schwanzbeins nicht soweit vorgeschritten, dass sich dessen Zusammensetzung aus zwei oder drei Wirbeln nicht erkennen liesse, so dass demnach eigentlich elf bis zwölf Wirbel vorhanden sind. Ausser den kurzen Dornfortsätzen auf der Rückenseite besitzen die Wirbel noch kräftige stabförmige seitliche Fortsätze, welche, bald länger bald kürzer, die Stelle der Rippen vertreten. Bei einigen kommen an diesen Wirbelfortsätzen durch Bandmasse verbundene Knochenstummel vor, also wirkliche, wenn auch verkümmerte Rippen darstellend. Am Kreuzbeinwirbel finden sich bisweilen die gewöhnlichen stabförmigen Querfortsätze, häufiger aber sind diese Fortsätze nach vorn und hinten angezogen, so dass jederseits eine dreieckige flache Knochenscheibe entsteht. Der Brustschultergürtel ist sehr entwickelt; es findet sich ein echtes und ein oberes Schulterblatt. Je nach dem der Brustkorb vorn fest verbunden ist oder nicht, scheidet man die Froschlurche A in *Firmisternia*, mit festem Brustkorb; B in *Arcifera*, Bogentragende.

Der Kopf ist kurz, breit, flach, vorn abgerundet, und setzt sich ohne halsartige Verengung dem Rumpfe an. Das Maul ist weit, meist bis hinter die Augen gespalten. Die nach vorn an die Schnauzenspitze gerückten Nasenlöcher sind klein. Die Augen sind, den Augenhöhlen angemessen, gross und vorstehend, mit längsgespaltenen Lidern versehen, von welchen das untere das Auge ganz bedecken kann. Die Pupille ist bald rundlich, bald horizontal verlängert oder senkrecht; die Iris ist metallisch glänzend. Die Ohrdrüsen sind bald deutlich, bald fehlend. Das Trommelfell ist äusserlich bald deutlich sichtbar, bald unter der Haut verborgen. Alle hier in Betracht kommenden besitzen eine Zunge, welche vorn festgewachsen, hinten aber teilweise frei ist und nach Art einer Fliegenklappe herausgeklappt werden kann, sie ist hinten bald ganzrandig, bald ausgebuchtet, so dass sie hinten herzförmig, zweilappig oder zweihörnig erscheint. Der vorhandenen Zunge wegen gehören unsere Froschlurche zur Unterordnung der Zungentragenden *(Phaneroglossa)*. Bei den Männchen vieler Froschlurche sind innere oder äussere, einfache oder doppelte Schallblasen an der Kehle oder an den Seiten des Kopfes vorhanden, welche als Resonanzhöhlen wirken. Infolge ihrer so ausgerüsteten Stimmlade und mit Hilfe der grossen sackförmigen Lungen sind sie im stande, weithinschallende Töne von sich zu geben, doch können auch die Weibchen schreien oder knurren. Die Haut ist glatt oder mit Warzen, Höckern oder hochstehenden Drüsen versehen. Die Beine sind kräftig; die vorderen nach einwärts gebogen, mit vier meist freien Zehen. Die Hinterbeine sind mitunter ziemlich lang, mit fast immer fünf ungleichen Zehen, öfters ist nach aussen ein höckerartiger Vorsprung vorhanden, gewissermassen einen verkümmerten sechsten Finger darstellend; die Zehen der Hinterfüsse sind nur selten frei, sondern gewöhnlich durch Schwimmhäute gesäumt oder verbunden. Die Vorderbeine der Männchen, sowie auch noch andere Körperteile, sind zur Paarungszeit mit rauhen, feilenartigen, hornigen, oft dunkel gefärbten Schwielen versehen, mit Hilfe deren sie die Weibchen während der bisweilen tagelangen Begattung festhalten. Solche Schwielen finden sich meist am Daumen der Vorderfüsse, an den Armen und an der Brust. Die Gruppe *Opistoglossa*, welcher unsere Froschlurche zugehören, wird wieder in zwei Gruppen geteilt: I. *Opistoglossa oxydactyla*, mit an den Enden nicht verbreiterten, walzigen oder spitzen Zehen; II. *Opistoglossa platydactyla*, welche Haftscheiben an den Zehen besitzen.

Zur Paarungszeit zeigen sich die Männchen ausserordentlich erregt. Die Befruchtung ist eine äussere. Die Dauer des Begattungsaktes ist bei den verschiedenen Arten wechselnd, sie kann von einigen Stunden bis zu einer Woche ansteigen. Der von den Fröschen in Klumpen, von den Kröten in Schnüren abgesetzte Laich sinkt im Wasser zu Boden, quillt dann bedeutend auf und steigt wieder empor. Mitunter werden aber die Eischnüre um Wasserpflanzen gewunden und bleiben dann unter Wasser, oder das Männchen schlingt sich die festen Eischnüre achterförmig um die Schenkel und trägt sie bis zum Ausschlüpfen der Larven herum, dann erst ins Wasser gehend, um die Eischnüre abzustreifen, worauf die Larven alsbald die Eihüllen sprengen. Bei exotischen Froschlurchen ist der Hergang noch mannigfaltiger, so dass man bei einigen, noch mehr als bei unserer Geburtshelferkröte, von einer wirklichen, wenn auch wohl mehr mechanischen Brutpflege reden kann.

Die den Eiern entschlüpfenden Larven haben, wenigstens bei unsern Froschlurchen, eine Verwandlung durchzumachen, während bei einigen exotischen die Verwandlung bereits im Ei vor sich geht. In der Abbildung 47 sind die Entwicklungsstufen der Froschlurche dargestellt. Die eigentlichen Eier sind durchsichtig, der Keim ist als schwarzer Punkt, Kern (a, b,) erkennbar, dieser nimmt später eine gekrümmte Gestalt an und kann man an dem werdenden Tier bereits die Augen erkennen (c). Kurz vor dem Ausschlüpfen werden die Bewegungen des Tieres lebhafter, häufig nimmt es eine gestreckte Lage (d) an. Die ausgeschlüpften Jungen haben vorerst noch keine Mundöffnung, mit Hilfe zweier

Sauggruben halten sie sich an den Laichresten fest, die Kiemenwülste sind meist noch ohne Anhänge (e, f), sodann entwickeln sich die äusseren Kiemen und wachsen zu verzweigten Aesten aus (g, h), der Leib wird gestreckter, der Schwanz grösser, die Augen immer deutlicher und schliesslich bricht die Mundöffnung durch, an den Lippen bilden sich nach und nach schnabelartige hornige Ränder. Sobald die Larven festere Nahrung aufnehmen können, verkümmern die äusseren Kiemen, die Haut wächst über die bleibenden Kiemenspalten, jedoch eine Oeffnung für den Austritt des Wassers aus den inneren Kiemen freilassend (i). Sodann entwickeln sich die Lungensäcke, der Darmkanal wird grösser, länger, seine Windungen vermehren sich, die inneren Kiemen verschwinden mehr und mehr, an der Schwanzwurzel brechen die unvollkommenen Hinterfüsse hervor (k). Nach voraufgegangener Häutung erscheinen nun auch die Vorderfüsse, die Augen werden grösser, hervortretender, der Hornschnabel verschwindet, der Schwanz schrumpft nach und nach ein, die Gestalt nähert sich immer mehr der der Eltern, und der nun vierfüssige, lungenatmende Frosch verlässt das Wasser, worauf der Schwanzstummel sehr schnell gänzlich einschrumpft. Das Tierchen hat nun die Gestalt der Alten, ist also ausgebildet.

Abb. 47.

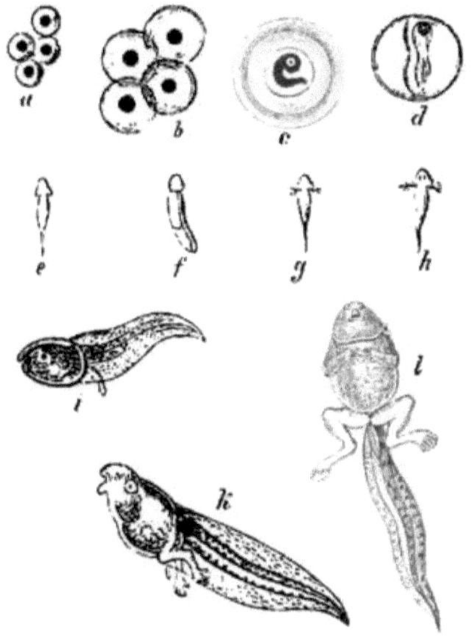

Entwicklungsstufen der Eier und Larven der Froschlurche.

a—d. Entwicklung des Tieres im Ei. e—h. Larven in den ersten Tagen. i. Kaulquappe mit angedeuteten, k. mit deutlichen Hinterfüssen, l. mit allen Füssen.

Nach den Polen zu und in das Gebirge hinauf an Zahl abnehmend, verbreiten sich die Froschlurche über die ganze Erde. Sie leben teils im, teils am Wasser, teils auch auf dem Lande und auf Bäumen. Am häufigsten finden sie sich in oder in der Nähe stehender Gewässer aller Art, sie bewohnen Wiesen, Felder, Büsche, Wälder, im Flachland wie im Hügellande, zu ihren Verstecken wählen sie die verschiedenartigsten Schlupfwinkel in Gebüschen, unter Bäumen, Wurzeln, Steinhaufen u. dergl., einige graben sich mit vielem Geschick in die Erde ein, andere verbringen die grösste Zeit ihres Lebens auf Bäumen. Ihre Bewegungen sind bald schnelle hüpfende, springende, manche können grosse Sätze ausführen, bald wieder langsam kriechende, einige klettern geschickt. Einige kommen nur des Nachts zum Vorschein, andere wieder führen ein Tagleben, treiben sich Tag und Nacht umher. Die Färbung und Zeichnung vieler ist der ihrer Umgebung so vorzüglich angepasst, dass es bisweilen schwer hält sie aufzufinden, viele können ihre Färbung mehr oder weniger verändern. Ihre Nahrung besteht in allerlei Würmern, Insekten, Kerfen und deren Larven, Nacktschnecken, Fischen, kleineren ihrer Art, Fischlaich u. a., Tritonen, kleineren Reptilien, Vögel und Säugetieren. Sie sind alle sehr gefrässig und die meisten sehr nützliche Tiere; schädlich können nur die grösseren Arten werden, welche Fischen, dem Fischlaich und den Vögeln nachstellen, wenn auch nur im beschränkten Masse. Einige werden auch durch ihr Fleisch als Genussmittel nützlich.

Die in Deutschland vorkommenden Froschlurche gehören zur Unterordnung *Phaneroglossa*, zur Gruppe *Opistoglossa* mit: I. *Opistoglossa oxydactyla*, und II. *Opistoglossa platydactyla* und zu den Abteilungen A: *Firmisternia* und B: *Arcifera*, zerfallen in vier Familien und verteilen sich demnach wie folgt:

Gruppe:	Abteilung:	Familie:	Gattung:	Art:	Der am meisten gebrauchte deutsche Name:
I. Opistoglossa oxydactyla	A. Firmisternia	Raninae	Rana, Linné	esculenta, Linné	**Wasserfrosch.**
"	"	"	"	ridibunda, Pallas	**Seefrosch.**
"	"	"	"	temporaria, Linné	**Grasfrosch.**
"	"	"	"	arvalis, Nilsson	**Feldfrosch.**
"	"	"	"	agilis, Thomas	**Springfrosch.**
"	B. Arcifera	Pelobatidae	Pelobates, Wagler	fuscus, Wagler	**Knoblauchskröte.**

Gruppe:	Abteilung:	Familie:	Gattung:	Art:	Der am meisten gebrauchte deutsche Name:
I. Opistoglossa oxydactyla	B. Arcifera	Pelobatidae	Bombinat., Merrem.	bombinus, Linné	**gelbbauchige Unke.**
"	"	"	"	igneus, Laurenti	**rotbauchige Unke.**
"	"	"	Alytes, Wagler	obstetricans, Laurenti	**Geburtshelferkröte.**
"	"	Bufonidae	Bufo, Laurenti	vulgaris, Laurenti	**Erdkröte.**
"	"	"	"	viridis, Laurenti	**Wechselkröte.**
"	"	"	"	calamita, Laurenti	**Kreuzkröte.**
II. Opistoglossa platydactyla	"	Hylidae	Hyla, Laurenti	viridis, Laurenti	**Laubfrosch.**

Erste Gruppe: Opistoglossa oxydactyla.

Die Zehen sind bald spitz, bald walzig, an den Enden nicht verbreitert.

Abteilung A. Firmisternia.

Froschlurche mit festem Brustkorb.

Erste Familie: Raninae. Frosch-Batrachier.

Der Körper ist bald schlank und gewölbt, bald wieder plump und abgeflacht. Der kurze Kopf ist hinten so breit als der Rumpf. Ohrdrüsen fehlen. Das Trommelfell ist bald sichtbar, bald unter der Haut verborgen, das Gehör ist gut entwickelt. Die Zunge ist gross, länglich, dreieckig, tief ausgerandet, fast zweihörnig. Die Gaumenzähne stehen in zwei queren Reihen; im Oberkiefer, manchmal auch im Unterkiefer sind Zähne vorhanden. Die Fortsätze des Kreuzbeinwirbels sind nicht verbreitert, stabförmig; die Wirbel sind nach vorn ausgehöhlt; das Schwanzbein ist an zwei Gelenkhöcker des Kreuzbeins angesetzt. Die Vorderbeine haben freie Zehen; die Hinterbeine sind länger und haben durch Schwimmhäute verbundene Zehen. Die Haut ist meist glatt, mitunter auch mit feinen Körnern oder kleinen Warzen besetzt.

Alle leben während der Paarungszeit im Wasser, nach derselben bleiben sie entweder im oder in der Nähe des Wassers, oder entfernen sich ziemlich weit davon, einige sehr weit.

Gattung: Rana, Linné. Echte Frösche.

Der Körper ist gewöhnlich ziemlich schlank, nach hinten verengt. Die Augen sind gross, deren Pupille horizontal. Das Trommelfell ist gut sichtbar. Die Zunge ist breit, hinten mitunter tief ausgerandet. Die Zehen der Vorderfüsse sind frei, können einander nicht entgegengestellt werden, die Zehen der Hinterfüsse sind mit Schwimmhäuten versehen. Die Haut ist glatt oder wenig mit Warzen besetzt. Die Gattung zerfällt in zwei Gruppen: 1. Gruppe: *Esculentae*. grüne Wasserfrösche; 2. Gruppe: *Fuscae*. braune oder Grasfrösche. Die der ersten Gruppe angehörigen halten sich fast beständig im oder am Wasser auf; die zur zweiten Gruppe gehörigen meist nur während der Paarungszeit.

Erste Gruppe: Esculentae. Grüne Wasserfrösche.

Der Kopf ist verrundet oder ziemlich spitz. Beim Männchen finden sich zu beiden Seiten des Maules äusserlich sichtbare Schallblasen, welche durch einen Längsschlitz neben und unter den Unterkiefer nach aussen treten. Das äusserlich sichtbare Trommelfell ist etwa $^1/_3$ kleiner als das Auge. Die Gaumenzähne treten bei dieser Gruppe besser hervor als bei der folgenden. Die Zehen sind meist vollkommen, bis zur Spitze der längsten Zehe, mit dicken Schwimmhäuten versehen. Ausser dem am Anfang der kleinsten Zehe sitzenden Höcker (der bei den Arten näher erwähnt wird), findet sich zwischen der vierten und fünften Zehe, an der Basis derselben, noch ein zweiter Höcker, der kleiner und rundlicher ist, und welcher bei der Grasfrosch-Gruppe fehlt, oder doch wenig entwickelt ist. Die Färbung der Oberseite spielt ins Grüne, ist mitunter blau, öfters braun oder graubraun. Die Zeichnung besteht in schwarzen Flecken und Punkten, welche häufig in Längsreihen stehen. Ein heller, bisweilen gelber Streifen längs des Rückens ist meist vorhanden, die Wülste an den Rückenseiten sind gleichfalls hell, gelblich, gelb, bisweilen goldig glänzend. Die Hinterseite der Oberschenkel ist hell und dunkel gebändert oder marmoriert. Die Färbung der Unterseite ist weiss, bald mehr bald weniger grau gefleckt.

Abb. 48

Männchen. Weibchen.

Teichfrosch *(Rana esculenta, Linné).*

In diese Gruppe gehören 1. der Teichfrosch oder Wasserfrosch *(Rana esculenta, Linné. [R. viridis Roesel]);* 2. der See- oder Flussfrosch *(Rana ridibunda, Pallas. [R. fortis, Boulenger]).*

1. Der Teichfrosch (Rana esculenta, Linné).

Der Teich- oder Wasserfrosch, welcher erst in neuerer Zeit von dem folgenden als besondere Art unterschieden wird, ist kleiner als der Seefrosch, er erreicht eine Länge von etwa $7^1/_2$ bis 10 cm. Unsere Teich- und Grasfrösche sind ja so bekannt, dass ich mich betreffs ihrer Beschreibung hier nur auf die Unterscheidungsmerkmale der einzelnen Arten von einander zu beschränken brauche, umsomehr, da alles andere schon gesagt ist, die Familien- und Gattungsmerkmale übereinstimmend sind, das Uebrige aber aus der Kennzeichnung der Gruppe hervorgeht.

Ein wichtiges Unterscheidungsmerkmal zwischen dieser und der folgenden Art ist der Höcker am Anfang der kleinsten Zehe, dieser ist hier seitlich zusammengedrückt, halbmondförmig, kräftig, öfters scharfkantig, etwa $^1/_2$ bis $^2/_3$ so lang als die kleinste Zehe. Ist z. B. die Innenzehe 9 bis 12 mm lang, so erreicht hier der Fersenhöcker eine Länge von 4 bis 5 mm. Die Haut ist glatter als beim folgenden, die Körperform gedrungener, die Unterschenkel kürzer als beim Seefrosch.

Die Färbung der Oberseite ist veränderlich, meist frisch- oder saftgrün, öfters braun, mitunter auch blau oder blaugrün. Die Körperseiten und die Hinterseite der Oberschenkel sind gelb und schwarz gefleckt, öfters in der Weise, dass das Gelb von einer schwarzen Marmorierung umschlossen wird. Die Schallblasen des Männchens sind milchweiss.

Die Verbreitung dieser Art erstreckt sich fast über ganz Europa und ist sie in Deutschland wohl allerwärts zu finden.

Der Wasserfrosch bewohnt unsere Sümpfe, Teiche, Pfützen, Gräben etc., ist fast in jeder grösseren Wasserlache zu finden. Sehr häufig lässt er seine weithin schallende Stimme ertönen, wobei die Schallblasen der Männchen weit hervortreten. Häufig veranstalten sie während der Paarungszeit wahre Chorgesänge, bei welchen sie meist im Wasser liegen, doch auch auf den Blättern grosser Schwimmpflanzen oder am Ufer sitzende beteiligen sich dabei. Sind sie gestört worden, so schweigt plötzlich der ganze Chor. Nach einem Weilchen, wenn alles ruhig und der Störenfried fort zu sein scheint, fängt ein einzelner mit tiefem Organ begabter wieder an, einige andere fallen ein, — worauf gewöhnlich wieder eine kleine Pause eintritt. Dann erhebt der Vorschreier von neuem seine Stimme, mehr und mehr fallen ein, bis endlich der ganze Chor wieder seinen, zwar monotonen, doch auch nicht unangenehmen Gesang ertönen lässt. Dabei sind sie aber doch aufmerksam auf ihre Umgebung, keine Beute entgeht ihnen, häufig fallen mehrere zugleich darüber her, denn sie sind sehr gefrässig. Vor ihrer Raubgier ist kein Tier, welches kleiner ist als sie, sicher. Er begnügt sich nicht nur mit Würmern, Insekten und deren Larven, sondern stellt auch Molchen, kleinen Fischen und deren Laich nach, fällt sogar über schwächere seiner Art her. Noch ärger treibt es der folgende, der grössere Seefrosch, welcher selbst verschiedene Reptilien, kleinere Vögel und Säugetiere nicht verschont. Beide sind sehr scheu, sehen und hören gut.

Erst nachdem der Frühling bei uns eingezogen, zeigt sich der Teichfrosch wieder häufiger. Ein eigentlicher Winterschlaf, wie wir diesen bei den Reptilien beobachten, scheint nicht stattzufinden. Er verbringt den Winter im Wasser, welches zwar zufriert, doch an den Uferrändern meist einen Streifen eisfreies Wasser lässt, wo das Eis nicht dicht auf das Wasser aufliegt. Hier und an anderen Lücken, welche den Fröschen während des Winters die Luftatmung gestatten, halten sich dieselben meist dicht am Ufer auf, bei der geringsten Störung tauchen sie sofort geräuschlos unter, um sich, wie im Sommer, im Schlamm zu verkriechen. Ende Mai oder Anfang Juni schreitet er zur Paarung. Die Entwicklung der Jungen geht in der schon erwähnten Weise vor sich. Nach der Laichzeit hält er sich mehr am Lande auf, bezieht auch am Lande ein bestimmtes Nachtquartier, wohin er allnächtlich zurückkehrt.

In Fischteichen richten beide insofern Schaden an, als sie den Fischlaich und noch lieber die jungen Fischchen fressen.

In der Gefangenschaft werden alle schnell zahm, gewöhnen sich bald daran, ihrem Pfleger das Futter aus der Hand abzunehmen. Man darf aber nur junge Tiere aufnehmen, da grössere ihren Mitbewohnern gefährlich werden.

---

2. *Der Seefrosch (Rana ridibunda, Pallas).*

Der See- oder Flussfrosch übertrifft den vorigen etwas an Grösse, da er eine Länge bis $11\frac{1}{2}$ cm erreicht. Er ist schmächtiger, gestreckter als der vorige, die Unterschenkel sind länger. Die Haut ist nicht so glatt, mitunter körnig oder warzig. Der Höcker am Anfang der kleinsten Zehe ist kürzer, wenig hervorragend, seitlich nicht zusammengedrückt, nicht besonders fest, seine Länge ist etwa gleich $\frac{1}{4}$ bis $\frac{1}{3}$ der kleinsten Zehe, selten länger. Ist z. B. die Innenzehe auch hier 9 bis 12 mm lang, so erreicht der Höcker nur eine Länge von 2 bis 4 mm.

Die Färbung der Oberseite ist matter, eintöniger, nicht so hübsch wie beim Teichfrosch, sie ist mehr schmutziggrün, olivengrün bräunlich bis braunschwarz, mit dunklen Flecken gezeichnet. An den Seiten und am Hinterschenkel findet sich kein gelb, die

Hinterseite der Oberschenkel ist grünlich oder weisslich gefärbt mit schwarzen Flecken gezeichnet. Die Schallblasen sind grau, bisweilen schwärzlich.

Der Seefrosch ist in Deutschland nicht so allgemein, wie der vorige verbreitet, seine Verbreitung ist bisher auch noch nicht genau festgestellt, er scheint mehr dem Osten anzugehören, da er über Russland, Polen, Ungarn, Böhmen, West- und Zentralasien verbreitet ist; wie weit sich seine Verbreitung in Deutschland nach Westen hin erstreckt, ist noch nicht genau festzustellen, da die Angaben, welche sein Vorkommen in Deutschland betreffen, noch sehr dürftig sind. In den Spreeseen bei Berlin ist er gefunden worden, desgleichen findet er sich nach W. Woltersdorf im Saalthal bei Naumburg, Halle, Ammendorf, Passendorf, Cröllwitz; am Galgenberg, Petersberg, am Sulziger See, bei Leipzig und Schkeuditz ist er häufig; bei Magdeburg soll er sehr häufig, bei Osterburg nicht selten und bei Neuhaldensleben soll er nur vereinzelt vorkommen.

Der Seefrosch laicht früher als der Teichfrosch, und hat ersterer dieses Geschäft bereits schon beendet, wenn der letztere damit beginnt. Der Seefrosch scheint sich mehr in grösseren seeartigen Gewässern aufzuhalten, gleicht aber in seiner Lebensweise sonst dem vorigen.

Zweite Gruppe: Fuscae, braune oder Grasfrösche.

Der Kopf ist breiter als bei den Arten der vorigen Gruppe, die Zunge gross, hinten tiefer ausgebuchtet; die Gaumenzähne treten wenig hervor. Die Unterschiede der einzelnen Arten dieser Gruppe beruhen auf der Gestalt des Kopfes, dem Vorhandensein oder Fehlen der Schallblasen beim Männchen, besonders aber auf Form und Länge der Gliedmassen, der Höcker an denselben, und endlich auf die Unterschiede der Färbung namentlich die des Bauches. Sie erreichen eine Länge von 7½ bis 10 cm.

Die Färbung der Oberseite ist bei allen niemals ausgesprochen grün, meist grau, braun, rötlich braun, blass rötlich, bald sind schwarze Flecke vorhanden, bald fehlen dieselben oder sind undeutlich. Mitunter sind die Schenkel schmutzig braungrün, olivengrün. Zwei grosse schwarze Flecke am Trommelfell sind immer sichtbar. Der Daumen der Vorderfüsse ist bei den

Männchen während der Paarungszeit mit einer schwarzen, rauhen, schwieligen Haut überzogen. Im ganzen sind die Arten dieser Gruppe besser voneinander geschieden als die der vorigen Gruppe.

Abb. 49.

Gras- oder Taufrosch (*Rana temporaria, Linné*).

In diese Gruppe gehören: 1. Der Grasfrosch, Tau- oder Märzfrosch (*Rana temporaria, Linné, [R. muta, Laurenti, R. fusca, Roesel, R. platyrrhinus, Steenstrup]*); 2. der Feld- oder Moorfrosch (*Rana arvalis, Nilsson, [R. oxyrrhinus, Steenstrup]*); 3. der Springfrosch (*Rana agilis, Thomas*).

1. Der Grasfrosch (*Rana temporaria, Linné*).

Der Körper ist plump, gedrungener als beim folgenden. Der Kopf ist breit, die Schnauze kurz und stumpf; die Augen sind stark nach vorn gerückt; die Beine sind mässig lang. Die Hinterbeine, über den Rücken nach vorn gelegt, erreichen kaum mit dem unteren Gelenk des Hinterschenkels (*tibio-tarsal* Gelenk) die Schnauzenspitze. Der Fersenhöcker (*Metatarsaltuberkel*) bildet einen länglich-runden Wulst, er ist klein und weich. Die

Gelenkhöcker auf der Unterseite der Fusszehen sind schwach entwickelt. Die Schwimmhaut reicht fast vollkommen bis an die Wurzel des letzten Gliedes der längsten Zehe (Dreiviertelschwimmhaut). Die drüsigen Längswülste an den Seiten des Rückens treten wenig hervor, sie verschwinden umsomehr, da ihre Farbe bisweilen fast der ihrer Umgebung gleicht. Die Färbung der Oberseite ist verschieden, es kommt grau, graubraun, braun, rotbraun in vielen Abstufungen vor; die Zeichnung besteht in schwarzen Flecken von rundlicher oder unregelmässiger Form, die bald mehr bald weniger häufig auftreten oder fehlen können. Ein Rückenstreif ist nicht deutlich erkennbar. Die Beine sind mit schwarzen Querbinden gezeichnet. Der Bauch ist weiss, selten einfarbig, meist grau, gelblich oder rot gefleckt.

Diese Art bewohnt ganz Nord- und Mitteleuropa, und Asien bis zur Mongolei; in Deutschland ist sie die am häufigsten und allerwärts vorkommende.

Der Grasfrosch hält sich nur während der Paarungszeit im oder am Wasser auf und findet sich hier mitunter so zeitig im Frühjahr ein, dass er meist noch Eis und Schnee vorfindet. Er hält unter Baumwurzeln, in hohlen Bäumen, tiefen Erdlöchern u. dergl. seinen Winterschlaf. und schreitet, sobald er aus diesen Winterverstecken hervorkommt zur Fortpflanzung. Die Laichzeit fällt bei dieser Art gewöhnlich in die Mitte des März. Die Eier (Laich) schwimmen als formlose Klumpen auf dem Wasser. Die Entwicklung der Jungen dauert etwa drei Monate, dann verlassen sie in grösseren Gesellschaften das Wasser, halten sich aber noch längere Zeit in der Nähe desselben auf. Die Alten halten sich nach der Paarungszeit in feuchten Büschen, feuchten Wäldern, namentlich Laubwäldern, auf Feldern, Wiesen u. dergl. auf. Betreffs der Nahrung gleicht er dem Teichfrosch, er ist ebenso gefrässig wie dieser, fällt gleichfalls über junge Tiere seiner Gattung her, ist aber doch seiner sonstigen Lebensweise wegen nicht schädlich, sondern sehr nützlich. Ihm wird gleichfalls seiner Hinterschenkel wegen nachgestellt, da diese als Leckerbissen gelten. Man sollte die Tiere aber doch vorher wenigstens töten, und ihnen nicht, wie es leider nur zu oft geschieht, im lebenden Zustande die Hinterschenkel abreissen. In der irrigen Meinung, dass die ausgerissenen Beine wieder nachwachsen, werden dann die so verstümmelten Tiere wieder fortgeworfen und müssen natürlich eines qualvollen Todes sterben.

Die Gefangenschaft ertragen die Arten dieser Gruppe ebenso leicht als die der vorigen, werden auch ebenso zahm wie diese.

---

2. Der Feldfrosch (*Rana arvalis, Nilsson*).

Die Gestalt des Körpers und der Gliedmassen ist etwas schlanker als beim vorigen, hinter welchem er auch an Grösse zurückbleibt. Die Schnauze ist zugespitzt, die Stirn gewölbt, die Oberlippe etwas vorspringend. Die Hinterbeine erreichen, über den Rücken nach vorn gelegt, mit dem untersten Gelenk des Unterschenkels eben die Schnauzenspitze. Der Fersenhöcker ist zusammengedrückt, stark, hart, schaufelförmig (etwa wie bei *Rana esculenta*), stets länger als die Hälfte der Länge der anliegenden kleinsten Zehe. Die Gelenkhöcker auf der Unterseite der Fusszehen sind nur wenig entwickelt. Die Schwimmhaut ist unvollkommen, eine Zweidrittelsschwimmhaut, zarthäutig, bis an die Wurzel des vorletzten Gliedes der längsten Zehe reichend. Die drüsigen Längswülste an den Seiten des Rückens springen stark hervor, sie sind meist weissgelb gefärbt, heller als ihre Umgebung.

Die Grundfarbe des Rückens ist heller oder dunkler rotbraun, hellbraun, graubraun, bei den Männchen ist die Färbung meist etwas unreiner. Ueber den Rücken zieht häufig ein gelbbrauner Längsstreifen. Der Bauch ist gewöhnlich fleckenlos, sehr selten finden sich wenig sichtbare graue Flecken.

Auch diese Art ist in Deutschland nicht selten, ihre westliche Verbreiterungsgrenze scheint der Rhein zu sein, sie bewohnt Nord-, Ost- und Mitteleuropa, Westsibirien, das Kaukasusgebiet und Nord-Persien. Der Feld- oder Moorfrosch hält sich, wie schon sein zweiter Name besagt, mehr in Brüchen, Mooren, Sümpfen und dergleichen auf und kommt stellenweise ebenso häufig vor als der vorige. Diese Art verdient insofern noch besonderes Interesse, als sie ein Ueberbleibsel aus der Eiszeit zu sein scheint.

Die Laichzeit fällt Anfang bis Mitte April; im übrigen gleicht er dem vorigen.

---

3. Der Springfrosch (Rana agilis, Thomas).

Diese Art zeichnet sich durch zarten, schlanken Körperbau und geradezu überraschende Springfertigkeit aus. Die Schnauze ist lang und spitz, die Stirn flach, abgeplattet, die Augen sind nach rückwärts gerückt. Die Beine schlank. Die Hinterbeine sind sehr lang, das Schienenbein beinahe ebenso lang wie die vordere Extremität, die Hinterbeine über den Rücken nach vorn gelegt, überragen mit dem untern Gelenk des Unterschenkels die Schnauzenspitze bedeutend. Die starken harten Fersenhöcker bilden eine längliche Wulst. Die Gelenkhöcker auf der Unterseite der Finger und Zehen sind sehr stark und treten knopfartig hervor. Die Schwimmhaut reicht bis an die Wurzel des vorletzten Gliedes der längsten Zehe, ist also eine Zweidrittelschwimmhaut. Den Männchen fehlen die inneren Schallblasen.

In Färbung und Zeichnung weicht er von den beiden vorigen nicht ab, da er die der Gruppe eigentümliche Färbung und Zeichnung trägt, doch ist der Bauch stets ungefleckt.

Diese Art bewohnt Frankreich, die Schweiz, Italien, Dalmatien, Oesterreich und Griechenland, und ist bisher in Deutschland nur im Elsass (bei Strassburg), bei Würzburg und am Ober- und Unterrhein gefunden worden; da er aber in den Nachbarländern vorkommt, so dürfte er auch in Deutschland wohl häufiger sein als man annimmt, es ist bisher nur zu wenig auf ihn geachtet, oder er ist mit den übrigen beiden Arten verwechselt worden. Die Laichzeit dieser Art fällt in den Mai, und führt er sonst die Lebensweise der vorigen.

Abteilung B. Arcifera.

Froschlurche mit nicht fest verwachsenem Brustkorb.
Bogentragende.

Zweite Familie: Pelobatidae. Froschkröten.

Der Körper ist ziemlich plump, breit, mehr krötenartig. Der Kopf meist kurz, mit bald spitzer, bald stumpfer verrundeter Schnauze. Ohrdrüsen sind bald vorhanden, bald fehlend; ein

Trommelfell ist nur selten sichtbar. Die Pupille ist stets senkrecht, von länglicher oder dreieckiger Form. Schallblasen fehlen meistens. Im Oberkiefer und Gaumen sind Zähne vorhanden. Die Gaumenzähne bilden zwei kurze, hinter den innern Nasenlöchern stehende, in der Mitte getrennte Querreihen. Die grosse Zunge ist ei- oder scheibenförmig, hinten teilweise frei oder ganz angewachsen. Der Unterkiefer ist zahnlos. Die Fortsätze des Kreuzbeins sind bald mehr, bald weniger verbreitert. Verkümmerte Rippen bald vorhanden, bald fehlend. Die Wirbel sind meist hinten, seltener vorn ausgehöhlt. Die Beine sind kräftig, die hinteren wenig länger als die vorderen. Die Haut ist meist warzig.

Die Mitglieder dieser Familie leben teils im Wasser, teils auf dem Lande in selbstgegrabenen Erdhöhlen, alle führen meist eine ziemlich versteckte Lebensweise.

Diese Familie ist in Deutschland in drei Gattungen mit vier Arten vertreten.

Erste Gattung: Pelobates, Wagler. Wühlkröten.

Der Körper ist plump, breit, krötenartig. Der Kopf ist kurz, breit, mit verrundeter abschüssiger Schnauze, von einem Knochenschilde geschützt. Die Pupille ist senkrecht-oval; die Ohrdrüsen wenig sichtbar, das Trommelfell unter der Haut verborgen, an der Kehle findet sich eine innere Schallblase. Die dicke, kreisförmige Zunge ist mit feinen Warzen bedeckt, hinten frei und schwach ausgerandet. Die Gaumenzähne stehen in einer in der Mitte weit unterbrochenen Querreihe zwischen den inneren Nasenöffnungen. Die Wirbel sind vorn ausgehöhlt, das Kreuzbein und Schwanzbein verwachsen. Rippen fehlen. Die Finger sind frei, die Zehen mit bis zum Ende reichenden Schwimmhäuten versehen. An der Ferse der Hinterfüsse findet sich eine flache, scharfe, schaufelartige Hornscheibe. Die Haut ist ziemlich glatt, wenig mit Warzen besetzt.

Diese Gattung wird in Deutschland durch eine Art vertreten.

Die Knoblauchskröte (Pelobates fuscus, Wagler).

Die Knoblauchskröte, gemeine Teichunke, erreicht eine Länge von $6\frac{1}{2}$ bis 8 cm. Der Körper ist gedrungen, der Kopf ist oben der Länge nach gewölbt, auf der Stirn und im Scheitel rauh. Die kurze, stumpfe Schnauze ist vorn verrundet. Die Ohrdrüsen sind wenig oder nicht, das Trommelfell nicht sichtbar. Die Hornscheibe an der Ferse ist gelbbraun, stark, flach und breit. Zur Paarungszeit haben die Männchen hinten am Oberarm eine eiförmige Drüse.

Die Färbung der Oberseite ist heller oder dunkler grau oder bräunlich, mit kastanienbraunen oder dunkelbraunen Flecken

Abb. 50.

Die Knoblauchskröte *(Pelobates fuscus, Wagler).*

und zinnoberroten Wärzchen gezeichnet. Die Unterseite ist weisslich, einfarbig oder dunkel gefleckt.

Die Knoblauchskröte bewohnt Deutschland, Oesterreich, Frankreich und soll auch noch in den Kaukasusgegenden vorkommen. Sie hält sich im Frühjahr noch längere Zeit nach der Paarung im Wasser auf, meist jedoch auf dem Grunde desselben. Man findet sie dann in Teichen, Sümpfen, grösseren Wasserlachen u. dergl. Später ist sie nur durch Zufall zu erlangen, da sie sich am Lande in Erdlöchern, teils selbstgegrabenen, verborgen hält und nur des Nachts oder in der Dämmerung, zum Vorschein kommt, um ihrer Nahrung nachzugehen.

Ihre Nahrung besteht aus allerlei Gewürm, Insekten, Nacktschnecken und dergleichen, weshalb sie zu den nützlichsten Tieren zählt.

Ihre Bewegungen sind wie die der meisten Kröten ziemlich langsam, jedoch schwimmt und gräbt sie vorzüglich; das Eingraben geht sehr schnell vor sich, da ihr der an den Fersen sitzende Hornsporn dabei vorzügliche Dienste leistet. Setzt man sie auf die Erde, so vollführt sie alsbald mit den Hinterfüssen seitliche Bewegungen, und ist der Boden nicht gar zu fest, so dauert es nicht lange, bis sie sich vor unsern Augen rückwärts eingegraben hat. Ergriffen, bläht sie sich auf und zwar derartig, dass sie breiter als lang erscheint; hierbei gibt sie einen knoblauchartigen Geruch von sich, welchem Umstande sie wohl auch ihren Namen verdankt. Die Laichzeit fällt im April, und lassen zu dieser Zeit häufig die Männchen ihre Stimme erschallen, welche einige Aehnlichkeit mit der des Wasser- oder Laubfrosches besitzt. Die Eier kommen in kurzen, dicken, zusammenhängenden Trauben zum Vorschein, und werden von dem Männchen um abgestorbene Pflanzenstengel geschlungen oder sinken zu Boden, sich hier mit allerlei Pflanzenresten und dergleichen vermengend. Häufig überwintern die Jungen im Larvenzustande, selten haben sie ihre Verwandlung im September vollendet. Die Kaulquappen (Larven) leben weniger gesellig als die der Frösche und zeichnen sich durch besondere Grösse aus, da Larven von 10 cm Länge noch gar nicht selten sind. An den Hinterfüssen der grossen Larven ist die Hornscheibe bereits sichtbar.

Die Gefangenschaft im feuchten Terrarium erträgt sie vorzüglich, in Terra-Aquarien schreitet sie regelmässig zur Fortpflanzung. Sie ist leicht mit Regen- und Mehlwürmern zu erhalten, doch bekommt man sie wenig zu sehen, da sie sich über Tags meist vergräbt.

Zweite Gattung: Bombinator, Merrem. Unken.

Der plumpe Körper ist flach, der Kopf oben platt, mit abgerundeter Schnauzenspitze. Die kleinen ovalen Nasenlöcher sind von einander wenigstens so weit wie vom Auge entfernt. Ohrdrüsen sind nicht sichtbar, Trommelfell und Paukenhöhle fehlen. Schallblasen vorhanden oder fehlend. Die dünne, schwammige, fast kreisrunde Zunge ist ganzrandig und mit ihrer ganzen Unterseite angewachsen. Die Pupille ist dreieckig, senkrecht. Die Gaumenzähne stehen in zwei kurzen von einander nur wenig getrennten Querreihen, innerhalb der inneren Nasenlöcher. Der Oberkiefer ist gleichfalls bezahnt. Die Fortsätze des Kreuzbeins sind stark verbreitert und sind verkümmerte Rippen vorhanden. Die Wirbel sind hinten ausgehöhlt. Der Anfang des Schwanzbeins ist mit zwei schwachen nach hinten gerichteten Fortsätzen versehen. Die Beine sind nicht sehr lang, die vorderen kürzer als die hinteren. Die Zehen der Männchen sind mit ganzen, die der Weibchen mit Dreiviertelschwimmhäuten versehen. Die Finger sind frei. Die Haut ist auf der Oberseite reichlich mit Warzen und Knötchen bedeckt, auf der Unterseite ziemlich glatt.

Diese Gattung ist in Deutschland durch zwei Arten vertreten, welche erst in neuerer Zeit von einander getrennt wurden, früher waren beide Arten zu einer vereinigt.

---

1. Die gelbbauchige Unke (Bombinator bombinus, Linné).

Die gelbbauchige Unke, gelbbauchige Feuerkröte, Berg-Unke erreicht eine Länge von $3\frac{1}{2}$ bis $4\frac{1}{2}$ cm. Der Körper ist ziemlich gedrungen, flach. Die Männchen besitzen keine Schallblasen. Der Unterschenkel ist wenigstens so lang, oder länger, als der Fuss vom Anfang der kürzesten Zehe an. Bei den Männchen finden sich zur Paarungszeit rauhe schwarze Hautwucherungen an den Armen, den Fingern, sowie unter der zweiten und dritten Zehe.

Die Färbung der Oberseite ist schmutzig olivengrün, graugrün, aschgrau oder grau, mitunter mit ziemlich undeutlichen, unregelmässigen, kleinen dunklen Flecken gezeichnet. Die Farbe der Unterseite ist schwefelgelb bis orangegelb, mit unregelmässigen schwärzlichen oder blaugrauen Flecken gezeichnet;

meist ist hier die helle Farbe vorherrschend. Die Spitzen der Finger und Zehen sind gelb.

Die Unken oder Feuerkröten bewohnen ganz Mitteleuropa, kommen zerstreut durch ganz Deutschland vor, sie finden sich in pflanzenreichen Gräben, Sümpfen, Tümpeln, Teichen und der-

Abb. 51.

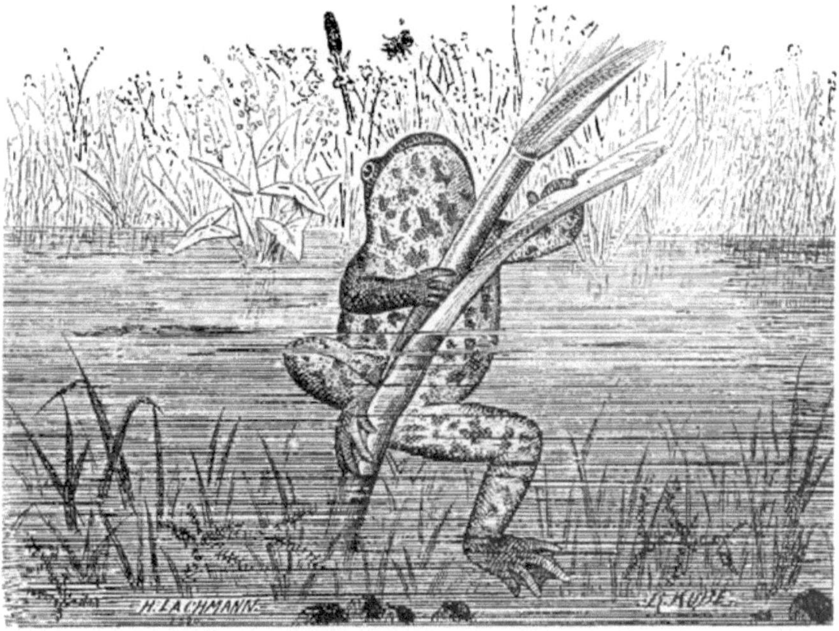

Gelbbauchige Unke *(Bombinator bombinus, Linné).*

gleichen. Die gelbbauchige hält sich mehr im Hügel- und Berglande, bezl. in geeigneten, öfters freiliegenden Gewässern, die rotbauchige findet sich mehr in der Ebene, hier allerlei Gewässer, namentlich solche, welche in oder an Gebüschen liegen, bewohnend.

Ihre Nahrung besteht in Gewürm, sowohl im Wasser als auf dem Lande lebenden, Nacktschnecken und dergleichen, Regenwürmern scheint sie besonders nachzustellen. Sie verursacht nicht den geringsten Schaden, ist vielmehr ein sehr nützliches Tier, welches allerwärts geschont werden sollte.

Die Unken führen eine weniger verborgene Lebensweise; sie halten sich bis in den Spätsommer hinein im Wasser auf, treiben sich an den Ufern nahrungsuchend herum oder liegen, den Körper ganz flach zusammengedrückt auf dem Wasserspiegel, oder stecken zwischen Wasserpflanzen im Wasser, so dass nur die Schnauzenspitze hervorragt. Häufig lassen sie ihren nicht unangenehmen Ruf ertönen, welcher etwa wie „kunk“ klingt, aber nicht sehr weit schallt. Sie sind sehr lebhaft, aber nicht gerade behende in ihren Bewegungen. Haben sie einen Wurm erblickt, so springen sie hastig auf denselben zu, sich dabei mehrmals überkugelnd, haben sie den Wurm ergriffen, so führen sie allerlei Sprünge und Kapriolen aus, während sie denselben verschlingen, so dass man unwillkürlich darüber lachen muss; dabei sind sie futterneidisch, eine sucht der andern die Beute zu entreissen, und die Sprünge und Stellungen, welche sie dabei einnehmen, spotten jeder Beschreibung, sie sind geradezu komisch in ihrem Gebahren. Das Verschlingen des Wurmes geht ziemlich schnell, während des Schlingens schliessen sie die Augen, und wischen sich, sobald der Wurm im Maule verschwunden ist, mit den Vorderbeinen recht artig das Maul ab. Werden sie am Lande überrascht, so dass sie das Wasser nicht mehr erreichen können, so machen sie sich ganz flach, biegen die Körperseiten nach oben um, so dass man die Ränder des bunten Bauches sieht und der Körper von oben gesehen muldenförmig erscheint; öfters auch ducken sie sich nieder und halten die Vorderfüsse über den Kopf zusammen, als ob sie diesen schützen wollten. Werden sie überrascht während sie sich im Wasser befinden, so verstummt sofort ihr Ruf, die Unken tauchen geräuschlos unter und verkriechen sich in den Schlamm; verhält man sich ruhig, so kommen sie nach einem Weilchen, wenn sie die Gefahr vorüber wähnen, langsam an die Oberfläche, sich hier zwischen Wasserpflanzen verbergend, und nur die Nasenspitze zum Wasser heraussteckend, halten sie Umschau ob alles sicher ist. Bleibt man ruhig in seinem Versteck, so beginnen sie bald wieder mit ihrem Gesang, andernfalls tauchen sie sofort wieder unter, kommen an einer andern Stelle zwischen Wasserpflanzen wieder herauf und verhalten sich völlig ruhig. Es gehört schon ein besonders geübtes Auge dazu, um sie in dieser geschützten Lage zu erblicken.

Die Paarungszeit fällt im Mai oder Anfang Juni. Der Laich hat grosse Aehnlichkeit mit dem der Knoblauchskröte, er geht in Klumpen ab und sinkt zu Boden. Die Entwicklung der Larven dauert mitunter bis in den Oktober hinein. Die ausgebildeten Jungen suchen dann meist sofort das Land auf, um sich bei herannahender kalter Witterung, wie die Alten, ein frostfreies Plätzchen unter Steinen, in Erdlöchern, Baumstümpfen, Mist- und Laubhaufen und dergleichen, für den Winterschlaf zu suchen.

Die Unken halten sich in Terra-Aquarien oder Terrarien, wo sie abwechselnd das Land oder Wasser aufsuchen können, vorzüglich; ich besitze einige schon über acht Jahre, welche sich noch immer des besten Wohlseins erfreuen, obwohl einige von ihnen bereits mehrmals im Rachen einer Natter verschwunden waren. Sie sondern jedoch in ihrer Todesangst einen seifenartigen Schaum ab, welcher die Schlange zwingt, ihr Opfer wieder von sich zu geben, welches dann noch lebend, unversehrt den Rachen ihrer Feindin verlässt, sich verwundert umblickt und fröhlich davonhüpft. Neben dem Laubfrosch bereiten die Unken ihrem Pfleger die meiste Freude, sie werden sehr zahm, nehmen bald das Futter aus der Hand ihres Pflegers entgegen und lassen Sommer und Winter (im warmen Zimmer natürlich) ihren zwar melancholischen aber doch so anheimelnden Ruf ertönen.

2. Die echte rotbauchige Unke (Bombinator igneus, Laurenti).

Die Grösse der echten rotbauchigen Unke oder rotbauchigen Feuerkröte ist wie bei der vorigen. Die Gestalt des Körpers ist etwas schlanker als bei *bombinus*. Die Männchen besitzen zwei Schallblasen. Der Unterschenkel ist kürzer als der Fuss von der Basis der kleinsten Zehe an. Bei den Männchen finden sich zur Paarungszeit nur am Arm und an den Fingern rauhe schwarze Hautwucherungen. Die Warzen sind weniger hervortretend als bei der vorigen Art.

Die Färbung der Oberseite ist grau, graubraun, olivenbraun, braun, erdfarben bis schwärzlich, mit kleinen unregelmässigen, öfters aber auch in Reihen gestellten schwärzlichen oder schwarzen Flecken gezeichnet, zwischen welchen noch mehr oder weniger deutlich grüne Punkte und Tupfen eingestreut sind. Zwischen den Schultern finden sich gewöhnlich zwei längliche grössere grüne Flecke, welche mitunter sehr hervortreten. Die Grundfarbe der Unterseite ist blauschwarz oder stahlblau, mit schön orangeroten bis scharlachroten grösseren unregelmässigen

Abb. 52.

Rotbauchige Unke *(Bombinator igneus, Laurenti).*

Flecken und kleinen weissen Punkten gezeichnet. Die Spitzen der Finger und Zehen sind schwarz gefärbt. Gewöhnlich tritt auf der Unterseite die dunkle Farbe am meisten hervor.

Alles die Verbreitung, Lebensweise etc. betreffende ist bei der vorigen Art mit erwähnt; sie scheint eher noch häufiger vorzukommen als die vorige und findet sich an geeigneten Oertlichkeiten zerstreut durch ganz Deutschland, obwohl, wie auch die vorige, nirgends gerade häufig.

Dritte Gattung: Alytes, Wagler. Fessler.

Der Körper ist gedrungen, der Kopf flach, an der Schnauze gewölbt, die Nasenlöcher weit nach vorn stehend. Die stark hervorquellenden Augen haben eine senkrechtgespaltene Pupille. Die kleinen Ohrdrüsen sind flach, länglich, mit sehr kleinen

Poren besetzt. Das Trommelfell ist deutlich sichtbar, rundlich. Hinter dem Trommelfell findet sich ausser den Ohrdrüsen noch eine kleine Drüse. Die mit einigen Längsfurchen versehene Zunge ist gross, dick, etwa kreisförmig und fast gänzlich angewachsen, hinten nicht ausgerandet. Die Gaumenzähne stehen hinter den inneren Nasenlöchern in zwei sich sehr nähernden Querreihen. Der Oberkiefer ist bezahnt. Die Männchen besitzen keine Schallblase. Die Fortsätze des Kreuzbeins sind wenig verbreitert, verkümmerte Rippen sind vorhanden. Die Wirbel sind hinten ausgehöhlt. Am Anfang des Schwanzbeins finden sich zwei schwache, nach hinten gerichtete Fortsätze. Die Beine sind kurz und dick. Die vier Finger der Vorderfüsse sind frei, die fünf Zehen sind mit kurzen Schwimmhäuten versehen. An den Handballen der Vorderfüsse finden sich drei deutliche rundliche Höcker. Die Haut ist oben warzig, unten gekörnelt, die Kehle glatt. Zu beiden Seiten des Rückens, hinter den Ohrdrüsen anfangend, zieht sich eine Reihe hellerer Warzen hin, an beiden Körperseiten mehr oder weniger erhabene Längswülste bildend.

Diese Gattung enthält nur eine Art.

Die Geburtshelferkröte (Alytes obstetricans, Laurenti).

Die Geburtshelferkröte, der Fessler oder Geburtsfrosch erreicht eine Länge von 4 bis 5 cm. Die Färbung der Oberseite ist heller oder dunkler grau, aschgrau, bläulich- oder grünlichgrau, sehr selten rötlich oder bräunlich, mit dunklen, mehr oder weniger deutlichen, meist auf die Warzen verteilten Flecken gezeichnet, zwischen welchen sich noch mitunter rötliche Punkte eingestreut finden. Die Unterseite ist weisslich oder hellgrau, an der Kehle, den Bauchseiten, um den After schwarz gefleckt oder punktiert.

Die Verbreitung der Geburtshelferkröte erstreckt sich über das westliche und süd-westliche Europa; als ihre eigentliche Heimat ist Frankreich anzusehen, sie findet sich aber auch im nördlichen Spanien, in Norditalien, der Schweiz, in Deutschland in den Rheingegenden (z. B. erhalte ich sie alljährlich aus Freiburg i. Baden) und soll selbst im Harz noch ziemlich häufig sein, jedenfalls kommt sie in Deutschland weit häufiger vor als man bisher angenommen.

Sie ist ein echtes Landtier und lebt in Erdlöchern, Baumhöhlen, unter Steinen, in dichtem Gebüsch etc., meist in selbstgegrabenen, oft 1 bis 1½ m langen Gängen oder Röhren. Als ausgesprochenes Dämmerungs- oder Nachttier, kommt sie selbst nach einem Regen während des Tags nicht zum Vorschein; erst nach Sonnenuntergang verlässt sie ihre Verstecke, um ihrer in allerlei Kerfen, Würmern, Insekten, Nacktschnecken etc. bestehenden Nahrung nachzugehen. Ihre Bewegungen sind durchaus nicht so täppisch und schwerfällig als ihr gewöhnlich nach-

Abb. 53.

Geburtshelferkröte (*Alytes obstetricans, Laurenti*).
Männchen mit Eischnüren beladen.

gesagt wird, sie kann Sprünge von 30 cm Länge machen, ist auch sonst des Abends oder Nachts munter und beweglich; im Graben ist sie äusserst geschickt und steht darin der Knoblauchskröte nicht nach. Vom Männchen, und besonders dem Weibchen wird gesagt, dass sie sehr wasserscheu seien, und dass namentlich das Letztere freiwillig nicht ins Wasser gehe. Dem kann ich durchaus nicht beipflichten, denn langjährige Beobachtungen an meinen Gefangenen haben mich belehrt, dass beide gelegentlich, nicht bloss zur Paarungszeit oder Eierablage, das Wasser aufsuchen und längere oder kürzere Zeit darin verweilen, geschickt schwimmen und tauchen. Anders wird es wohl auch in der

Freiheit nicht sein, da sie sich doch meist an feuchten Orten, wo sich Wasser in der Nähe befindet, aufhalten.

Eigentümlich ist die Fortpflanzung der Geburtshelferkröte. Je nach der Witterung verlässt sie ihr Winterquartier früher oder später, gewöhnlich Ende März oder Anfang April, und schreitet dann zur Paarung. Hierbei umklammert das Männchen das Weibchen am Halse und wickelt sich die heraustretenden Eischnüre achterförmig um die Hinterfüsse, worauf sich das so mit den Eiern beladene Männchen unter die Erde verkriecht. Nach 2 bis 3 Wochen, oder früher, begibt sich das Männchen ins Wasser um die Eier, etwa 50 bis 60 an der Zahl und von der Grösse eines Hirsekorns, abzustreifen. Die Larven sprengen dann alsbald die Eihüllen und entwickeln sich nun wie die der andern Froschlurche. Die Larven (Kaulquappen) erreichen eine bedeutende Grösse, etwa 7 bis 8 cm. Es scheint als ob im Herbst noch eine zweite Eiablage stattfände, da mitunter im Sommer Kaulquappen gefunden werden, deren Entwicklung bereits soweit vorgeschritten ist, dass die Tiere nicht von der Frühjahrsbrut herstammen können, sondern von einer Spätsommer- oder Herbstbrut des Vorjahres. Während der Paarungszeit lassen die Männchen häufig ihren angenehm tönenden, hellklingenden Ruf erschallen, welcher mit dem Klange einer Glasglocke einige Aehnlichkeit hat.

Die Gefangenschaft erträgt die Geburtshelferkröte gut und hält im feuchten Terrarium, bei richtiger Pflege lange Jahre aus, kommt schliesslich auch öfters während des Tages zum Vorschein. Auch sie gibt, erschreckt oder beunruhigt, einen schwach knoblauchartigen Geruch von sich.

Dritte Familie: Bufonidae. Kröten.

Der Körper ist mehr oder weniger plump, die Oberseite gewölbt. Der Kopf ist breit, mit bald kurzer, stumpfer, bald angezogener, zugespitzter Schnauze. Die Augen quellen sehr hervor, die Pupille ist querspaltig, sehr erweiterungsfähig. Die Ohrdrüsen sind sehr entwickelt. Das Gehörorgan ist gut ausgebildet, das Trommelfell bald sichtbar, bald verborgen. Die Zunge ist gross, schmal, nur vorn angewachsen. Ober- und

Unterkiefer ohne Zähne. Die Beine sind kräftig, die Zehen walzig, spitz, Schwimmhäute an den Hinterfüssen vorhanden oder fehlend. Die Querfortsätze des Kreuzbeinwirbels sind verbreitert; die Wirbel sind vorn ausgehöhlt; Rippen fehlen; der Kreuzbeinwirbel ist mit Gelenkhöckern für das Schwanzbein versehen. Die Haut ist sehr warzenreich.

In Deutschland ist diese Familie durch eine Gattung vertreten.

Gattung: Bufo, Laurenti. Echte Kröten.

Der Körper ist plump, der Kopf flach, die kurze Schnauze abgerundet. Das Trommelfell fast immer gut sichtbar, seltener verborgen oder fehlend. Die Ohrdrüsen bilden grosse längliche Wülste. Die Zunge ist hinten frei, eiförmig, ganzrandig, herausklappbar. Kiefer- und Gaumenzähne fehlen, die Kröten haben demnach keine Zähne. Die Männchen besitzen meist innere Schallblasen. Die Füsse sind ziemlich kurz und kräftig, die vier Finger sind frei, die fünf Zehen mit halben Schwimmhäuten versehen. Unter allen Sohlen finden sich vorstehende Schwielen. Am Anfang der ersten Zehe findet sich ein stumpfer Höcker. Die Haut ist rauh, mit Warzen reich besetzt.

Alle Kröten sind Landtiere, welche nur während der Paarungszeit das Wasser aufsuchen, sonst aber auf dem Lande leben, sich in Erdlöchern, unter grossen Blättern, unter Baumwurzeln, hohlen Baumstümpfen, Steinhaufen, in Felsspalten u. dergl. verborgen halten, auch an derartigen frostfreien Oertlichkeiten überwintern. Sie kommen nur des Nachts oder mit eintretender Dunkelheit hervor, um ihrer Nahrung nachzugehen, diese besteht in Nacktschnecken, Kerfen, Würmern, Insekten, namentlich stellen sie Nacktschnecken, Raupen und Regenwürmern nach, sie sind sehr gefrässig und vertilgen grosse Mengen von derartigem Ungeziefer. Sie gehören demnach gleichfalls zu den dem Landwirt und Gärtner sehr nützlichen Tieren und verdienen daher die grösste Schonung und sollten nicht, wie es leider noch immer sehr häufig geschieht, allerwärts verfolgt werden. Hieran ist zum teil die Unkenntniss ihrer Lebensweise und der allgemeine Abscheu der diesen Tieren meist entgegengebracht wird, schuld. Freilich die Kröten sind nicht eben hübsch, sie wollen aber auch niemandem gefallen, die Natur hat ihnen darum ein düsteres Kleid gegeben, damit sie unauffällig still und verborgen zum Nutzen der Menschheit wirken können, denn wären sie hübsche lustige Tiere, so würden sie noch grösserer Verfolgung ausgesetzt sein. Es sollten deshalb die Kröten allerwärts auf Feldern, in Gärten, Treibhäusern und dergleichen Orten geduldet und geschont werden, sie danken es reichlich durch massenhafte Vertilgung allerlei schädlichen Ungeziefers, und bald wird der Landwirt und Gärtner seinen aus dieser Schonung ihm erwachsenen Vorteil wahrnehmen; je mehr Kröten sich vorfinden, je besser werden alle Kulturen gedeihen.

Die Laichschnüre werden um Wasserpflanzen, im Wasser liegende Steine u. dergl. geschlungen. Die Entwicklung der Larven geht bei den Kröten am schnellsten von statten. Bald nach ihrer Verwandlung, oft noch mit einem Schwanzstummel versehen, verlassen die jungen Kröten das Wasser, um sich an feuchte schattige Orte zurückzuziehen und die Lebensweise der Alten zu beginnen. Die Gefangenschaft ertragen alle Kröten gut und werden sehr zahm.

Von dieser Gattung finden sich in Deutschland drei Arten vor.

---

1. Die gemeine Erdkröte (Bufo vulgaris, Laurenti).

Die Erdkröte erreicht eine Länge von 7½ bis 22 cm. Der Körper ist dick, plump, in der Mitte verbreitert. Der Kopf ist so lang als breit mit zugerundeter Schnauze. Die Ohrdrüsen sind länglich-oval, doppelt so lang als breit, vom Hinterrande des Auges in gerader Richtung nach der Schultergegend ziehend. Das Trommelfell ist etwa halb so gross als das Auge, rundlich, mehr oder weniger deutlich, unter dem Anfang der Ohrdrüsen belegen. Schallblasen fehlen. Am Ballen der Vorderfüsse findet sich ein grosser und ein kleiner Höcker, gleichfalls zwei Höcker sind an den Fersen vorhanden, von denen der nach aussen stehende gerundet, der nach innen stehende walzenförmig ist und stark hervortritt. Die Zehen der Hinterfüsse sind mit halben Schwimmhäuten versehen. Während der Paarungszeit finden sich an den ersten drei Fingern der Männchen, nach oben und innen, feilenartig rauhe, schwarze Hautschwielen. Die Haut des Körpers ist mit grösseren und kleineren Warzen, welche bei südlichen Stücken oft zu Spitzen ausgezogen sind, bedeckt.

Die Färbung ist je nach Alter und Aufenthaltsort sehr verschieden. Die Oberseite ist gewöhnlich gelbbraun, schmutzigbraun, graubraun, braun, doch auch rotbraun, kupferfarbig, grau-

Abb. 54.

Erdkröte (*Bufo vulgaris, Laurenti*).
Nach Nacktschnecken jagend.

oder olivengrün gefärbt, und mit helleren oder dunkleren unregelmässig stehenden, isolierten oder zusammenfliessenden Warzenflecken gezeichnet. Am Aussenrande der Ohrdrüsen findet sich meist eine dunkle Binde. Die Unterseite ist schmutzig-weiss oder gelblich, mehr oder weniger dunkel gefleckt. Die Iris ist goldig.

Die Erdkröte bewohnt mit Ausnahme von Sardinien ganz Europa, Nordafrika, Ostasien bis Japan. Sie hält sich an dunklen feuchten Orten auf und kommt auch bisweilen, z. B. nach einem Regenschauer, während des Tages zum Vorschein. Ihre Bewegungen sind langsam, wenn auch nicht gerade unbeholfen. Lange bleibt sie oft auf einem Fleck sitzen, hält auch mitten im Gehen plötzlich inne und verharrt längere Zeit in dieser Stellung. Wird sie plötzlich ergriffen, so spritzt sie ihren Urin von sich, welcher aber nicht die geringste übele oder gar giftige Eigenschaft besitzt. Nur durch Quälerei in Todesangst versetzte Tiere sondern aus ihren Drüsen Säfte ab, welche geeignet sind, leichte Entzündungen auf den Schleimhäuten hervorzurufen. Sie ist im stande ihre Farbe zu wechseln, je nach ihrem Aufenthalt, nach den Schwankungen der Temperatur, in grösserer oder geringerer Erregung etc. kann sie nacheinander verschiedene Farbenschattierungen annehmen.

Die Laichzeit fällt in den April; die Begattung dauert oft zwei bis drei Wochen, während welcher die Männchen häufig ihre, mit dem Gackern der Hühner vergleichbare Stimme ertönen lassen. Die Larven halten sich gesellig beisammen und verlassen nach ihrer Verwandlung, meist an regnerischen Tagen das Wasser.

---

2. *Die Wechselkröte (Bufo viridis, Laurenti [B. variabilis, Pall.]).*

Die Wechselkröte oder grüne Kröte erreicht eine Länge von $7\frac{1}{2}$ bis 13 cm. Der Körper ist schlanker als bei der vorigen, der flache Kopf ist ebenso breit als lang, die kurze Schnauze ist ziemlich stumpf. Das Trommelfell ist deutlich sichtbar, etwa halb so gross wie das Auge. Die flachen Ohrdrüsen sind länglich-nierenförmig. Die Männchen besitzen an der Kehle eine kleine, unvollkommen in zwei Abteilungen geschiedene Schallblase. Die Zehen der Hinterfüsse sind mit halben Schwimmhäuten versehen. Die zwei ersten Zehen der Männchen sind während der Paarungszeit teilweise mit einer feilenartig rauhen, schwarzen Haut bedeckt. Der innere Höcker am Handballen ist klein, länglich, der äussere doppelt so gross, rundlich. An den Hinterfüssen ist die Daumenschwiele stark vorragend, länglich, walzig, die äussere flacher, rundlich. Alle Finger und Zehen der vier Füsse sind auf der Unterseite an den Gelenken mit deutlichen Anschwellungen versehen. Die Oberseite ist mit rundlichen niedrigen Warzen besetzt, welche an den Körperseiten dichter stehen, im Alter immer flacher werden.

An der Unterseite finden sich kleinere flache Warzen, welche nach hinten zu deutlicher werden.

Die Färbung ist veränderlich. Die Oberseite ist weisslich, heller oder dunkler schmutziggrau, unregelmässig mit einzelstehenden dunkelgrünen oder grasgrünen, grösseren oder kleineren Flecken und roten Punkten besetzt. Die grünen Flecken können sich so

Abb. 55.

Wechselkröte (*Bufo viridis, Laurenti*).

ausdehnen, dass sie bisweilen die Grundfarbe mehr oder weniger verdrängen. Die Schenkel sind mit grünen Binden geziert. Die Unterseite ist schmutzig-weiss oder gelblich, beim Männchen mehr als beim Weibchen punktiert. Bei der Varietät *Bufo roseus, Merrem*, nehmen die roten Warzenpunkte so überhand, dass das Tier ein rosenrotes Aussehen erhält, die Varietät *Bufo crucigera, Eichwald*, zeichnet sich durch zwei im Nacken stehende, grüne halbmondförmige Flecke aus.

Diese Art ist fast über ganz Europa verbreitet, und kommt in Deutschland wohl allerwärts vor. Sie führt eine mehr verborgene Lebensweise, weshalb diese hübsche Kröte weniger beobachtet wird. Sie findet sich unter Steinhaufen, in Erd- und Mauerlöchern, unter Holzhaufen, Brunnentrögen und dergleichen, in der Nähe von grösseren oder kleineren Teichen, Wasserlöchern etc., hauptsächlich an feuchten Orten, auch in Kellern ist sie öfters zu finden; vor zwei Jahren fand ich eine im Januar hier mitten auf der Strasse in halberstarrtem Zustande. Ihre Bewegungen sind ziemlich behende, sie macht wie die Frösche weite Sprünge und eilt, verfolgt, mit ziemlicher Schnelligkeit einem Verstecke zu, duckt sich in engen Spalten derartig zusammen, dass man sie leicht aus dem Auge verliert, wozu auch ihre Färbung nicht wenig beiträgt. Sie klettert gut, gräbt aber schlecht, verbirgt sich daher meist in vorgefundene Löcher und Ritzen.

Die Paarung findet im April oder je nach der Witterung später statt, während welcher Zeit das Männchen häufig seine laute, schrille Stimme hören lässt. Die Eier stehen in den Laichschnüren zu drei oder vier Reihen. Die Kaulquappen ähneln denen des Teichfrosches, bleiben aber etwas kleiner. Die ausgebildeten Jungen verlassen im Juli oder später vereinzelt das Wasser, um sich an geeignete Oertlichkeiten zu verkriechen. Die Alten bleiben noch nach der Laichzeit bis in den Juni hinein im Wasser.

3. *Die Kreuzkröte (Bufo calamita, Laurenti).*

Die Kreuz-, Rohr-, Sumpf- oder Reutkröte erreicht eine Länge von 5 bis 8 cm. Der Körper ist viel plumper, kürzer als bei der vorigen. Der flache Kopf, so lang als breit, die kurze Schnauze stumpf. Die kleinen Ohrdrüsen sind rundlich, oval oder fast dreieckig, flach. Das Trommelfell ist mehr oder weniger deutlich. Hinter dem Schnauzenende finden sich mehrere körnige, hellfarbige Warzen. Die Pupille ist etwa dreieckig. Die bandförmige Zunge ist hinten wenig verbreitert. Eine Schallblase ist an der Kehle der Männchen vorhanden. Die Beine sind kurz, die hinteren kürzer als bei unsern andern Kröten, am Grund der Zehen finden sich ganz kurze Schwimmhäute. Die Höcker an den Ballen der Vorder- und Hinterfüsse sind aussen gross und rundlich, die innern kleiner und länglich. An den Gelenken aller Zehen finden sich unterseits Anschwellungen. Die

Haut ist oben und unten mit dichtstehenden grösseren und kleinen Warzen bedeckt, Schnauze und Kopfseiten glatt.

Die Grundfarbe der Oberseite ist grau, grünlich, gelb- oder rötlichbraun, mit grünen, dunkelgrünen oder bräunlichen Flecken, welche mitunter in Längsreihen stehen, und gelben oder roten warzigen Punkten gezeichnet. Längs der Rückenmitte zieht

Abb. 56.

Kreuzkröte (*Bufo calamita, Laurenti*).

sich meist eine schwefelgelbe Binde hin, welche jederseits davon, von den Augen bis zu den Hinterbeinen, häufig von einer rötlichen, unregelmässig ausgezackten Binde begleitet wird. Die Farben sind alle blasser, schmutziger als bei der vorigen. Das Auge ist grünlichgrau, die Pupille gelb gefärbt, die Zehenspitzen sind rötlich, braun oder schwärzlich. Die Unterseite ist weisslich oder schmutzig graugelb, einfarbig oder grau oder schwärzlich gefleckt, gesprenkelt oder verschwommen schattiert, mitunter ist die hintere Hälfte des Bauches graubraun, mit einigen helleren Flecken gezeichnet.

Die Kreuzkröte ist über ganz Nord- und Südwesteuropa verbreitet und kommt durch ganz Deutschland, jedoch nirgend häufig, vor. Sie hält sich, wie die vorige, an feuchten, dunklen Orten auf, geht aber auch ausser der Laichzeit während des Nachts häufiger in das Wasser, vorzugsweise sucht sie Sümpfe, mit Rohr und andern Pflanzen versehene grössere Wasserlachen, seltener Gräben auf, und lässt von hier aus ihre schnarrende Stimme erschallen. Sie ist täppisch in ihren Bewegungen, kann ihrer kurzen Hinterfüsse wegen kaum springen, sondern bewegt sich langsam laufend, humpelnd, es macht den Eindruck als ob sie an den Füssen verwundet wäre. Sie kann aber gut klettern und graben. Sie gräbt sich schräglaufende Gänge in die Erde, welche sie dann zum festen Wohnsitz erwählt, benutzt aber meistens vorgefundene Erdlöcher, gern Mäuselöcher, welche sie entsprechend erweitert. Zuerst wühlt sie wie die Knoblauchskröte mit den Hinterfüssen die Erde locker, dreht sich dann um, wirft mit den Hinterfüssen die Erde heraus und gräbt sich dann mit Hilfe der Schnauze und Vorderfüsse tiefer ein.

Sie schreitet am spätesten von allen unsern Kröten zur Paarung, je nach der Witterung im April oder Mai, dieselbe findet des Nachts statt. Die ziemlich grossen Eier sind in den Schnüren in eine Reihe geordnet. Die Larven, welche schon in den ersten fünf Tagen zum Vorschein kommen, machen ihre Verwandlung schneller als die aller übrigen Froschlurche durch.

Zweite Gruppe: Opistoglossa platydactyla.

Sämmtliche Finger und Zehen sind mit Haftscheiben versehen.

Abteilung B. Arcifera. Bogentragende.

Froschlurche mit nicht fest verwachsenem Brustkorb.

Vierte Familie: Hylidae. Baumfrösche.

Der Körper ist meist schlank, froschartig, gewölbt, seltener platt, krötenartig. Der Kopf gewöhnlich breiter als lang, mit stark hervorquellenden Augen, deren Pupille rundlich ist, und stumpf zugespitzter Schnauze. Ohrdrüsen sind nicht vorhanden. In den Kiefern und meist auch im Gaumen finden sich

Zähne; die Gaumenzähne stehen in zwei Querreihen in der Nähe der inneren Nasenlöcher. Die Zunge ist hinten meist frei, häufig herausklappbar. Die Männchen besitzen entweder an der Kehle oder an den Seiten des Kopfes oft grosse Schallblasen. Die Beine sind schlank, die hinteren länger. Die Haftscheiben dick, polsterartig, sie ermöglichen den Tieren sich damit selbst an glatten, senkrechten Flächen oder auf der Unterseite der Blätter festzuhalten, indem die Haftscheiben wie Saugnäpfe wirken. Die Querfortsätze des Kreuzbeins sind verbreitert; die Wirbel vorn ausgehöhlt; Rippen sind nicht vorhanden; am Kreuzbein befinden sich zwei Gelenkhöcker für das Schwanzbein. Die Zehen sind bald frei, bald mit Schwimmhäuten versehen. Die Haut ist auf der Oberseite meist glatt, auf der Unterseite stets mit zahlreichen kleinen Warzen bedeckt.

Alle sind Baumtiere, welche sich von allerlei Kerfen und Insekten etc. ernähren.

Diese Familie ist in Deutschland nur durch eine Gattung mit einer Art vertreten.

Gattung: Hyla, Laurenti. Laubfrösche.

Der Körper ist meist ziemlich schlank; der Kopf ist mehr oder weniger verlängert mit verrundeter oder abgestutzter Schnauze. Die oft sehr hervorquellenden Augen sind mit Lidern versehen, die Pupille ist horizontal. Das Trommelfell ist stets sichtbar. Die Zunge ist von verschiedener Grösse und Gestalt, sie kann rundlich-dreieckig, oval oder kreisrund, ganzrandig oder wenig ausgerandet sein, und ist hinten frei. Die Gaumenzähne stehen in zwei gekrümmten Querreihen, zwischen oder hinter den inneren Nasenlöchern. Die Männchen haben meist an der Kehle eine grosse Schallblase. Die vorderen vier Zehen sind bisweilen frei, die hinteren fünf, an der Wurzel wenigstens, durch eine Schwimmhaut verbunden. An den Spitzen aller Finger und Zehen finden sich breite Haftscheiben. Die Rückenhaut bald glatt, bald rauh, mit Höckern, Warzen oder Drüsenreihen besetzt. Ueber dem Trommelfell findet sich mitunter eine grössere Drüse. Die Kehle ist glatt oder rauh.

Der Laubfrosch (Hyla viridis, Laurenti, [H. arborea, Linné]).

Der gemeine Laubfrosch erreicht eine Länge von 4 bis 5 cm. Der mässig schlanke Körper ist vor den Hinterschenkeln verengt, der Rücken gewölbt. Der Kopf ist breiter als lang, mit abgerundeter Schnauze. Die Augen sind gross, hervorquellend, der Raum zwischen ihnen flach eingedrückt. Das Trommelfell ist gerundet, etwa halb so gross oder $^1/_3$ kleiner als das Auge; oberhalb desselben ist eine feine Furche bemerkbar, eine zweite läuft quer über die Brust. Die Nasenlöcher liegen an den Seiten des Kopfes unter der Schnauzenkante, von ihnen geht eine, durch das Auge unterbrochene, sich um das Trommelfell herumziehende Kante aus, welche sich oft auf die Seiten des Rückens hinzieht und hier in eine Längsfalte übergeht. An der Kehle findet sich eine mehr oder weniger deutliche Querfalte. Die Gaumenzähne stehen in zwei schwach zusammengehenden Reihen. Im Oberkiefer finden sich gleichfalls Zähne. Die Zunge ist gross, flach, rundlich, hinten schwach ausgerandet, im letzten Drittel oder bis zur Hälfte frei, herausklappbar. An der Kehle des Männchens ist eine äussere Schallblase vorhanden. Die Vorderbeine sind etwa so lang als der Rumpf, die Hinterbeine etwa $^1/_4$ länger. Die Finger sind mit ganz kurzen, die Zehen bis zu $^2/_3$ oder $^4/_5$ ihrer Länge reichenden Schwimmhäuten versehen. Die Saugscheiben sind fast so gross, wie das Trommelfell, tellerförmig. Die Haut ist oben glatt, unten mit kleinen, körnigen Warzen besetzt, welche jedenfalls zur Aufsaugung von Feuchtigkeit dienen.

Die Farbe ist sehr veränderlich und bisweilen schwer zu bestimmen, da der Laubfrosch seine Farbe sehr verändern und fast augenblicklich eine andere Farbe annehmen kann; sein Anpassungsvermögen ist bewundernswürdig, mit täuschender Aehnlichkeit nimmt er die Färbung seiner Umgebung an, so dass es oft sehr schwer ist, ihn zu entdecken. Die Grundfarbe der Oberseite ist meist blattgrün, kann aber in lebhaft hellgrün, gelbgrün, grasgrün, blaugrün, graugrün, violettgrün, bei südlicheren Stücken in olivengrün, braungrün, bis zu dunkelbraun, häufig mit Metallschimmer, übergehen. Laubfrösche, welche, als ich sie einfing, grasgrün waren, hatten, als ich sie, zu Hause angekommen, aus dem Transportbeutel nahm, eine graubraune oder schmutzig-graue Farbe, im Terrarium, zwischen die lebenden Pflanzen gesetzt, nahmen sie sehr schnell die Farbe der betreffenden Blätter an. Im Winter, in einem pflanzenlosen, nicht geheizten Terrarium, zeigen alle gewöhnlich eine dunklere Farbe, z. B. ein helles fahl-graubraun mit metallischem Schimmer, braun, dunkelbraun bis schwarzbraun, entweder ungefleckt oder

Abb. 57.

Jugendes Weibchen. Schreiendes Männchen.

Laubfrosch *(Hyla viridis, Laurenti)*.

mit kleinen Punkten und Metallschimmer. Die Zeichnung ist ziemlich beständig, sie besteht in einem Streifen, welcher, von den Nasenlöchern ausgehend, vom Auge unterbrochen, sich über das Trommelfell herum längs der Seiten des Rückens bis zu den Hinterschenkeln hinzieht und hier eine nach innen gebogene Schlinge bildet. Dieser Streifen ist gewissermassen die Grenze zwischen der oberen und unteren Grundfarbe. Die Farbe dieses Streifens ist meist schwärzlich, oben, und öfters auch unten, weisslich, gelblich oder rosa gesäumt. Manchmal geht dieser Streifen auch auf beide Seiten der Hinterbeine über, hier mehr oder weniger deutlich auftretend, bisweilen zieht er sich bis zu den Fusswurzeln hinunter, und läuft hier zusammen, so dass er auch auf den Füssen die Färbung der Oberseite von der der Unterseite scheidet. Die Unterseite ist weisslich, gelblich oder bräunlich, die der Beine ebenso, die Finger mehr oder weniger fleischfarben; die Kehle der Männchen schwarzbraun, welche Färbung von den Falten der, im ausgedehnten Zustande, beim Schreien, wasserhellen Schallblase herrührt. Die Aftergegend ist fast stets schwärzlich, meist gepunktet. Die Iris ist goldig schimmernd, die Pupille schwarz. Bei der doch nur im Süden Europas vorkommenden Varietät *Hyla sarda. Bonelli*, ist die Oberseite nicht einfarbig, wie bei unserer typischen Form, sondern zeigt oft braune, schwarze, violette oder rötliche Punkte oder Flecken.

Die Verbreitung des Laubfrosches erstreckt sich über fast ganz Europa, Nordafrika und Mittelasien bis Japan, er soll nach Tschudi (Classificat. d. Batrach., 1839) auch in Amerika und Australien vorkommen. Er findet sich durch ganz Deutschland, doch wohl nirgends gerade sehr häufig.

Der Laubfrosch lebt gewöhnlich auf Bäumen und Sträuchern, mitunter zwar weitab vom Wasser, meist jedoch in dessen Nähe; gewöhnlich hält er sich auf den unteren Aesten der Bäume (Laubbäume scheint er vorzugsweise zu bewohnen, Nadelholz zu meiden) und Sträucher auf, bisweilen jedoch steigt er bis in die höchsten Wipfel hinauf. Je dichter die Bäume belaubt sind, je lieber werden sie von ihm aufgesucht, weshalb man ihn nicht selten in Parkanlagen und Ziergärten findet. Beim hellen Sonnenschein hält er sich meist im Schatten des Laubes verborgen; anscheinend schlafend sitzt er an ein Blatt geklebt, doch ist diese Ruhe nur Schein, da er jedes sich ihm nahende Insekt alsbald bemerkt und mit sicherm Sprung erhascht. Hierbei bekundet er grosse Sicherheit in der Abmessung der Entfernung, um danach seinen Sprung einzurichten; selten springt ein Laubfrosch zu kurz oder zu weit, zu hoch oder niedrig; er trifft seine auserkorene Beute fast immer. Im Augenblick des Zuspringens und Zuschnappens klappt er seine schleimige, klebrige Zunge heraus, an welcher das Insekt, etwa wie beim Chamäleon, angeleimt wird. Scheint die Sonne nicht so grell, am frühen Morgen oder gegen Abend, so zieht er sich mehr an die Aussenränder der Bäume und Büsche, hier seine Jagd nach Insekten fortsetzend. Um diese Zeit, namentlich aber gegen Abend und des Nachts, lässt das

Männchen seine helltönende Stimme erschallen, und zwar mit grosser Ausdauer. Die Stimme hat einige Aehnlichkeit mit dem Gackern der Hühner, dem Lockrufe des Rebhuhnes, oder dem Bellen eines jungen Hundes, nur erschallt sie lauter, zusammenhängender, etwas knarrend. Während des Quakens tritt die Schallblase des Männchens kugelförmig, kirschgross hervor. Beim Schreien lässt er sich, namentlich zur Paarungszeit, nicht leicht stören; während des Quakens gefangene Männchen quakten im Transportbeutel unbeirrt weiter. Er zeigt sich dem Menschen und auch manchen Tieren gegenüber wenig scheu, verhält sich nur ruhig, und scheint sich auf sein, der Umgebung oft auf das Genaueste angepasste Farbenkleid zu verlassen. So kommt es denn, dass er ruhig still sitzt und sich ergreifen lässt, erst im letzten Augenblick an Flucht denkend. Stöbert man jedoch im Gebüsch umher und kommt dabei in die Nähe eines Laubfrosches, so lässt er sich durch das dabei hervorgebrachte Geräusch verscheuchen, sucht man aber ruhig mit den Augen das Gebüsch ab, so kann man den so erblickten ohne Mühe ergreifen, da er dann ruhig sitzen bleibt.

Obwohl der Laubfrosch gegen niedrige Temperatur nicht gerade empfindlich ist (in Gefangenschaft z. B. ist er bei 5° R. noch völlig munter und frisst tüchtig), so zieht er sich doch im Herbst, bald früher, bald später, zum Winterschlaf in Erdhöhlen, hohlen Bäumen, unter Haufen modernden Laubes, Dunghaufen und dergleichen, zurück. Er soll sich jedoch auch dieserhalb im Schlamm vergraben, was mir jedoch fraglich erscheint. Ende April oder im Mai kommt er wieder zum Vorschein und zieht sich nun zur Paarungszeit nach den Gewässern hin. Er findet sich dann in allen mit Gesträuch umstandenen stehenden Gewässern, als Teichen, Sümpfen, grösseren mit einigen Wasserpflanzen, Schilf oder Rohr versehenen Tümpeln u. dergl. Auch nach der Laichzeit hält er sich noch einige Zeit auf am Ufer stehenden Weiden, Birken u. a. oder im Röhricht auf. Die Paarung findet im Wasser statt. Der Laich kommt in Klumpen zum Vorschein und wird unter Wasser um Schilf oder andere feste Wasserpflanzen geschlungen. Die Kaulquappen sind von gelblicher, goldigglänzender Farbe, etwa so gross wie die der Teichfrösche, und verlassen gewöhnlich im August das Wasser, sie sind noch häufig mit einem kleinen Schwanzstummel versehen, und halten sich noch längerer Zeit in der Nähe des Wassers, im Schilf oder Gesträuch auf, um wie die Alten auf allerlei Insekten Jagd zu machen. Sie sind meist erst im vierten Jahre fortpflanzungsfähig.

Seines schmucken Farbenkleides wegen und weil man ihn irriger Weise für einen Wetterpropheten hält, geniesst der Laubfrosch das zweifelhafte Vorrecht, in vielen Familien in engen Gläsern, mit einer kleinen Holzleiter darin, gehalten zu werden, während man sich von den andern, oft nicht minder hübschen und interessanten, Lurchen meist mit Abscheu abwendet. Gewöhnlich wird nun das Glas mit dem hübschen Tier an ein womöglich recht sonniges Fenster gestellt, und hier lässt man ihn von der Sonne — braten. Er kann sich nicht gegen die ihn quälenden Sonnenstrahlen schützen und in schattiges Laub zurückziehen, und kann es daher wohl, wenn wir seine Lebensweise in Betracht ziehen, nicht verwundern, wenn das so gequälte Tier alsbald elendiglich zu Grunde geht. Bei dieser unpassenden Behandlung erwartet man dann noch, von ihm seine Stimme zu hören, die er nur bei bestem Wohlsein erschallen lässt; hierzu vergeht ihm selbstverständlich die Lust; die Kehle ist ihm von der Sonnenhitze so ausgedörrt, dass er nicht einmal seinen Totengesang anstimmen könnte, sondern schweigend, und in sein ihm von unwissenden Menschen bereitetes Schicksal ergeben, stirbt. Man findet ihn dann zusammengeschrumpft am Boden des Behälters liegen, eine Mumie im Vergleich zum gesunden, lebenskräftigen Laubfrosch. Mit der von ihm erwarteten Wetterprophezeihung ist es übel bestellt; er schreit, wenn es bereits regnet, oder schweigt, wenn heller, klarer Himmel lacht, wenn trockene Luft herrschend ist, er schreit oder schweigt eben, wenn er zum einen oder anderen Lust hat, je nachdem er sich wohl befindet; um das Wetter, welches kommen könnte, kümmert er sich dabei nicht. Auch bei lauten, knarrenden Geräuschen lässt er sich hören, z. B. wenn man mit der Feile arbeitet, oder Holz zersägt, Instrumente schleift, mit Papier raschelt, zwei Messerklingen aneinander reibt, und dergleichen mehr; alle derartige Geräusche reizen ihn dermassen, dass er seine Stimme hören lässt, gewöhnlich nur so lange, wie dies Geräusch andauert. Wenn auch kein Wetterprophet, so ist er doch ein recht interessanter Gesellschafter, man muss ihm aber auch ein seinen Lebensbedürfnissen entsprechend eingerichtetes kühles, feuchtes, reich mit Pflanzen besetztes Terrarium herrichten, und dieses nicht zu sehr der Sonne aussetzen. In einem verständig eingerichteten Behälter, wenn derselbe auch nur klein ist, hält er bei richtiger Pflege lange Jahre aus, wird sehr zahm und zutraulich, lässt sich auf einem Finger sitzend, mit Fliegen, Mehlwürmern, Fleisch etc. füttern, und verkürzt seinem Pfleger manche langweilige Stunde, was namentlich im Winter so recht fühlbar wird.

Mit dem Laubfrosch schliesse ich meine Abhandlungen über die in Deutschland vorkommenden Reptilien und Amphibien, und glaube meinen in der Vorrede erwähnten Zweck erfüllt zu haben. Möge der Inhalt dieses Buches dazu beitragen, das Interesse für diese bisher nur stiefmütterlich behandelten Tiere immer mehr zu wecken und deren Kenntniss zu verbreiten, so wird auch der auf diese Tiere bezügliche Aberglaube und das ungerechtfertigte Vorurteil, welches diesen leider bestgehassten und so sehr verkannten Tieren entgegengebracht wird, bald verschwinden, da diesen durch Verbreitung der Kenntniss über die Lebensweise der Kriechtiere und Lurche der Boden entzogen wird. Ich glaube, in diesem Buche mein Teil zur Erreichung dieses Zieles beigetragen zu haben.

Mögen meine Mühen keine vergeblichen sein.

Bevor ich mich nun verabschiede, richte ich noch an alle Naturfreunde (insonderheit an alle Herren Lehrer und an die Schüler höherer Lehranstalten) die dringende Bitte um Angabe von Fundorten, wenn möglich unter Beifügung lebender oder toter Belegstücke, namentlich von den Arten, deren Verbreitung, wie aus der Zusammenstellung auf Seite 222 und 223 ersichtlich, noch nicht genügend bekannt ist.

Besonders erwünscht sind mir solche Angaben aus ganz Deutschland und dem Auslande über:

**Cistudo lutaria*,	**Callopeltis Aesculapii.*
**Vipera aspis.*	*Coronella laevis.*
Pelias berus.	**Tropidonotus tessellatus.*

Tropidonotus natrix.	* *Rana ridibunda.*
* *Lacerta viridis.*	* „ *agilis.*
* „ *muralis.*	* *Alytes obstetricans.*
„ *vivipara.*	*Pelobates fuscus.*
Salamandra maculata.	* *Bombinator igneus.*
* *Triton alpestris.*	* „ *bombinus.*
* „ *helveticus.*	* *Bufo calamita.*
„ *cristatus.*	„ *viridis.*

Namentlich bitte ich auf die mit * bezeichneten Arten besondere Aufmerksamkeit zu verwenden. Etwaigen Angaben bitte kurze Beschreibung der Oertlichkeit, des vorherrschenden Bodens, Angabe der Meereshöhe etc., wo die Tiere gefunden wurden, sowie die Benennung des Kreises oder Bezirks, in welchem der Fundort belegen, beifügen zu wollen.

Wo irgend möglich, bitte mir die Belegstücke lebend einzusenden. Zur Bestimmung zweifelhafter Exemplare bin ich gern bereit.

„Viel Wenig machen ein Viel,
Vereinte Kräfte führen zum Ziel.“

Wenn alle Naturfreunde es sich angelegen sein lassen wollten, recht aufmerksam auf das Vorkommen der verschiedenen Arten von Kriechtieren und Lurchen, in der Umgebung ihres Wohnortes etc. zu achten, so werden wir auch bald über deren Verbreitung aufgeklärt sein.

Uebersichtliche Zusammenstellung
der in Deutschland vorkommenden Reptilien und Amphibien.

Zugehörigkeit		Familie:	Gattung:	Art:	Der am meisten gebrauchte deutsche Name:	
Reptilia:	Ophidia:	Viperidae	Vipera	aspis	**Viper.**	1
		„	Pelias	berus	**Kreuzotter.**	2
		Colubridae	Tropidonotus	natrix	**Ringelnatter.**	3
		„	„	tessellatus	**Würfelnatter.**	4
		„	Coronella	laevis	**Schlingnatter.**	5
		„	Callopeltis	Aesculapii	**Aesculapnatter.**	6
	Sauria:	Scincoidae	Anguis	fragilis	**Blindschleiche.**	7
		Lacertidae	Lacerta	agilis	**Zauneidechse.**	8
		„	„	vivipara	**Bergeidechse.**	9
		„	„	viridis	**Smaragdeidechse.**	10
		„	„	muralis	**Mauereidechse.**	11
	Chelonia:	Emydae	Cistudo	lutaria	**Europäische Sumpfschildkröte.**	12
Amphibia:	Urodela:	Salamandridae	Salamandra	maculata	**Feuersalamander.**	13
		„	Triton	cristatus	**Grosser Kammmolch.**	14
		„	„	alpestris	**Alpenmolch.**	15
		„	„	taeniatus	**Kleiner Teichmolch.**	16
		„	„	helveticus	**Leistenmolch.**	17
	Anura:	Raninae	Rana	esculenta	**Wasserfrosch.**	18
		„	„	ridibunda	**Seefrosch.**	19
		„	„	temporaria	**Grasfrosch.**	20
		„	„	arvalis	**Feldfrosch.**	21
		„	„	agilis	**Springfrosch.**	22
		Pelobatidae	Pelobates	fuscus	**Knoblauchskröte.**	23
		„	Bombinator	bombinus	**Unke, gelbbauchige.**	24
		„	„	igneus	**Unke, rotbauchige.**	25
		„	Alytes	obstetricans	**Geburtshelferkröte.**	26
		Bufonidae	Bufo	vulgaris	**Erdkröte.**	27
		„	„	viridis	**Wechselkröte.**	28
		„	„	calamita	**Kreuzkröte.**	29
		Hylidae	Hyla	viridis	**Laubfrosch.**	30

Aus nebenstehender Zusammenstellung ergibt sich, dass die Reptilien und Amphibien in Deutschland durch zusammen 10 Familien mit 16 Gattungen und 30 Arten vertreten sind. Die Reptilien stehen den Amphibien an Zahl der Arten nach, indem erstere nur 12, letztere aber 18 Arten aufweisen. Die Ordnung Ophidia ist der Ordnung Sauria um 1 Art überlegen, die Ordnung Chelonia ist durch nur 1 Art vertreten. Bei den Ophidiern sind die Colubriden überwiegend, da sie 4 Arten aufweisen, während die Viperiden nur durch 2 Arten, von welchen eine nur in den Grenzbezirken vorkommt, vertreten sind. Bei den Amphibien ist der Gegensatz noch grösser, indem die Anuren die Urodelen um 8 Arten überwiegen. Während die Urodelen nur 1 Familie mit 2 Gattungen und 5 Arten aufweisen, sind die Anuren durch 4 Familien mit 6 Gattungen und 13 Arten vertreten.

Eine genaue, bestimmte Statistik, betreffs der Verbreitung der einzelnen Arten über Deutschland, lässt sich zur Zeit noch nicht aufstellen, da noch zu wenig diesbezügliches Material vorliegt und die Verbreitung mehrerer Arten, sowie deren Verteilung über Deutschland noch nicht festgestellt ist. Als ein schwacher statistischer Versuch mag aus diesem Grunde folgende Zusammenstellung gelten, wobei die Arten mit Zahlen benannt sind; selbstverständlich kann ich mich für die Richtigkeit aus besagtem Grunde nicht verbürgen, und bitte ausdrücklich dies nur als einen vorläufigen Versuch betrachten zu wollen.

Soviel sich aus den bisherigen Ermittelungen entnehmen lässt, kommen die Arten 1, 22 nur in den südwestlichen Grenzbezirken vor; mehr dem Süden gehören an 1, 4, 6, 11, 22; ein inselförmiges Auftreten ist bekannt von 4, 6, 19; mehr auf den Westen resp. Südwesten beschränkt sind 4, 6, 10, 11, 17, 22, 26; nach Osten hin häufiger ist 21; vom Süden ziehen sich, mehr oder weniger verstreut, bis nach Mitteldeutschland 10 (13, 15 etwas mehr nach Osten hin), 17, 24, 26; mehr auf Berg- und Hügelland sind beschränkt 6, 9, 10, 13, 15, 17 (?), 24; durch ganz Deutschland aber zerstreut kommen vor 12, 21, 25; über ganz Deutschland verbreitet, mehr oder weniger häufig vorkommend, sind 2, 3, 5, 7, 8, 9, 14, 16, 18, 20, 21, 23, 24, 25, 27, 28, 29, 30.

Namen- und Sachregister.

H.

J.

K.

L.

T.

U.

V.

Hermann Lachmann

Herpetolog

Bunzlau i. Schles.

empfiehlt sich **Zoologischen Gärten** und anderen **Instituten**, sowie **Privatleuten**, **Liebhabern**, zur Herstellung von

Aquarien und Terrarien

aller Art und Grösse, sowohl kalten als auch mittels **Grude-Koke**, Lampen oder Gas heizbaren

in neuester, eigener, bisher unübertroffener Konstruktion,

sowie zur Herstellung der von mir erfundenen

heizbaren und kalten

Terra-Aquarien.

Alle nach **meiner** Konstruktion hergestellten Behälter sind von vielen Fachmännern und Liebhabern **als die besten anerkannt und noch von keiner anderen Konstruktion übertroffen.** Sämtliche Behälter werden in jeder gewünschten Ausstattung und Grösse unter **meiner persönlichen Aufsicht und Anleitung** gebaut, so dass ich für deren Dauerhaftigkeit und Brauchbarkeit garantieren kann. Ich lasse keine sogenannte billige Ladenarbeit herstellen.

Ferner übernehme ich die Ausführung von

Garten- oder Frei-Terrarien

nach eigener Methode, welche ein erfolgreiches Ueberwintern der Tiere im Freien gewährleistet.

Diese Terrarien sollten keinem Zoologischen Garten, sowie keinem Naturfreund, welcher sich im Besitz eines Gartens befindet, fehlen.

Den von mir konstruirten

Herm. Lachmann'schen

Universal-Durchlüftungs-Apparat

für

See- und Süsswasser-Aquarien

liefere ich je nach der Aufstellungshöhe für 40, 45 und 50 Mark komplett.

Dieser Apparat arbeitet unabhängig von der Wasserleitung nach einmaligem Aufziehen **24 Stunden bis 3 Tage**, ohne jeden Wasserverbrauch. Es ist der beste und zuverlässigste derartige Apparat, welcher bisher existiert. Er braucht nicht neben dem Aquarium aufgestellt zu werden, sondern kann im Keller oder sonst wo, weit entfernt von den Aquarien, Platz finden. Er durchlüftet **mehrere** See- und Süsswasser-Aquarien **gleichzeitig.**

Alle Terrarien, Terra-Aquarien und Aquarien bin ich auch bereit fix und fertig an Ort und Stelle einzurichten, mit geeigneten Tieren und Pflanzen zu besetzen. Zeichnungen und Kostenanschläge stehen wirklichen Abnehmern zu Diensten. Zeichnungen berechne mit Mark 1,50.

Reptilien und Amphibien!

Spiritus-Präparate

der meisten **europäischen**, sowie viele **fremdländische** Arten gebe sehr billig ab.

☛ *Bei allen Anfragen erbitte Retourmarke.* ☚